Manu Bertin, Jahrgang 1963, wurde in Toulon geboren und wuchs in der Bretagne auf. Schon als Kind segelte er mit seiner Familie, bevor er als Jugendlicher das Windsurfen für sich entdeckte. Nach dem Abitur unterrichtete er als Surflehrer, leitete einen Surfshop und arbeitete während seiner Profikarriere als Koordinator und Tester eng mit der Entwick-

© Tim Orden

lungsabteilung eines großen Unternehmens der Surfindustrie zusammen. Bertin ist dreifacher Vizeweltmeister im Solo-Speedsurfen (1990–1992), Rekordhalter im Tandem-Speedsurfen und stellte 1999 einen neuen Weltrekord im Kite-Speedsurfen auf.

Nach dem Ausstieg aus dem Profisport widmete sich Bertin völlig der Entwicklung des Kitesurfens, er lebt seitdem auf Maui und in der Bretagne. 1998 gelang ihm die erste einer ganzen Reihe von spektakulären Überquerungen mit dem Kite: von Big Island nach Maui; 2004 über den Ärmelkanal; 2005 von Korsika an die Côte d'Azur. 2000 surfte er vor Grönland zwischen Eisbergen und vollbrachte auf Maui eine weitere Kite-Premiere in den Riesenwellen, den *jaws*. Die nächste Herausforderung, die Überquerung des Atlantiks von New York nach Quessant, ist geplant, konnte aber bis heute noch nicht durchgeführt werden.

Als »Schöpfer« des Kitesurfens wurde er von der Zeitschrift *Wind* zum Kiteboarder des Jahrhunderts gewählt.

http://sjarreau.free.fr

D1672894

Bibliografische Information Der Deutschen Bibliothek
Die Deutsche Bibliothek verzeichnet diese Publikation in der
Deutschen Nationalbibliografie; detaillierte bibliografische Daten
sind im Internet über http://dnb.ddb.de abrufbar.

NATIONAL GEOGRAPHIC ADVENTURE PRESS
Reisen · Menschen · Abenteuer
Die Taschenbuch-Reihe von
National Geographic und Frederking & Thaler

1. Auflage Mai 2006
Deutsche Erstausgabe © 2006 Frederking & Thaler Verlag GmbH, München
© 2003 Manu Bertin
Titel der Originalausgabe: De la mer jusqu'au ciel
erschienen bei Editions Flammarion, Paris
Alle Rechte vorbehalten

Aus dem Französischen von Theresia Übelhör
Text: Manu Bertin, unter Mitarbeit von Rémy Fière
Fotos: Umschlag: Jono Knight/Archiv Sector, Manu Morel;
Innenteil: Peter Sterling: S. 1, S. 2 o., S. 4 u., Jono Knight/Archiv Sector: S. 2 u.
S. 5 u., Rick Leeks/Archiv Sector: S. 3, S. 4 o., Michel Philipps/Archiv Davidoff:
S. 6, S. 7, Andreas Pastor: S. 8; Zeichnung: Paolo Rista
Lektorat: Eva Clausen, München
Karten: Margret Prietzsch, Gröbenzell
Umschlaggestaltung: Dorkenwald Grafik-Design, München
Herstellung: Caroline Sieveking, München
Druck und Bindung: Clausen & Bosse, Leck
Printed in Germany

ISBN 3-89405-274-0
www.frederking-thaler.de
Das Papier wurde aus chlorfrei gebleichtem Zellstoff hergestellt.

MANU BERTIN

ZWISCHEN HIMMEL UND MEER

unter Mitarbeit von Rémy Fière

Aus dem Französischen von
Theresia Übelhör

NATIONAL GEOGRAPHIC

FREDERKING & THALER

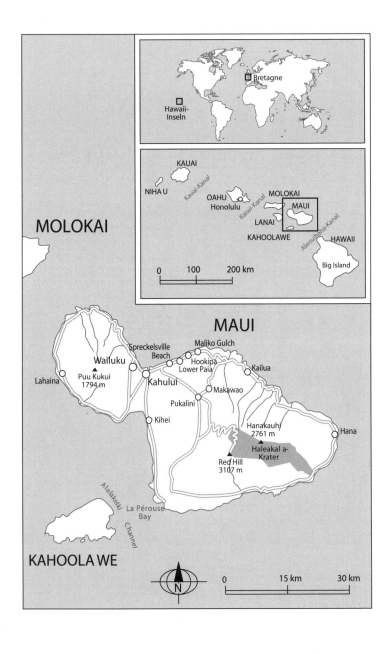

Inhalt

Eine verpasste Welle ist für immer dahin

Ich stehe auf, aber für hiesige Verhältnisse ist es bereits spät. Das Leben auf der Insel ist schon lange erwacht, der Vormittag bald vorüber. Um in Topform zu sein, brauche ich immer ausreichend Schlaf, und gestern war ich bis Einbruch der Dunkelheit mit dem Surfbrett draußen. Ich gehe hinaus und betrachte den Haleakala, diesen riesigen Vulkankegel, der sich aus dem Meer erhebt. Den Blick auf den Krater geheftet, grüße ich ihn und richte ein kurzes Gebet an Pélé, die Urgöttin von Hawaii. Regelmäßig spreche ich laut zu ihr und danke ihr, weil jeder Tag, den ich hier auf Maui verbringen darf, ein Privileg und eine Chance ist. Und weil ich das Bedürfnis habe, die Schönheit und die Intensität eines solchen Augenblicks und die Harmonie mit der Natur stimmungsvoll zu besingen. Ich habe mich entschlossen, sechs Monate im Jahr, den Winter über, hier zu leben, weil das die Wellensaison ist. Ich bin kein richtiger Vagabund, auch nicht wirklich obdachlos, ich wohne einfach inmitten der Zuckerrohrfelder und der vielen Hektar roter Erde, auf der Ananas gedeihen, in einer Holzhütte, die Manou, meinem Freund, meinem baskischen Bruder, gehört. Drei Pferde, drei Hunde, zahlreiche Katzen, ein Holzfeuer, eine Dusche im Freien, damit man sich unter dem Sternenhimmel waschen kann, Bücher zur Zerstreuung, ein wenig Rum, weitere geleerte Flaschen und, in einiger Entfernung, ein Loch, das als Toilette dient. Das ist *Zaldian Borda*, was auf Baskisch »das Haus der Pferde« heißt. Gibt es auf Erden einen größeren Luxus? Ich glaube nicht, denn ich fühle mich hier so richtig wohl. Und hier soll der Bericht meines bisherigen Lebens seinen Anfang nehmen, allerdings ohne dieses allzu hoch zu bewerten, denn ich war noch nie der Meinung, dass mein Leben, auch wenn es sich zu leben lohnt, unbedingt verdient hätte, erzählt zu werden.

Dennoch habe ich, der ich schon immer den Humor von Coluche und die Bücher von Oscar Wilde, die monochromen Bilder von Yves Klein und die Skulpturen von Constantin Brancusi geliebt habe und frische Thunfischsteaks sowie ökologisch angebaute Tomaten schätze, mich entschlossen, innezuhalten und auf das zurückzublicken, was das Salz meines Daseins ausgemacht hat, den zurückgelegten Weg zu beschreiben, als Mann des Meeres und des Sandes, von Brest bis Grönland, von Almanarre bis zum Nordpazifik, von Douarnenez in die Sahara. Und ich hatte Lust, andere Menschen daran teilhaben zu lassen: an den kurzen Freuden und den langen Qualen, den Träumen und den realisierten Hoffnungen, an meiner kleinen Welt, in der Bettler und Edelmänner, Drachen und Hexenmeister miteinander verkehren, in der es Kränkungen und selten Anerkennung gibt, an den Jahren der Plackerei, der Opfer und auch der wahnsinnigen Glücksmomente, dem Weißbrot, den verrückten Kühen und den schönsten Wellen der Welt ... Ich bin gerade 40 Jahre alt geworden, zeitweise lebe ich auf Hawaii, zeitweise an anderen Orten, ich war Profiwindsurfer, ich habe an Geschwindigkeitswettkämpfen teilgenommen, habe eine neue Sportart, das Kitesurfen, entwickelt, und ich verspüre tief in meinem Inneren eine grenzenlose Lust, zusammen mit drei Freunden den Atlantik zu überqueren – und zwar von unseren Drachen gezogen. Deshalb also finden sich im Folgenden ein paar Geschichten, ein paar Fotos, so als ob man das Leben auf ein paar weißen Seiten knapp zusammenfassen könnte, als ob man die Gischt auf einer Riesenwelle, die gerade zusammenbricht, als ob man eine außergewöhnliche *session*, wie ich sie am 17. Dezember letzten Jahres vor Hookipa an der Nordküste von Maui erlebt habe, beschreiben könnte. Davon stammt übrigens das Bild auf der letzten Seite des Bildteils.

Eine Momentaufnahme der Herausforderung und der Freiheit, die zwischen einem Mann auf dem allerkleinsten Segelboot – einem Surfbrett, zwei Leinen, einem Drachen am Himmel – und dem Ozean möglich ist. »Das Meer ist deine Geliebte«, hat mir jemand einmal geschrieben, der diese Verbindung zu bedauern schien. Diese Beziehung besteht schon lange, wie eine Liebesgeschichte oder ein unverbrüchliches Band, das niemand je zerstören kann: die Entstehung einer neuen Sportart – des Windsurfens – in meiner Jugend, der Reiz der Geschwindigkeit auf dem Wasser, gefolgt von den Versuchen, neue Rekorde aufzustellen, dann der zunehmende Verdruss an einem Sport, der zu teuer und zu technisch geworden war, die Notwendigkeit, sich wieder der wahren Natur von Wind und Wasser anzunähern, die Augen aufzumachen und den Horizont vor sich zu sehen, ein paar Jahre der Entwicklung und Erprobung des Kite. Der eher ein Flügel als ein Segel ist. Ich bin also eher Ikarus als Odysseus. Und immer gilt es, die Wellen als fortwährende Fahrt ins Paradies, zu diesen schönen Freuden zu begreifen und die Geschwindigkeit als ein ständiges Bedürfnis wiederzuentdecken, schneller zu sein als der Wind, schneller zu sein als das Leben.

Es kommt für mich gar nicht in Frage, Zeit ungenutzt verstreichen zu lassen. Diese Obsession lässt sich leicht erklären: Die Welt des Surfens besteht aus zauberhaften Tagen und aus tiefem Bedauern. »Eine verpasste Welle ist für immer dahin.« An jenem 17. Dezember stehe ich da, um die Wetter- und Windentwicklung zu beobachten. Ich weiß, spüre, was da kommt. Als »Wellenspäher« muss man einen ausgeprägten Sinn für das Ausbleiben der Wellen haben und warten können. Es bedarf der Verbindung außergewöhnlicher Ereignisse, damit aus einer ganz normalen *session* eine zauberhafte wird. »Das war ein schöner Tag, und von diesen gibt es nicht so viele«, singt Stephan Eicher. Selbst wenn man auf Hawaii wohnt, auf diesem isolierten Felsen mitten im Pazifik. Hier ereignen sich Dinge, die der Mensch nicht beherrschen kann, mal wehen heftige Winde, mal regnet es sintflutartig, mal kommen Wellen aus der Tiefe des Ozeans, mal brennt die Sonne herab. Ein außergewöhnlicher Tag mit dem Kite in den Wellen, das ist die einzigartige Verschmelzung der Elemente, wie eine Zauberformel, die nicht häufig wirkt. Das weiß ich zu schätzen, weil ich seit meiner Kindheit versuche, in enger Verbindung mit der Natur zu leben und eine Beziehung mit ihr zu unterhalten, so wie die Krieger früherer Zeiten, die die Natur als ihre Mutter bezeichneten und sie als heilig betrachteten: eine Mischung aus Glauben und Vertrauen, aus Angst und Respekt …

Wir sind nur vier Kandidaten, die den Nervenkitzel suchen. Drei Windsurfer und ich, der einzige Kiter. Eine Woche vor Weihnachten sind die Amerikaner bereits in Richtung Kontinent abgereist, um Truthahn zu essen, und der Salon Nautique hat die Profisurfer zur Messe nach Paris gelockt.

Die Richtung des Seegangs ist ideal, die Wellen treffen perfekt auf das Riff, das allem Anschein nach die ganze Energie des Ozeans auf sich zieht. Der leichte, ablandige Wind ist in Stärke und Richtung unbeständig und fordert Wachsamkeit. Die Verhältnisse sind wie gemacht für das Abenteuer, die Bedingungen sind heikel, der günstige Moment kündigt sich an.

Ich stehe bereits im Wasser, mein Kite bläht sich, mein Herz geht ebenfalls auf. Es sind fast unwirkliche Wellen, der Himmel leuchtet golden, dunkle Wasserwände türmen sich auf – der Traum des Augenblicks. Ich muss mich nicht kneifen. Faszination, Anziehungskraft, gefährliches Spiel, Duell …

Ich nehme den Wind, spüre seine Antriebskraft und beschleunige. Zwar habe ich Angst, aber ich weiß, dass ich in Form und bereit bin, mich mit den fantastischsten Wellen dieses Winters zu messen. Das wird technisch schwierig werden, aber zugleich in dem Höllenlärm unglaublich viel Spaß machen, denn eine sich brechende Welle hat sich schon immer über die Stille lustig gemacht. Nach ein paar Stunden bin ich erschöpft und komme herunter – in wörtlicher wie übertragener Bedeutung des Ausdrucks – und habe das Gefühl, als wären meine Arme zehn Zentimeter länger geworden. Es war zu anstrengend, zu heftig, ich muss aufhören, ich kann nicht mehr … Es ist komisch, als ich am Strand stehe, habe ich den Eindruck, Bob Marley zu sehen, wie er mit Coluche Späße macht … Und mit einem Mal habe ich Lust, den beiden zu erklären, wie und warum ich hier gelandet bin.

1 Aufbruch in Brest, 1977

Es gibt mitunter Wohnungen, deren Fenster den Blick auf ein anderes Leben oder auf eine neue Welt freigeben. Wie in jenem großen Wohnblock in Brest, in den wir gerade eingezogen waren, cours Dageot, oberhalb des Handelshafens. Bis dahin hatten mein Vater, meine Mutter, meine zwei Brüder und ich im Cercle naval gewohnt, einem gigantischen kalten Gebäude, einem scheußlichen Komplex, der an eine russische Mietskaserne erinnert, einer Unterkunft für frisch versetzte Militärs, in dem die Offiziere und ihre Familien untergebracht werden, bis sie in der Stadt eine Wohnung finden.

Die Möbel waren angekommen, wir befanden uns in unseren eigenen vier Wänden. Bequem eingerichtet. Ich kam gerade aus meinem Zimmer, dessen Fenster auf den Hof und auf seelenlose Bauten blickte, ich war im Wohnzimmer mit Aussicht auf das Meer, auf die Zukunft, und ich spürte meinen heißen Atem, der die Scheiben beschlug, als bemühte er sich, hindurchzukommen, sich mit dem Wind zu vereinen und mit ihm das Weite zu suchen. Vor meinen Augen erstreckte sich der Hafen, wo sich ein scheinbar nie enden wollendes Spektakel abspielte: Schiffe, die den Hafen verließen, jene, die hereinkamen, das ständige Treiben, die weißen Flecken der kleinen Segelboote in der Ferne, die Lichter und Kulissen veränderten sich so häufig, dass man sich in einem Theaterstück wähnte, das von einem himmlischen Regisseur aufgeführt wurde. Noch sah ich darin weder ein Zeichen noch – im Nachhinein – das Augenzwinkern des Ozeans, der bereits versuchen wollte, mich in seine Fänge zu locken. Nein, ich ahnte noch nichts, ich war von dieser Bretagne, die ich bis vor ein paar Wochen kaum kannte, einfach hingerissen, fasziniert und überwältigt. Eine normale Situation, weil ich mich mit meinen Wünschen noch nicht wirklich im Einklang befand, aber wer konnte als Jugendlicher vorhersagen, was morgen sein würde? Ich jedenfalls nicht.

War es ein vorauseilender Wink des Schicksals für einen jungen Mann, der eindeutig an Symbole glaubt, für mich, der ich empfänglich bin für mehr oder weniger greifbare Zeichen, die mir eine Botschaft zu vermitteln scheinen? Aber es stimmt, häufig hatte ich das Meer oder vielmehr Wasser vor Augen. In Toulon, wo ich geboren wurde, in dem Haus im Stadtviertel Mourillon; in Paris, wo mein Vater einen zweijährigen Lehrgang absolvierte und wo meine Eltern das Glück hatten, eine Wohnung an den Quais direkt gegenüber der Île Saint-Louis zu finden. Ein bescheidenes Apartment, in dem ich mir zwar mit meinen zwei kleinen Brüdern ein Zimmer teilen musste, dafür aber mit Blick auf die Seine, die zum Ärmelkanal fließt. Schließlich ging es für ein Jahr nach Cherbourg, wo das Meer grau und freudlos ist und wo ich den Eindruck hatte, dass sich die Verzweiflung sogar auf den Gesichtern der Einwohner widerspiegelte. Und nun also Brest, wo mein Vater, Marineoffizier, zur Atom-U-Boot-Basis zurückkehrte.

Brest, die besungene Stadt, die geliebte Stadt, die Stadt, die atmet, die einen Tränen vergießen lässt, zurückhält oder zurücklockt. Brest ist in meinen Augen ein zauberhafter Ort, der im letzten Weltkrieg allerdings stark zerstört wurde und in aller Eile – architektonisch gesehen mehr schlecht als recht – wieder aufgebaut wurde. Vor allem aber ist diese Stadt ein Ort des Aufbruchs. Für meinen Vater, für mich – noch erkenne ich das nicht –, wie für die Seeleute der Weltmeere, die ich in die Ferne abfahren sehe. Vom Wohnzimmerfenster aus.

Und der Mensch geht wieder über das Wasser

Im Sommer verließ die Familie die Bretagne, um an andere, in der Regel wärmere und sonnigere Orte zu fahren. Allerdings ... In einem Jahr befanden wir uns an der Anlegestelle des kleinen Hafens Porquerolles, und plötzlich hatte ich so etwas wie eine Vision. Obwohl das Surfen – Mitte der 1970er Jahre – noch ein Luxussport war, obwohl der Segelsport ein Zeitvertreib für Wohlhabende blieb und obwohl der Sold eines Soldaten keine großen Sprünge erlaubte, mietete mein Vater über den Club Nautique der Armee regelmäßig zu unschlagbar günstigen Preisen ein Boot. Die Uniform hat auch ihr Gutes! Wir waren also für eine einwöchige Segeltour am Mittelmeer. Ein Mistralsturm wurde angekündigt, und mein Vater, ein kluger und verantwortungsbewusster Seemann, hatte es vorgezogen, uns bei der größten der drei goldenen Inseln gegenüber von Hyères in einem stillen Hafen in Sicherheit zu bringen. Seit meiner frühesten Kindheit lernte ich dieses unzugängliche Meer kennen, das zu allem fähig ist, dieses Meer, das es zu respektieren gilt, will man darin nicht zugrunde gehen.

Das Segelboot lag am Kai, ich, der Jugendliche ohne Ziel, schlenderte auf und ab. Und plötzlich eine Erscheinung, aufgetaucht wie aus dem Nichts, vom heftig auffrischenden Wind angetrieben: ein Surfbrett, das durch den Hafen glitt. Ich war auf den ersten Blick fasziniert. »Das möchte ich auch machen!« Ich kannte dieses seltsame Objekt nicht, es war das erste Mal, dass ich ein solches sah, aber ich wusste bereits, dass ich in den nächsten Tagen darauf steigen und es ausprobieren musste. Ich hatte mich soeben mit der Krankheit infiziert. Mit der Krankheit? Was für ein Gedanke ...

Bis zu diesem Zeitpunkt hatte meine Segelausbildung einen sehr klassischen Weg genommen. Die Armee unternahm auch auf diesem Gebiet eine ganze Menge: In Brest durften die Soldatenkinder in einem ihnen vorbehaltenen Wassersportzentrum auf einer von

Dämmen eingefassten Wasserfläche erste nautische Erfahrungen sammeln. Das war praktisch, weil die Wellen selbst bei starkem Wind diese geschützte Wasseroberfläche nicht erreichen. Aus der Erinnerung heraus betrachtet, würde ich diesen Teil meiner Kindheit – im heutigen Jugendslang – als »einfach geil« bezeichnen.

Auf speziellen Wunsch meines Vaters hatte ich zuvor in Toulon angefangen, im Optimisten zu segeln, dann war ich in Cherbourg ein Jahr wie eine verlorene Seele herumgeirrt, weil ich in dieser Stadt völlig frustriert war, da ich nicht segeln konnte, keine Beschäftigung hatte, das Meer zu kalt war und es ständig regnete ... Von meiner Lehrzeit als zukünftiger Mann des Meeres sind mir vor allem zwei Dinge im Gedächtnis haften geblieben: dass ich am Transistorradio hing, um die Transat 76, die große Soloregatta über den Atlantik, zu verfolgen und die genaue Position eines schweigsamen Seglers zu kennen, der beschlossen hatte, noch länger zu schweigen. Bis er, Éric Tabarly, als Sieger die Ziellinie überquerte. Und der kleine Buchladen, bei dem ich eines Tages vor der aus den Vereinigten Staaten importierten Zeitschrift *Surfer* stehen blieb. Wie war dieses Magazin nur hierher geraten? Ich weiß es noch immer nicht, aber ich, der diesen Sport gar nicht kannte, weil ich aus Toulon am Mittelmeer kam, das ja nicht gerade für seine großen Wellen und Brecher berühmt ist, kaufte mir diese Zeitschrift. Sie war ein kleiner Schatz. Und ich war damals unglaublich fasziniert. Texte in Englisch, die ich zu entziffern versuchte, vor allem aber Fotos von Männern, die über das Wasser glitten, von Männern, die das Element zu beherrschen schienen.

Zurück zu meinen ersten Seefahrtserlebnissen in Brest: Dort war ich logischerweise auf die 470er-Klasse gestoßen, auf ein Boot, mit dem ich meine ersten wirklichen Segelerfahrungen machen sollte. Ich war inzwischen im Alter der Freundschaft, der Komplizenschaft zwischen Jungs, des unbändigen Bedürfnisses, sich körperlich zu betätigen und etwas zu unternehmen. Damals teilte ich mit Patrick Granier, meinem besten Kumpel, einige Leidenschaften, die alle recht wenig mit Kultur zu tun hatten. Die gleiche Lust auszugehen, die gleichen Wünsche. Unsere Väter waren in der Armee, wir spielten zusammen Rugby im BUC, dem Brest Université Club, wo ich Gemeinschaftssinn und die Lust am Wettkampf entwickeln sollte, nicht aber lernte, meinen Eifer zu kanalisieren. Patrick und ich bildeten auch eine Mannschaft im 470er. Mit der *Amanu* (das tahitianische Wort für »rotes Boot« – eine Prophezeihung) segelten wir mit Vorliebe bei starkem Wind und waren entschlossen, auf volles Risiko zu gehen. Und schließlich – aber ist das so wichtig? – drückten wir zusammen die Schulbank.

Stets berauschte ich mich zusammen mit Patrick an den Freuden des Segelns. Ob am Trapez oder am Ruder. Und vor allem stand auf dem Programm, in der Brise mit gesetztem Spinnaker zu fahren, getreu der Devise des mehr denn je legendären Éric Tabarly, der behauptete, unter diesen Bedingungen sei ein Boot immer am stabilsten. Vielleicht hatte er Recht, aber es kam nicht selten vor, dass Patrick und ich trotz der Warnungen unserer Betreuer kenterten, weil wir es zu weit getrieben hatten, weil wir uns weigerten, im auffrischenden Wind den Spinnaker zu fieren, weil wir Lust hatten, wieder das saugende Geräusch der automatischen Pumpklappen zu hören, wie angesaugt von der Geschwindigkeit unseres kleinen Bootes, weil wir diese bereits bestehende seltsame Alchemie zwischen zwei jungen Seefahrern genießen wollten, die ziemlich winzige Nussschale, einen Windstoß und das ablaufende Wasser.

Doch schon bald nach meiner Kreuzfahrt und der Entdeckung am Ende des Sommers fing ich an, mir Fragen zu stellen, zunächst schleichend, dann immer bohrender wie in einem wiederkehrenden Traum, in dem mich jemand an der Schulter fasst und mir sagt: »Du weißt, dass es im Leben mehr gibt als das Segelboot, mein Lieber!«

Es ist kaum verwunderlich, dass ich schon bald wirklich nicht mehr wusste, was ich tun sollte: weiter im traditionellen Boot segeln oder mich dieser völlig neuen Disziplin zuwenden, die gerade aufgekommen war? Ich brauchte fast ein Jahr – und noch einmal Ferien, dieses Mal auf der Insel Noirmoutier –, bis ich mich entscheiden konnte.

Meine Eltern haben Freunde, die dort ein Anwesen besitzen, die Abbaye de la Blanche, ein Haus wie aus Tausendundeiner Nacht mit einem fantastischen Park. Drei Familien mit zahlreichen Kindern hielten sich in der Abbaye auf, und es gab ein Surfbrett, zweifellos eines der ersten in Frankreich! Ich sehe mich noch immer wie in einem Traum, es endlich geschafft zu haben, und mit einem so kurzen Hochgefühl, auf dieses Ding steigen, bevor ich völlig frustriert nach dem klassischen Ausspruch »Jeder kommt mal an die Reihe« schon bald wieder heruntermusste. Doch mein Entschluss war gefasst. Wir schreiben das Jahr 1977, ich war 14 Jahre alt. Noch wusste niemand, am wenigsten ich selbst, dass durch diese Wahl mein ganzes Leben beeinflusst werden würde. Ich hatte nur einfach, und sei es nur für einen Augenblick, den Eindruck, nicht mehr so zu sein wie die anderen. Wie es in der Zeitschrift *Voiles et voiliers* so schön ausgedrückt wurde: »Zum ersten Mal seit zweitausend Jahren geht der Mensch wieder über das Wasser.« Ich war gegangen. Gegangen? Ich war vielmehr im Begriff zu rennen, und das viel schneller, als ich es mir hatte vorstellen können ...

Vater und Sohn

In meiner Jugend neigte ich zu Überempfindlichkeit und Aggressivität. Ich war kein einfaches Kind, weit gefehlt. Ein Marineoffizier, zumal wenn er häufig lange fort war, und sein Sohn, der ebenso oft draußen unterwegs war, der immer mehr nur das tat, wonach ihm der Sinn stand, waren nicht gerade dazu prädestiniert, sich gut zu verstehen. Und zwar nicht nur in Punkten, die von den verschiedenen Generationen unterschiedlich gesehen werden. Da meine Brüder wesentlich jünger waren als ich, stand ich bei Auseinandersetzungen mit meinen Eltern meist alleine da. Ich widersetzte mich jeder Art von Kontrolle, Manu gegen den Rest der Welt oder so ähnlich. Meine Mutter versuchte, mich abends einzuschließen, also ließ ich mir einen Nachschlüssel anfertigen, um mich heimlich davonschleichen zu können.

Ich war aufsässig. Ein mäßig begabter Dichter würde das Bild von einem verrückten Hund oder einem wilden Pferd bemühen, ich dagegen möchte schamhaft feststellen, dass ich einfach ein unerträglicher Kerl war und, wie jene behaupten, die mich gut kennen, »gegen jede Autorität rebellierte«. Das ging sogar so weit, dass ich meinen Lehrern Widerworte gab, die Türen ins Schloss knallte, impulsive, übertriebene Reaktionen an den Tag legte und grundlos in Rage geriet. Heute muss ich freimütig eingestehen, dass ich mich einerseits immer als hypersensibel erwies – und dass diese Rebellion vielleicht ein Mittel war, meine Seelenqualen zu kaschieren –, dass diese schwer zu kontrollierende Impulsivität mir aber andererseits einige Schwierigkeiten eingebracht hat. In meiner Teenagerzeit wie auch später in meinem Berufsleben. Hier noch zwei wirklich aufschlussreiche Anekdoten, als Krönung, wenn ich so sagen darf. Ein Französischlehrer, zu dem ich ein allgemein schwieriges Verhältnis hatte, weil ich ihn für schlecht hielt und der Meinung war, dass er persönliche Probleme mit in den Unterricht brachte, hatte es verstanden, ein ganz einfaches Mittel zu finden, um sich an einem derart unerträglichen Schüler zu rächen. Um meinen Eltern seine Wut und seinen Ärger mitzuteilen, hatte er in mein Notenheft geschrieben: »Kann wenig und tut noch weniger.« Eine Einschätzung, die dazu angetan war, das Klima zu Hause zu vergiften. Und ich, der kleine Idiot, der ich damals war, war auch noch stolz auf diese Bewertung, durch die ich scheinbar an Größe gewann. Aber nur in meinen Augen. Zur großen Verzweiflung meiner Eltern lachte ich sogar darüber.

Und später das gleiche Übel, die gleiche Strafe, dieses Mal durch einen Sponsor, der sich auf Bekleidung spezialisiert hatte und mich ganz am Anfang meiner Karriere als Profisurfer mehr schlecht als recht ausstattete. Es muss 1987 gewesen sein, ich hatte einen Vertrag mit dieser Firma für die Zeit des Tandemsurfens abgeschlossen, aber es wäre eine Lüge, wollte ich behaupten, dass alles gut verlief. Bis ich eines Tages ein Telex erhielt. Es war kurz, nur drei Worte: »Unkontrollierbar, unkontrolliert: gefeuert.« Ich fand die Formulierung fantastisch, und anstatt mir über diesen neuerlichen Bruch Gedanken zu machen, anstatt mir nahe liegende Fragen über die tieferen Gründe dieser Kündigung zu stellen, war ich höchst zufrieden, eine so eindeutige Erklärung erhalten zu haben, und prahlte damit vor meinen Freunden wie mit einer Trophäe. Vielleicht hat mir, als ich jünger war, einfach jemand gefehlt, der mir erklärt hätte, warum ich das eine hätte tun und das andere lieber hätte lassen sollen ...

Dies war aber nicht der Fall gewesen, und so erlebte ich meine ersten aufregenden Nächte an der Seite von Kameraden, die ein wenig älter waren als ich. In der Bretagne auszugehen, das war eine recht einfache Beschäftigung, die sich, auch wenn das nichts Neues war, schnell darauf beschränkte, in den Abendstunden Alkohol trinkend herumzuhängen. Das Saufen als Religion, der mich hinzugeben ich mich jedoch weigerte. Ich hing zwar überall herum, aber ich trank nicht, sondern verbrachte meine Nächte draußen, um etwa zu der Zeit, zu der meine Mutter aufstand, nach Hause zu kommen, um zu hören, wie sie herumschrie, um in die Schule zu gehen, wo ich nur das Nötigste tat, keinen Fingerstrich zu viel.

Und dann, wenn mein Vater nach Hause zurückkehrte, nachdem er zwei Monate im U-Boot verbracht hatte, ohne Nachrichten von zu

Hause bis auf höchst seltene Botschaften, bei denen jedes Wort gezählt wurde, erwies sich die Rückkehr an Land als kompliziert. Da stand ein Mann, der 60 Tage in einem Sarkophag hinter sich hatte, 60 Tage Stress und große Verantwortung an Bord eines Atom-U-Boots, in meinen Augen so etwa das Letzte aller Seefahrzeuge, und der, kaum zurück, einem aufmüpfigen Sohn gegenübertreten musste. Und er hatte zweifellos auf anderes Lust, als sich mit mir herumzustreiten.

Jede Kleinigkeit gab Anlass für Spannungen. Dieses Mal hatte er mich netterweise wieder im Wassersportclub der Marine angemeldet. Aber das wollte ich nicht mehr, ich wollte nicht mehr im 470er segeln, wollte der *Amanu* Adieu sagen und Mitglied im Club des Crocodiles de L'Elorn werden, einem privaten Club, der die ersten Surfbretter in Brest besaß. Mein Vater war nicht einverstanden, er hatte die Mitgliedschaft bezahlt, wir waren nicht reich, ein Franc ist ein Franc, vor allem für einen Mann, der zusammen mit seinem Bruder von einer Frau großgezogen worden war, deren Mann im Zweiten Weltkrieg gefallen war. Ich habe meinen Eltern dieses ein wenig ärmliche Leben übrigens häufig übel genommen, den leeren Kühlschrank, während jener meiner Freunde immer voll war, diese Kleider aus grober Wolle, die an meinem Stolz kratzten ... Wieder Gelegenheiten herumzumeckern, auch wenn die Reibereien mit meinem Vater, einem schweigsamen, immer strengen Mann, stets nur von kurzer Dauer waren, weil er unweigerlich wieder zur See fuhr und ich mit meinen Dummheiten weitermachen konnte.

Doch ein andermal brachen wir auch gemeinsam auf, zum Beispiel zum Skifahren. Mein Vater ist der Mann, der mir beigebracht hat, das Meer zu entdecken und zu lieben, aber er hat die Berge nicht außer Acht gelassen. Wir beide auf den Skipisten, wieder dank des Militärs, wie immer, und zwar im Club Alpin der Marine. Natürlich völlig altmodisch ausgerüstet, mit Lederstiefeln, die einem wirklich die Füße gefrieren ließen, auf Skiern mit Kabelbindung, die sich am Hang leicht lösten. Dennoch liebte ich das alles und wurde mir zudem bewusst, dass die Armee, für die ich nicht unbedingt große Bewunderung hegte, mir ermöglichte, wie ein Kind aus reichem Hause zu leben, und dass ich mich nicht zu beklagen hatte, da das Leben so großzügig war, mir auch schöne Dinge zu bieten.

Trotzdem glaube ich, dass meine Eltern meinetwegen viel Kummer hatten, und noch heute weiß ich nicht, wie ich dazu stehen soll. Ich bin mir nicht sicher, ob ich das alles bedauern soll noch ob ich letztlich so viel anders war als andere Jugendliche in der Pubertät. Jeder ist nun einmal, wie er ist, aus jedem wird, was aus ihm werden muss ... Ich habe nur den Eindruck, dass ich mich viel mehr außerhalb der elterlichen Wohnung entwickelt habe ...

Eine neue Welt entsteht

Schließlich gab mein Vater nach, ich trat aus dem Segelclub der Armee aus und wurde Mitglied bei den Crocodiles de l'Elorn, um das Windsurfen zu entdecken. Endlich! Sommer 1978, mein Freund Éric Ancel, dessen Vater Gymnasiallehrer war, hatte ein eigenes Brett, das er von seinen Eltern geschenkt bekommen hatte. Und wir beide wurden richtig süchtig. Süchtig danach, jeden Winkel des Finistère mit dem Surfbrett zu erkunden. Auf dem Programm standen die ersten Surferlebnisse, die der ursprünglichen Reinheit der Empfindungen sehr nahe kamen. Ein *run* zwischen dem Hafen von Moulin Blanc und der Brücke von Plougastel ist mir im Gedächtnis haften geblieben: Ich sehe mich noch immer aufsteigen, mich hinten aufs Brett stellen, die Sicht vom Wasser behindert, das vom Schwertkasten aufspritzt, mit einem Lächeln bis zu den Ohren, das Schwert unter den Arm geklemmt, weil man es, bis man eine hohe Geschwindigkeit erreicht hat, völlig heraus lässt, um dem Wasser möglichst wenig Widerstand zu bieten.

Zudem entdeckte ich in jenem Jahr die ersten Fotos, die ersten Helden meiner entstehenden Welt und dieses aufkommenden Sports. Eine unglaubliche Weltmeisterschaft hatte in Cancún in Mexiko stattgefunden, gewonnen hat sie ein junger Mann, der sich noch einen Namen machen sollte: Robby Naish. Ein einwöchiger, denkwürdiger Sturm (damals sprach man von Stärke 7), eindrucksvolle Bilder in der ersten Fachzeitschrift, die Einführung der Fußschlaufen – es war, als komme das Windsurfen damit richtig in Mode. Und wir waren fasziniert, als wir wie Verschwörer die Hochglanzseiten umblätterten und die Wahnsinnsfotos kommentierten: »Hast du gesehen, wie sie es machen?« Als seien unsere Herzen aufgegangen, um sich von dieser entstehenden Leidenschaft verschlingen zu lassen.

Ja, als sei ein neuer Geist ganz tief in meine Zellen und in meine Seele eingesickert – der Geist des Windsurfens. Der Club in Brest organisierte regelmäßig Ausflüge in die kleinen Fjorde, zu den Inseln der Nordküste, und alle fuhren mit. Am Strand von Carnac, an der Küste von Lorient bis nach Groix herrschte Lagerfeuerstimmung, und die Zelte wurden aus den Segeln zusammengebaut. Hier und da ein paar Regatten zwischen drei Bojen, aber das war nicht mein Fall. Mir reichte das Vergnügen, zu surfen und meine Leidenschaft mit anderen Surfern zu teilen. Was mir vor allem gefiel, das war – auch wenn es ein starkes Wort ist – eine Philosophie des Lernens, des Lebens und des Teilens mit anderen. Die Einzige, die in meinen Augen etwas wert ist, jene, die Leute vertreten, die das Meer lieben und das Land kennen, die versuchen, ein Wissen weiterzugeben, und die den Respekt vor dem Meer pflegen und weitergeben wollen. Mit der Freude, Teil von etwas zu sein, was ein wenig in Mode gekommen ist, und mit eigenen Augen zu sehen, wie es sich entwickelte. Ich, der Unbedarfte, der nur den Spaß des Augenblicks suchte. Denn schließlich fanden das die Mädels schon damals cool.

Ein wenig später gab es in Brest einen Wettkampf, der »Vierund-zwanzig-Stunden-Surfen« hieß. Hunderte Mannschaften von je drei Personen, die sich auf einem Kurs am Ende des Hafens abwechsel-ten. Das Material – ein super Monotyp – wurde von der Organisation gestellt, die Veranstaltung sollte zugleich eine sportliche und eine festliche sein. Und dabei lernte ich Dominique Le Bihan kennen, der, zusammen mit meinem Freund Éric Ancel, den Wettkampf ge-winnen sollte. Dominique ist für mich, falls ein solcher Vergleich überhaupt zulässig ist, der Tabarly des Windsurfens, so bescheiden, wie ich nur wenige kennen lernen sollte, kein Schwätzer, aber mit einer Kraft und einer Motivation, die einem, wenn man ihm begeg-nete, unmöglich entgehen konnte. Dominique war kein Surfer, auf den man einfach so zuging, er hatte bei den ersten internationalen Wettkämpfen bereits ein paar Titel eingeheimst, er war zweifacher Europameister, also einer, zu dem ich zunächst aufgeschaut habe, wie ein Kind aus Toulouse vielleicht zu einem Rugby-Champion aus Neuseeland aufblickt. Ein Zustand zwischen Verehrung, Respekt und Lust, mich mit ihm anzufreunden oder ihn als Mentor zu ge-winnen. Und nachdem der Kontakt hergestellt war, habe ich einen Sommer lang in seinem Geschäft für Surfbedarf in Quimper gear-beitet, dann in seiner Surfschule an der Plage des Sables blancs in Tréboul, einem der beiden Dörfer, die die Stadt Douarnenez bilden, Surfunterricht erteilt. Dominique suchte einen Betreuer, ich be-herrschte die Grundlagen, er gab mir eine Chance, und ich packte sie beim Schopf.

Durch ihn lernte ich eine ganze Menge. Eine gesunde Art und Weise, das Windsurfen zu fürchten, aber noch viel darüber hinaus. Auf diese so bretonische Weise, das Meer wahrzunehmen, es zu er-leben, wie es nur die Leute hier zu tun verstehen. Weil es in Douar-nenez, einem Fischerhafen, zweifellos keine einzige Familie gibt, die über Generationen hinweg nicht durch einen Sturm oder Schiffbruch Angehörige verloren hat. Weil hier der Verlust der Lieben, das Meer, das sich donnernd erhebt, die Angst, nicht zurückzukehren, das Warten auf jene, die keinen festen Boden unter den Füßen haben, nicht nur leere Worte oder Redewendungen sind: Wir sind hier schließlich im Finistère.

Dann war ich im Abschlussjahr der Schule, die achtziger Jahre kündigten sich an. Aber nicht nur sie. Eines Morgens im Frühjahr wachte ich auf, und in der Wohnung hing ein grauenvoller Geruch, ein Gestank, den ich noch heute gut in Erinnerung habe. Was war nur los? Wir rissen die Fenster auf, und der Gestank schlug uns noch stärker entgegen. Es ist noch dunkel, ich machte mich auf den halbstündigen Weg zum Gymnasium, und sämtlichen Leuten, denen ich begegnete, standen die Fragen ins Gesicht geschrieben. Bis sich schließlich die Neuigkeit verbreitete, dass 50 Kilometer vor Brest ein Öltanker auf Grund gelaufen war. Sein Name: *Amoco Cadiz.*

Ich könnte von der großen Wut sprechen, vom emotionalen Schock, vom Aufbegehren gegen ein System, das schon damals die Sicherheit außer Acht ließ, vom Hass auf diese Fahrlässigkeit, doch ich erwähne nur die Versammlung von Freiwilligen, mit denen ich aufbrach, um meinen Beitrag an den von der Katastrophe zerstörten Küstenabschnitten zu leisten. Die Hände im schwarzen Dreck, die kleinen Buchten schrecklich verschmutzt, die Strände von den so tödlichen Ölteppichen verschandelt. Ich erlebte ein wahres Trauma, weil ich mir hier definitiv bewusst wurde, dass das Meer nicht nur lebt, sondern vor allem, dass es durch die Habgier des Menschen verletzt und schwer beschädigt werden kann. Oder durch seine Verantwortungslosigkeit, seine Dummheit – unter den gegebenen Umständen sind die Begriffe beliebig austauschbar.

Die Strände zerstört, überall Ölschmiere, die Ölseuche ein Gefährte aller, die auf dem Wasser fahren, die weißen Bretter, an denen die Exkremente des Supertankers haften bleiben, bis sie nur noch schwarze Schwimmer sind – die Zeit war verdorben, gründlich verdorben ...

Und ich vermasselte mein Abitur. Ich hatte nicht viel, was mich für die Mathematik motivieren konnte, keine Lust, eine 6 in Mathe, eine 6 in Physik. Meine Eltern drehten durch und schickten mich nach Paris, wie man einen räudigen Hund verscheucht. Zu einem Onkel und einer Tante. Besuch des Lycée Buffon, wo die Musik als Taktgeber galt, ich spielte Rugby, um mich weiter sportlich zu betätigen, weil ich notgedrungen etwas weniger surfen konnte ... Und ich entdeckte, ohne meine Eltern am Hals zu haben, die Mädchen und die Vergnügungen mit ihnen. Schließlich ein Fachabitur und die Rückkehr in die Bretagne, um wieder bei Dominique in Douarnenez zu arbeiten. Die Saison zog sich wegen der verschiedenen hochkarätigen Wettkämpfe, an denen ich mit meinem Freund teilnahm, bis in den Winter hin. Aber schließlich war die Saison zu Ende, mir ging allmählich das Geld aus, ich musste mir einen richtigen Job suchen. Und ich schlug mir das Kunst- oder Designstudium aus dem Kopf, für das ich mich so gerne eingeschrieben hätte.

Eine Annonce in einer Fachzeitschrift, eine Stelle in einem Geschäft in Paris, ich rief an, ich erzählte von meinen Erfahrungen, die rasche Entwicklung einer neuen Sportart erweckte Aufmerksamkeit. Man bat mich, persönlich zu erscheinen. Ich bekam den Job ...

Das Leben in Paris

Heutzutage fällt es schwer, sich vorzustellen, was damals während des Windsurfbooms vor sich ging. Ich habe ihn miterlebt und hatte einfach das Glück, von der Stärke und Energie dieser Modeerscheinung profitieren zu können. In La Garenne-Colombes – im Westen von Paris, direkt hinter dem hässlichen Viertel La Défense – befand sich eine der drei Filialen von Quai 34. Diese Firma war von drei jungen Absolventen einer Wirtschaftshochschule gegründet worden, die gespürt hatten, dass dem Windsurfen ein großer Erfolg beschieden sein würde. Ich fing als Verkäufer dort an, aber schon sehr bald wurde mir die Leitung des Geschäfts übertragen. Diese Entscheidung sollte für jene, die mir diesen Posten anvertraut hatten, einige Überraschungen bereithalten ...

Man muss sagen, dass sich die Sache damals langsam überhitzte! Alle waren verrückt auf das Surfen, nicht nur die Bewohner der Hauptstadt, sondern des ganzen Landes. Das Geschäft lief auf Hochtouren. Wir hatten den Laden umgestaltet, um für unsere wachsende Gemeinde, nämlich die der Surffreunde, einladendere Verkaufsräume zu schaffen. Überall wurde man von Musik berieselt, und zwar von La Voix du Lézard, einem der ersten privaten Radiosender. Ein Raum wurde für die zahlreichen Kunden, die in den umstehenden Hochhäusern als leitende Angestellte arbeiteten, eingerichtet, damit sie dort ihr Jackett und ihre Krawatte ablegen konnten. Eine Art von Autonomie, die den Firmeninhabern, die ihren Sitz in Vanves hatten, den Schweiß auf die Stirn trieb. Aber das Geschäft brummte: Morgens lieferte ein Lastwagen etwa 30 Boards an, man lud sie ab, stapelte jeweils 10 aufeinander, und am Abend war kein Einziges mehr übrig. Wir mussten sogar einen Jugendlichen engagieren, der unseren Kunden erklärte, wie sie die Dachträger auf ihrem Auto anzubringen und ihr nagelneues Brett mit Spanngurten festzuzurren hatten. Der kleine Louis erhielt als Lohn nur das Trinkgeld, aber da die Leute bei ihm Schlange standen, lohnte es sich für ihn. Die Kasse klingelte.

Allerdings muss man erwähnen, dass unser Geschäft auf eine Weise betrieben wurde, die nicht viel mit dem, was in den Kursen der guten Wirtschaftshochschulen gelehrt wird, gemein hatte, und dass wir in den Augen der Direktion für die Angestellten der anderen Filialen sehr schnell ein schlechtes Beispiel abgaben.

Ich war schon immer ein Nachtmensch, deshalb kreuzte ich, selbst als ich für das Geschäft verantwortlich war, nie zur Ladenöffnung am Morgen auf. Ein Kollege, ein ehemaliger Stabhochspringer, kam immer früh und kümmerte sich um alles, ich tauchte später auf und konnte mich schon nicht mehr an die vorangegangene, gewiss ausschweifende Pariser Nacht erinnern. Aber ich machte das Geschäft auch erst sehr spät zu. Es kam gar nicht in Frage, den Rollladen zu den vorgegebenen Schließungszeiten herunterzulassen. Solange noch Kunden da waren, blieb man da, um zu diskutieren, zu erklären und zu verkaufen. Kein Geschäft lief je besser. Lag das mitunter an uns? Zweifelsohne, denn die Leute wussten, dass sie in La Garenne beinahe kommen konnten, wann sie wollten, dass sie es vielleicht mit Irren zu tun hatten, aber immerhin mit kompetenten Irren.

Und natürlich kam es für mich gar nicht in Frage, mit dem Surfen aufzuhören. Deshalb war das Auto in meinen Augen so wichtig, nicht nur als Statussymbol, sondern auch als Mittel, um am Wochenende so schnell wie möglich ans Meer zu gelangen.

Samstags schlossen wir das Geschäft immer sehr spät, das entsprach ganz unserem Stil. Dann fuhren wir in der Nacht zum Sonntag in einem Golf GTI nach Douarnenez. Wir kamen noch vor der Dämmerung an, und dann surften wir bis Montag mit Material, das wir aus dem Laden mitgenommen hatten oder das uns von Herstellern zum Testen ausgeliehen wurde. Und am Montagabend ging es wieder zurück. Es versteht sich von selbst, dass ich am Dienstagmorgen nicht gerade zu den Ersten zählte, die im Geschäft aufkreuzten.

Zudem war es schwierig, den Wundern des Pariser Lebens zu widerstehen, die so verlockend sind, wenn man 20 Jahre alt ist. Die Kneipen, die Abende in der Disko, dieses Image der fitten, durchtrainierten Surfer, das uns umgab und das die Aussicht eröffnete, die Abende in angenehmer Gesellschaft ausklingen zu lassen. Das waren die euphorischen, glücklichen und innovativen 1980er Jahre: die Verbreitung des Windsurfens, die Einführung des Snowboards, der Mythos des Gleitsports, aber auch die ersten CDs. Nachdem wir das Geschäft geschlossen und in einer Kneipe im Viertel zu Abend gegessen hatten, galt es regelmäßig, möglichst schnell auf die Champs Élysées zu kommen, wo wir nach wilder Fahrt in einen CD-Laden stolperten, der noch spät geöffnet hatte. Die Reifen qualmten, die Auspuffrohre dröhnten. Wie weit würde ich es mit diesen Ausschweifungen noch treiben?

Trotz der guten Verkaufszahlen kam es mit der Firmenleitung allmählich zu immer größeren Spannungen; unsere Art der Geschäftsführung hatte nicht unbedingt sehr positive Auswirkungen auf die Teams der anderen Filialen, weil wir uns zu viele Freiheiten im Hinblick auf Arbeitsmoral, Geschäftsstil und Öffnungszeiten herausnahmen ...

Und ich, mit meinem hitzigen Temperament, wurde vom Einkaufsdirektor zurückgestuft, der unsere Methode in Frage stellte ... Als er beschlossen hatte, das Geschäft mit Material erbärmlicher Qualität – aber großer Gewinnspanne – beliefern zu lassen, das uns nicht gefiel, kam es regelmäßig vor, dass ich mich weigerte, die Lieferung anzunehmen, und ich scheute mich nicht davor, selbst Direktbestellungen bei jenen Anbietern aufzugeben, die ich für gut hielt. Wir tauschten auch mit den großen Firmen in unserer Nachbarschaft Waren gegen Rabatte oder zum Selbstkostenpreis, wir verhandelten mit einem Hersteller von Hi-Fi-Geräten beziehungsweise einem Reifenfabrikanten, um unsere Autos auszustatten, die so große Strecken zurückzulegen hatten. Man arrangierte sich, gewiss weit von dem entfernt, was die Theorie lehrte, aber man musste doch gut leben, oder etwa nicht?

Und dann, eines Tages, als ich in meine Dachkammer zurückkehrte, stellte ich fest, dass bei mir eingebrochen worden war.

Meine Klamotten, meine CDs, mein CD-Spieler waren verschwunden und meine Möbel beschädigt. Das betrachtete ich als ernste Warnung. Ich wusste sehr wohl, dass ich das Leben von beiden Enden her abbrannte, und dieser erbärmliche Vorfall bestätigte es mir. Da sagte ich mir, dass ich gehen und nach Hause zurückkehren musste. Wie die Indianer glaubte ich stets an die Macht der Zeichen. Ich ging zur Direktion, um die Sache zu besprechen, wir kamen überein, und ich verließ Paris. Ende der Episode.

2 Douarnenez, 1985

Manche Leute behaupten, Douarnenez sei die schönste Bucht der Welt. Das will ich nicht bestreiten. Ich habe mich in diesen Ort verliebt, so wie man gelegentlich von dem Licht getroffen wird, das ein zufällig im dunkelsten Raum eines Provinzmuseums entdecktes Gemälde ausstrahlt. Man ist augenblicklich verzaubert, und man weiß genau, warum. Um Douarnenez ranken sich zahlreiche Legenden von gnadenlosen Stürmen und früh verstorbenen Seeleuten. Warum raubt die Schönheit hier dem unvoreingenommenen Menschen sogleich den Atem? Weil er den Wind spürt, weil er die Wellen sieht, weil er versteht, dass es nicht unbedingt die Entfernung ist, die die Orte Brest und Douarnenez voneinander unterscheidet. Brest liegt, in Kilometern gerechnet, gar nicht so fern, aber Douarnenez ist ganz anders. Die Pointe du Raz, das Cap de la Chèvre, die Bucht des Trépassés bilden den Rahmen des tosenden Ozeans, der selbst den abgebrühtesten Seemann verstört, es ist die Wildheit des Ortes, der Granit von der Farbe des Winterhimmels, der Ausgangspunkt in die Ferne, die offene See. Es handelt sich um ein Dorf mit robusten Bewohnern, und das bedeutet, dass sie sich gelegentlich seltsam verhalten und häufig eine derbe Einstellung haben. Die Kehrseite der Medaille ist jedoch, dass man sich die Alternativen zu der überwältigenden Natur leicht vorstellen kann, zumal es noch weniger Zerstreuungsmöglichkeiten gibt als anderswo. Das Leben ist hier wahrlich kein Honigschlecken und auf diesem von dem Furor der Elemente umtosten Flecken Erde alles andere als einfach. Dennoch sollte es mir hier in diesem Fischerdorf mit den zwei Gesichtern lange gefallen, es wurde zu meinem zukünftigen Rückzugsort, wenn sich düstere Gedanken in meinem Kopf festgesetzt haben, aber auch zum Ausgangspunkt für strahlende Tage, sobald die Sonne zurückkehrt. Und schließlich werde ich, wenn ich dieses bretonische Leben satt habe, den Ort verlassen, um gestärkt wiederzukommen. Denn von Douarnenez und seiner Bucht trennt man sich niemals. Man hängt mit Körper und Seele daran wie an den echten Freunden, die ich dort kennen gelernt und auch wiedergefunden habe.

Mein kleines Unternehmen

Ende 1985 war ich also wieder da und stürzte mich in den bretonischen Winter, mietete mit meinen geringen Ersparnissen aus Paris ein Haus, traf Dominique Le Bihan wieder und fand in der Bucht von Douarnenez zum reinen und harten Surfen zurück. Paris war vergessen. Gemeinsame Projekte: Wir würden ein hochwertiges neues Produkt auf den Markt bringen, so etwas wie ein Vorläufer eines Funboards – jener kleinen, schnellen Bretter. Fun Performance, ein neues Konzept auf dem Gebiet des Windsurfens. Die Idee hatte jedoch nichts Revolutionäres, es handelte sich darum, bereits geübte Surfer für eine Woche in diesen erlesenen Kreis aufzunehmen und ihnen ausschließlich Material der oberen Preisklasse vorzustellen, und Dominique und ich mit unserer großen Erfahrung, wir wollten sie dabei anleiten. Von diesem Zeitpunkt an glaubte ich, fachkundig zu sein, und die Kontakte, die ich während meiner Pariser Jahre geknüpft hatte, schienen mir Garanten des Erfolgs für unser Unternehmen zu sein. Aber die Kluft zwischen Wunsch und Wirklichkeit kann sich gelegentlich als tief erweisen. Vor allem im Hinblick auf die Lieferanten, die uns, als ich in La Garenne-Colombes gearbeitet hatte, häufig aus der Hand fraßen und die plötzlich anfingen, sich zu sträuben, weil wir zu wenig bestellten, weil wir nicht so zahlungskräftig waren – man stelle sich vor, zwei Kerle aus Douarnenez! Die Sache lief jedoch sehr gut an und ließ mir sogar ein bisschen Zeit zum Surfen. Der Winter verstrich, das Frühjahr brach an, die Kursteilnehmer strömten herbei, unsere Branche lernte, sich mit den Jahreszeiten zu arrangieren. Und ich kam auf den Geschmack, ich lebte das Windsurfen, ich unterrichtete es und surfte dabei selbst. Mein Leben nahm ich nicht ernst, ich plante nicht groß voraus, ich war einfach glücklich, dass ich meiner Leidenschaft frönen konnte. Doch die Idee, eines Tages Profisurfer zu werden, war mir noch nicht in den Sinn gekommen. Ich war mir sicher, dass ich nicht das Niveau besaß, und die Welt der Wettkämpfe schien mir derart unerreichbar zu sein, dass ich sie nicht einmal in Erwägung zog. Ich genoss einfach den Spaß, den das Meer mir bot. Die Füße in die Schlaufen gesteckt, das Segel dicht gehalten, und schon vermittelte mir die Geschwindigkeit das Gefühl, die Distanz zwischen zwei Punkten aufzuheben. Ich surfte schnell, ich liebte den Rausch des direkten Kurses, das Plätschern, das ich auslöste, das Brett ist meine Klinge, und ich hatte den Eindruck, seltsam fließende Weiten zu durchschneiden.

Eines Tages kreuzte am Strand ein erstaunlicher Mann auf, dem ich schon einmal begegnet war. Serge Griessmann war einer der ersten Globetrotter des Windsurfens, in jedem Fall der erste Franzose. Er kam gerade aus Hawaii und war auf dem Weg nach Carnac, seinem Heimatort. Sein Auto war mit der neuesten Ausrüstung beladen, mit bunten Segeln, mit *Custom-made*-Boards – lauter Einzelmodellen –, mit bemalten T-Shirts, die er von den Pazifikinseln mitgebracht hatte. Ich kenne Serge seit 1982, weil ich bei der Geschwindigkeitswoche in Brest mit ihm auf dem Tandembrett stand, einem seltsamen Gerät mit zwei Matten, zwei Segeln und zwei Gabelbäumen. Sein Partner hatte sich verletzt, und ich war für ihn eingesprungen. Wir hatten in unserer Kategorie mit einer Spitzengeschwindigkeit von 17 Knoten gesiegt. Und da war er wieder und schlug mir, ohne lange zu überlegen, vor, Mitglied seiner Mannschaft zu werden und ein bisschen ernsthafter zu trainieren. Der Markt für Surfbretter entwickelte sich ständig weiter, eine Industrie entstand, der Konkurrenzkampf zwischen den Fabrikanten tobte unerbittlich, die Kultur des »Gleitsports« zeichnete sich am Horizont ab, der Einfluss von Hawaii wurde maßgeblich. Der Spaß, die Wellen, die Sprünge ersetzten die Regatten zwischen drei Bojen, die Funboard-Weltmeisterschaft wurde ins Leben gerufen und entwickelte sich, ein Kreis von Profis formierte sich, die Marken konkurrierten in Sachen Kühnheit und Innovationen, und Orte in Holland, Japan und La Torche in der Bretagne wurden zu Mythen. Und die Champions, die sogleich in den Medien vermarktet werden konnten, ließen das Leben und die Sehnsüchte eines Jugendlichen, der auf neue Vergnügungen begierig war, in rosaroten Farben erscheinen. Dabei wurde die Geschwindigkeit nicht außer Acht gelassen, die ein entscheidender Faktor in diesem großen Kampf wurde. Sowohl wie schon früher in Brest als auch in Weymouth in England, der ursprünglichen Basis des Speedsurfens, dort, wo die ersten Geschwindigkeitsrekorde aufgestellt worden waren. Serge und ich wurden auf Grund unseres Erscheinungsbildes ein wenig als Verrückte betrachtet, die man hier um Hilfe, dort um ein Segel und außerdem um eine Unterkunft anbetteln konnte. Wir hingegen wollten uns einfach amüsieren und lachen, denn das Leben war schön. Die Veränderungen in unserer Sportart waren zwischen 1985 und 1986 noch deutlicher zu spüren, das große Abenteuer verwandelte sich in einen geregelten industriellen Wettbewerb. Mehr denn je entwickelte sich das Speedboard parallel zu den Wettkämpfen der Funboard-Weltmeisterschaft – die Wellen, der Slalom, das *course racing* –, die Fabrikanten waren vor Ort, der Anteil des Marketingbudgets in unserer Sparte stieg: Es war, was das Image anbelangt, nicht zu unterschätzen, wenn man der Hersteller des Bretts oder des Segels des schnellsten Mannes der Welt war. Die Geschwindigkeit und die wenigen Wettkämpfe im Jahr wurden eine Alternative zur Weltmeisterschaft, es stand viel auf dem Spiel, die Materialentwicklung schritt ständig voran, vor allem auf dem Gebiet der Segel. Es ging so weit, dass die großen Segelhersteller eigene Mannschaften aufstellten, der Rekord wurde zu einem wichtigen Handelswert. 1986 reisten Serge und ich nach Sotavento auf Fuerteventura, wo in jenem Jahr ein berühmter Wettkampf stattfand. Ein Wind wie eine verrückt gewordene Lokomotive, ein Meer wie eine Sprungschanze über unglaubliche Grenzen, und zwei Männer, die nur einer zu sein schienen, ich vorn, Serge hinten.

Mit 35 Knoten pulverisierten wir den Geschwindigkeitsweltrekord im Tandemsurfen und rangierten sogar unter den Top Ten der besten Performances aller Zeiten, sämtliche Kategorien zusammengerechnet. Anhand des Medieninteresses begriff ich, was uns da gerade gelungen war, denn die Fachpresse stürzte sich auf unseren Rekord, und die Fabrikanten zeigten sich immer hartnäckiger. Aber das alles interessierte mich kaum, ich zog es vor, die Sache weiterzuentwickeln: Was mich beim Tandemsurfen antrieb, war der Glaube, dass man zu zweit schneller sein konnte als ganz allein, dass Serge und ich den Rekord aller Kategorien brechen und nicht einfach nur die schnellsten unter den wenigen Tandemfahrern sein könnten, die an dem harten Wettkampf teilnahmen, oder der wenigen Schiffchen, die mit uns wetteiferten, da die Kategorien damals nach der verwendeten Segelfläche eingeteilt wurden. Sobald ich begreifen sollte, dass das nicht wirklich möglich war, würde mein Interesse nachlassen, aber damals war das noch nicht der Fall, und ich befasste mich aus Sorge um die Weiterentwicklung mit folgendem Problem: Das Tandembrett ist ein Speedboard, schmal und bei einem Wasserstart schwierig zu handhaben: das Aufsteigen im

Wasser, die Füße auf dem Brett, die Körper im Wasser und mit gesenkten Segeln, die nur darauf warteten, dass sich der Wind darin fing, damit sie sich aufrichten und unsere 160 Kilo Lebendgewicht anheben konnten. Anders konnten wir auf Grund der mangelnden Schwimmfähigkeit und der Größe unserer Boards, die mit ihren 38 Zentimetern Stärke nichts anderes waren als »Zahnstocher«, wie sie von nun an auch genannt werden sollten, nicht starten.

Das war die Epoche der amerikanischen Raumfähren, großer Raumfahrzeuge, die von zwei Raketen angetrieben wurden, welche sich abtrennten, sobald die Fähre ihre Umlaufbahn im All erreicht hatte. Das Gleiche stellte ich mir für unser Brett vor, eine Art Startrampe beziehungsweise schwimmende Starthilfe, die sich, sobald wir genügend Geschwindigkeit hatten, vorn ablöste und unser kleines Brett davonsausen lassen würde. Serge rief mich an, und ich teilte ihm meine Überlegungen mit. Er lachte sich halb tot. Ich gab mich hartnäckig, ich insistierte, und es gelang mir, ihn zu überzeugen. Wir schafften es, ein bisschen Geld aufzutreiben, mit dem die Starthilfe gebaut werden sollte, wir stellten Überlegungen an und reisten mit einem Bildreporter – natürlich – nach Hawaii zu Sonne, Sand, Wind und Wellen, um Fotos zu machen, das Entscheidende in diesem Kampf.

Im Frühjahr 1987 stand ich das erste Mal im Pazifik, ich befand mich auf Maui, an dem inzwischen berühmten Ort Hookipa, der bereits zum Zentrum der Windsurfer geworden war.

Die Bedingungen waren durchschnittlich, nach Wind konnte man lange suchen, wir mühten uns ab, welchen zu finden, wir taten so, als gäbe es welchen, posierten der Klischees zuliebe – »so exotic, so charming« – im Wasser, wir begeisterten die Sponsoren und kamen mit ihnen ins Gespräch. Ich war von dieser Vorgehensweise wenig überzeugt, sollte aber bald herausfinden, dass dies die gängige Praxis war: Das Windsurfen war dermaßen auf Bilder angewiesen, um leben und sich weiterentwickeln zu können, dass es genügte, sie zu erfinden, wenn es sie nicht gab. Während meiner Reise lernte ich viele Leute kennen; auf Maui machte ich die Bekanntschaft von Menschen, denen ich später wieder begegnen sollte. Erst vor kurzem hatten Michel Larronde und Manou Arcé Los Angeles den Rücken gekehrt, um sich in Paia, dem Windsurferdorf, niederzulassen. Michel ist ein aus Biarritz stammender Surfer, der für mich mehr werden sollte als ein Freund, Manou, ein Baske, ist ein Pferdenarr, wie es kaum noch welche gibt. Die beiden sind von Beruf Koch und beschlossen, ihre Kräfte zu vereinen und das Restaurant »La Vie en rose« zu eröffnen – französische Küche, selbst gebackenes Brot, europäische Höflichkeit. Ich nutzte meinen Aufenthalt, um ihnen ein wenig zur Hand zu gehen, und sie ließen mich mit der Motorsäge ein Fenster in ihr Bistro sägen, um mehr Licht einfallen zu lassen; ich habe sie noch immer vor Augen, wie sie darüber lachen. Wir würden uns wiedersehen. Ganz bestimmt!

Im Verlauf dieses Aufenthalts lernte ich auch Laird Hamilton kennen. Er stammt von der Nachbarinsel Kauai und ist Surfer großer Wellen, aber auch er begann, sich für die Geschwindigkeit beim Windsurfen zu interessieren, wir tauschten unsere Erfahrungen aus und freundeten uns an. Er hatte schon einen gewissen Bekanntheitsgrad, da sein Vater Bill in den 1960er Jahren einer der großen Surfer auf den Inseln war. Laird besitzt eine gewisse Aura, einen Hang zum Animalischen, auch eine leichte Tendenz zur Faulheit, und er lungerte häufig im Restaurant meiner beiden Freunde herum. Ich war begeistert, ich hatte einen amerikanischen Kumpel, der mich zu sich nach Hause nahm, der mir half, seine Insel zu entdecken, während er mir erklärte, dass ihn Frankreich faszinierte und dass er hoffte, mich recht bald in Europa bei den Geschwindigkeitswettkämpfen wiederzutreffen.

Die Distanz, die ich mir zu meiner Umwelt bewahren muss? In etwa die Gleiche, wie wenn ich mit dem Motorrad im Stau auf der Autobahn stehe und die Abgase eines Lastwagens einatme ... Unmittelbar hinter dem Laster und eine Sekunde später weit vor ihm ...

Mit höchster Geschwindigkeit

Maui lag hinter mir, das Tandembrett ebenfalls. 1987 war es uns in Sotavento trotz unserer Starthilfe nicht gelungen, unseren eigenen Rekord zu schlagen. Das Wetter war nicht günstig, der Wind blieb schwach, die Anspannung groß. Ich ließ den Tandemsport sein. Wieso weiter zu zweit schwitzen, wenn doch die Solosurfer allem Anschein nach andere Freuden erfuhren? Die Wettkämpfe, ihre Regeln und ihre Häufigkeit gingen mir allmählich auf die Nerven. Dann kam ein Angebot von Gaastra, dem damals erfolgreichsten Segelfabrikanten, Mitglied in dessen Profiteam zu werden. Das war gar nicht schlecht, da unser kleines Unternehmen, Fun Performance, in der Krise steckte. Ich hatte eindeutig Schwierigkeiten, das menschliche Wesen zu verstehen. Wir, Dominique und ich, hatten uns doch immer so angestrengt, um unsere Kurse gut durchzuführen. Weil wir so wenig Unterstützung von den Fabrikanten erhielten, hatten wir also auf unsere Kosten in die Spitzenausrüstung investieren müssen. Gleichzeitig 15 Personen auszurüsten – das war jeweils die Zahl der Kursteilnehmer –, hatte uns natürlich ein Vermögen gekostet. In unserer Naivität hatten wir geglaubt, wir würden ordentliche Rabatte oder Unterstützung von den Herstellern erhalten, aber in ihren Augen waren wir nur kleine Fische, die nicht zählten. Und außerdem hatten sich Dominique und ich vorgestellt, wir könnten unser hochwertiges Material an unsere Kursteilnehmer weiterverkaufen. Zu günstigen Preisen und um so etwas wie einen *turn-over* zu machen, um im Rhythmus der noch immer sehr zahlreichen Innovationen noch besseres Material anschaffen zu können. Natürlich hatten wir geträumt. Überall fielen die Preise, in den nächstgelegenen Fachgeschäften in Brest, in Quimper wie auch in den großen französischen Städten, in denen unsere Kunden nach Beendigung des Kurses und mit unseren guten Ratschlägen ausgestattet vorzugsweise ihr Material einkauften. »Achtung, wir gehen unter! Wir werden schließen müssen, bevor es zu spät ist.«

Viel schlimmer als die finanziellen Sorgen und die geschäftlichen Probleme war in meinen Augen die Erkenntnis über die schlechte menschliche Einstellung. Das Windsurfen ist wie die meisten Gleitsportarten vom Wetter abhängig. Für manche ist es der Schnee, für uns der Wind. Der sich, soweit ich weiß, nicht beherrschen lässt. Und obwohl wir in Douarnenez wohnten, waren wir nicht die Herren über Äolus. Vielleicht seine Angestellten, mehr nicht. Doch in unseren schönen Vorstellungen war das nicht so schlimm, der Ozean ist nun einmal, wie er ist. Wir dachten uns damals einfach, dass wir die Kursteilnehmer den alltäglichen Geist des Meeres entdecken, sie jene Art von Geduld beim Warten, diese Philosophie der Abwesenheit, entwickeln lassen könnten. Falls kein Wind gehen sollte, konnten wir ihnen vorschlagen, in den herrlichen Buchten zu surfen, Speedsail zu fahren – mit Brettern auf Rollen –, wofür eine leichte Brise ausreicht, um voranzukommen, oder wir konnten theoretische Kurse abhalten, die schließlich immer hilfreich sind. Aber wir hatten nicht mit den unverbesserlichen Meckerern, den Miesepetern und den Leuten gerechnet, die jeden Kurs verderben. Das alles hat uns nach und nach angewidert. Nur Gott weiß, ob unser Angebot im Hinblick auf den Preis vernünftig war. Eine einfache Unterkunft im Gasthof eines Freundes, eine Verpflegung, die leicht bio war … Aber auch da musste man mit Enttäuschung rechnen: Wir hatten Kursteilnehmer gesehen, die das Gesicht verzogen, weil sie nicht ihr Steak mit Pommes frites und Cola vorgesetzt bekamen. Ende 1987 haben Dominique und ich das Ganze verkauft. Dom beschloss, mit seiner eher klassischen Surfschule weiterzumachen, mit seinen Kursen für Kinder und für Anfänger, die sich nicht für den Nabel der Welt halten. Was mich betraf, so entschied ich mich für eine Luftveränderung, weil ich vom industriellen Umfeld des Surfens sehr enttäuscht war, das mehr auf schnelle Profite bedacht war als auf gründliche Arbeit mit Blick auf die Schulen und die Jugend. Das erklärt übrigens zum Teil, warum das Windsurfen heute in der Krise steckt: Es fehlt an Geld, die Wettkämpfe werden rarer, die Champions regen nicht mehr zum Träumen an. Was für eine Welt, die es, anstatt den Geist des Meeres und die wahre Kultur des Elements zu verkünden, vorzieht, Bilder auf Postkarten zu verkaufen und die Leute glauben zu machen, dass es überall und jederzeit Wind gäbe ...

Das Scheitern unseres Unternehmens irritierte mich, in Douarnenez fand ich keine Arbeit, der Winter in der Bretagne zwang alle, jede Freiluftaktivität einzustellen. Das Jahr 1988 stand vor der Tür, ich fing an, solo zu surfen, stellte fest, dass ich schnell war, dass mir meine Statur Vorteile brachte, weil die Geschwindigkeit definitiv nichts für mickrige Kerle ist. Und da die Hersteller sich einerseits nicht darum gerissen hatten, Dominique und mir zu helfen, ich andererseits aber als Wettkampfteilnehmer Zugriff auf immer hochwertigeres Material hatte, nahm ich das Angebot an, als Gaastra mir den Vorschlag unterbreitete, Mitglied seines Teams zu werden. Ein seltsames Gefühl: Ohne es wirklich angestrebt zu haben, ohne darum gebettelt zu haben, würde ich also von meinem Sport leben können, ohne mir Sorgen um eine Zukunft machen zu müssen, mit der ich mich zugegebenermaßen kaum beschäftigte. Plötzlich steckte ich in der Haut beziehungsweise im Anzug einer professionellen Surfmannschaft. Ich zog es also vor, in die Sonne zu fahren und wieder in der Region zu leben, aus der ein Teil meiner Familie stammt. In Pradet, nahe Toulon, stand mir das große Haus meiner

Großmutter offen, sie lebte dort allein und freute sich, einen Enkel um sich zu haben. Also zog ich in den leer stehenden Flügel des Gebäudes ein. Ich war zehn Kilometer Luftlinie vom Strand der Almanarre entfernt, dem wahren Zentrum der Entwicklung des Windsurfens in Frankreich. Ich fing an, das bescheidene Leben eines Profiwindsurfers kennen zu lernen, der ein monatliches Gehalt von 5000 Francs bezog. Dazu noch ein wenig Unterstützung von ein paar assoziierten Sponsoren: des Brettherstellers Copello, eines Brillenfabrikanten und einer Bekleidungsfirma ... Was war das Leben schön!

Wie schaffen es die Besten, die Ehrgeizigen, die Ruhmsüchtigen, den ungestillten Hunger nach Auszeichnungen und den unstillbaren Durst nach Anerkennung zu entwickeln? Ich weiß es nicht, ich habe immer wie ein Spatz gegessen, und dann gilt es, ein Kamel zu verschlingen!

»Laugh at ambition and fame ...«

Profisport

Wissen Sie, was ein cooles Leben ist? Zweifellos jenes, das ich unter der Mittelmeersonne zu führen begann. Ich stand, der typischen Vorstellung entsprechend, früh am Morgen auf, geweckt vom Rascheln der Blätter im Wind oder, wenn der Mistral wehte, vom Klappern der Fensterläden gegen die Mauern des alten Hauses. Das Knacken der Kieferndielen, die sich unter den Füßen bogen, eine Stimmung à la Pagnol, obwohl mir, auch wenn ich hierher zurückkehrte, nur Kindheitserinnerungen geblieben waren. Vom Haus meiner Großmutter konnte ich nicht mehr ans Meer gelangen, indem ich durch die Garrigue lief oder über Trampelpfade rannte. Es waren zu viele neue Siedlungen entstanden, hastig hingestellte Bauten und Betonstraßen. Eine tödliche Urbanisierung. Doch wenn der

Wind blies, spielte das keine Rolle, dann belud ich meinen Ford Taunus mit allem, was ich brauchte. Das war ziemlich einfach: Um meine Surfbretter hineinzubringen und um Luft zu bekommen, hatte ich das Dach mit einer Kreissäge entfernt und das alte Auto in ein Cabrio verwandelt. So würde ich leben, viel trainieren, ein paar Wettkämpfe bestreiten – es gab für Speedspezialisten gar nicht viele –, mich mit Freunden treffen, auf dem Wasser fahren oder zusammen mit meinem Kumpel Corti, der aus Saint-Tropez stammte, auf dem Motorrad über die Autobahn jagen. Es kam nicht selten vor, dass wir beide am Lenker zweier riesiger Monster zu außergewöhnlichen *runs* über den Asphalt aufbrachen. Natürlich so schnell wie möglich, um unsere Gefühle als Möchtegern-Draufgänger unter Kontrolle zu bringen, um unsere Energien als junge Raubtiere zu kanalisieren, um eine Partitur zu spielen, deren vorherrschende Töne eigentlich jene der Polizeisirenen hätten sein können, sein müssen.

Wir kannten keine Grenzen. Und waren mit Hilfe von Ratschlägen eines Experten in der Lage, in einer kleinen Gruppe aufzubrechen, um die Sahara zu durchqueren. Für die Fahrt nach Südalgerien wurden billige Peugeot 504 angeschafft, die wir nach der Wüstendurchquerung wieder zu verkaufen gedachten. Ein Konvoi via Spanien und Marokko, ein Unternehmen, dem wir gar den Namen »Gleitsport total« gaben, um unser Abenteuer zu rechtfertigen. Ein Gleitschirm, ein Speedsail, um über den harten Sand zu gleiten, ein Snowboard, um über die Dünen zu fahren oder sich von den Autos ziehen zu lassen. Das majestätische Afrika gewann jedoch schnell die Oberhand gegenüber dem potenziellen Merkantilismus unserer kleinen Expedition. Ein Fehler in der Wüste, und man bereut ihn und alles andere bitter. Reifenwechsel, das Befreien der Autos vom Sand, die Erschöpfung abends beim Biwak, die Nacht unter dem Sternenhimmel – und man schlief um so vieles besser als anderswo –, der Sonnenaufgang und die großen Temperaturunterschiede. Finanziell gesehen, eine leichtsinnige Operation, die meinem Geist aber jenes seltsame Siegel aufdrücken sollte, das in meinem Innersten die Liebe zur jungfräulichen Natur und zu endlosen Weiten prägte, zu jenen Orten also, an denen sich der kleine Mensch noch kleiner fühlt. Grönland, das Meer, die Wüste, meine Trilogie ist im Entstehen begriffen, aber ich bin mir dessen noch nicht bewusst.

Und das Surfen sowie die Geschwindigkeit sind wie eine Droge, wie ein Katalysator oder ein Motor, wer weiß das schon? Der Speed auf den Wellen hatte mich schon immer mit einem Gefühl erfüllt, das mich erzittern ließ. Die Wettkämpfe sprachen mich nicht an, weder jene, bei welchen Juroren die Sportler beurteilen, noch die, bei denen man gegeneinander antritt. Ich wollte mich nur an den Zeiten messen, mich auf jene verlassen, die diese erfassen – die Uhr in der Hand und die Lichtschranke an der Ziellinie. Fern jeder Beurteilung durch den Menschen, die immer Quelle von Konflikten und endloser Diskussionen ist. Die Geschwindigkeit, das hieß Mut unter Beweis zu stellen, das bedeutete, mit dem feinen Lächeln desjenigen auf den Lippen, der Mumm hat, zu protzen. Außerdem war es das Segel, das man dicht hielt, das man »schloss« und das man so lange wie möglich nicht mehr öffnete.

Ein Speedwettkampf, das waren mehrere nacheinander folgende *runs* über ungefähr 800 Meter, 200, um in Fahrt zu kommen, 500, die gemessen werden, und 100, um anzuhalten. Danach musste man umkehren, einen großen Halbkreis beschreiben und sich wieder am Startpunkt einfinden. Die Geschwindigkeit, das war nie eine absolut gerade Linie, sondern eine Strecke, die es zurückzulegen, Wellen, die es zu überwinden, und eine Wasserfläche, die es zu lesen galt. Bei geringer Tiefe, in Strandnähe, vor den Zuschauern, die man immer weiter zurückdrängte, damit sie die Gleichmäßigkeit des Windes nicht störten, denn der kam vom Land. Die Geschwindigkeit, das waren ganz reine Empfindungen mit zauberhaften Augenblicken. Ich sollte einige solcher Momente kennen lernen, aber der schönste sollte jener von Tarifa in Spanien sein, wo ich mit 43 Knoten in dieser Disziplin hinter dem unschlagbaren Björn Dunkerbeck Vizeweltmeister wurde. Bedingungen, wie ich sie noch nie hatte, das Meer brodelte, der Wind bot mir seine ungleichmäßige Kraft, die Beschleunigung am Start und der Eindruck, dass sich nichts mehr meinem Traum vom perfekten Surfen in den Weg stellte ...

Noch bevor ich meine Zeit erfuhr, spürte ich, dass ich schnell gewesen war, und ich weiß nicht, wie ich dieses Gefühl beschreiben soll, das uns alle so süchtig machte: dieser Moment, in dem du nicht länger ein Mensch auf einem Surfbrett bist, sondern das Wasser und der Wind bist, dich im Einklang mit diesen Elementen befindest. Eine eigenartige und seltene Situation, plötzlich den Eindruck zu haben, sich nicht mehr anzustrengen, sein Gleichgewicht zu finden, die Ärgernisse und Widerstände zu vergessen, eine Art äußerst fragiles Hochgefühl zu erleben, weil du dir zugleich im Klaren bist, wie flüchtig, vergänglich und ephemer dieses ist. Auf Messers Schneide wie ein Pilot, der die Schallmauer durchbricht, als hätte ich an diesem Tag eine Tür aufgestoßen, bevor ich mich in einer anderen Welt wiederfand.

Ein wahrlich magischer Augenblick, der mich immer Fragen nach dem Sinn des Lebens stellen ließ; wann endlich würde sich der Mensch in vollkommener Harmonie mit der Natur befinden? Und der Rest? Welche Bedeutung sollte man den Dingen beimessen, warum gegen Leute oder Systeme ankämpfen, warum sollte man sich nicht von all dem frei machen? Ich habe den Thrill erlebt, die gewaltige Beschleunigung, ich hatte gehört, wie mein Name und der errungene Platz verkündet wurden. Wie sollte ich reagieren, wie akzeptieren, dass ein paar Minuten später ein anderer mit noch verrückterem Tempo über das Meer jagen würde. Björn Dunkerbeck wurde in unserem kleinen Kreis »die Maschine« genannt, natürlich wegen seiner Kaltschnäuzigkeit, auch auf Grund seiner Neigung zur Hochnäsigkeit, vor allem aber wegen dieser fantastischen Gabe, nichts außer Acht zu lassen, niemals aufzugeben, immer noch weiter zu gehen, noch schneller zu sein als die anderen, als alle anderen.

Das war Tarifa und dieser Pokal für den zweiten Platz, den ich hinten an die Stoßstange meines Autos band und damit dann durch die Stadt fuhr. Ich habe nie einen Pokal oder eine Medaille behalten, ich pfeife auf diese Dinge.

Ausgepowert

Soll man der großen Epoche nachtrauern und den Niedergang bedauern, der dem Windsurfen, bei dem so viel Geld im Spiel war, ein Ende bereitet? Jedenfalls war diese große Epoche jene Zeit Anfang der 1990er Jahre. Heute weiß man, dass die junge Geschichte des Windsurfens damals ihre Glanzzeit erlebte, aber wer fragte schon danach? Das Geld floss in Strömen, die Summe der unter den Besten verteilten Preisgelder konnte damals jährlich bis zu 4 Millionen Dollar betragen. Der Zirkus führte uns von Hawaii in die Karibik, von Japan nach Südafrika, von den Kanaren nach Italien. Und ich frönte meiner Leidenschaft und führte dieses seltsame Dasein. Von einem Ort zum anderen, Flugzeuge, Hotels, ein einfaches Leben. Ich war bei weitem nicht der Beste, war auch nicht besonders wild auf Wettkämpfe, aber ich wurde wegen meiner Qualitäten als Surfer respektiert, wegen meiner drei Podiumsplätze und meiner drei Titel als Vizeweltmeister der Jahre 1990, 1991 und 1992 im Speedsurfen. Technisch nicht sonderlich versiert, nicht gut in den Wellen, nicht einmal bereit, in der Weltcup-Gesamtwertung mitzukämpfen, aber doch in der Lage, mit einem Schlag die Besten zu besiegen. Beispielsweise Dunkerbeck, den ich eines Tages bei mir zu Hause am Mittelmeer schlagen sollte. Bei einer Halse wollte er mich innen überholen, er stürzte und sah mich nur noch von hinten. Ich surfte schnell, ich hatte meinen Platz bei dem ganzen Spiel, und ich war nicht allein.

Wir waren drei unzertrennliche Freunde: Paolo Rista, der Italiener, der immer unter den Weltbesten platziert war, Anders Bringdal, der Schwede, der ewige Zweite, und ich, der nicht ganz so viele Podiumsplätze errang. Paolo besaß italienische Klasse, den Schick, die Eleganz, die hervorragende Familie, eine Kindheit und Jugend zwischen Südafrika, Kanada und Hawaii. Was uns zwei, aber besonders Anders, ein wenig mit Neid erfüllte. Er, der bescheidene Nordländer mit der gesunden Einstellung, der versuchte, die schillernde Persönlichkeit unseres gemeinsamen Freundes zu kopieren. Doch uns einte eine sehr harmonische, sehr starke Verbundenheit – ich, der weniger gewann als die beiden, ohne ihnen ihre sportlichen Erfolge zu missgönnen, der ich mich aber weigerte, mich von ihnen in die Luxusrestaurants einladen zu lassen, in welchen sie zu verkehren pflegten. »Wir sehen uns hinterher.« Wir drei, die wir zusammen lachten, unsere Jahre des Ruhms und der Auszeichnungen erlebten, aber auch hart trainierten. Zusammen mit meinen Kumpels verpulverte ich jedenfalls das Wenige, was ich an Preisgeld gewann, war immer verschwenderisch, dachte nie an morgen, und das erfüllte mich – ich war glücklich.

In Wahrheit hatte ich eine Weile gebraucht, bis ich begriff, wie diese kleine, charmante Welt funktionierte, welcher finanzielle Einsatz darin kursierte, welchen technologischen Fortschritt sie mit sich brachte, und dass es immer mehr Hersteller gab, die gegenüber der Konkurrenz aufholen wollten. Die Leistungen waren gewiss phänomenal geworden, aber zu welchem Preis? Die Einführung neuer Sportarten wie beispielsweise des Mountainbikens, des Snowboardens, des Bodyboardens oder des Inlineskatens hatte den Anhängern des Gleitsports neue Möglichkeiten eröffnet. Das Windsurfen fing an, höher hinauszuwollen, als ihm gut tat, mit Hubschraubern zur Unterstützung am Strand, mit einem übertriebenen Einsatz von Mitteln, um ein paar Zehntel Knoten zu gewinnen. Keine technischen Verrücktheiten wie etwa beim America's Cup, aber dennoch weit vom Wesen des Sports entfernt. Das wurde mir mehr und mehr bewusst. Ich war Angestellter des damals besten Segelherstellers der Welt, ich verkehrte mit den besten Surfern – unter anderen mit Naish, Polakov, Bringdal und Rista –, mit den besten Entwicklern, und meine Meinung hatte bei Gaastra mittlerweile Gewicht. So sehr, dass ich nach Perth in Australien eingeladen wurde, um drei Jahre in Folge, von 1992 bis 1994, in der Zwischensaison die Zusammenarbeit der Forschungs- und der Entwicklungsabteilungen zu koordinieren. Eine riesige Chance, an den Wettkampfsegeln der Zukunft zu arbeiten, um sie weiterzuentwickeln und immer haltbarer, immer schneller zu machen. Von der Werkstatt ins Wasser, dann vom Wasser in die Werkstatt, um zusammen mit Anders alles zu testen, alles auszuprobieren, bevor die Saison wieder losging.

Nach und nach konzentrierte ich mich also auf die Segel, auf ihre Entwicklung, ihre Form und die verwendeten Materialien. Ich kann sogar behaupten, dass ich erst bei dieser Gelegenheit richtig zu begreifen begann, was ein Surfsegel ist, dass es wie eine Lunge atmen muss. Zudem wurde ich nach und nach Teil dieses Systems, das auf sein Ende zusteuerte, ein Element unter vielen in diesem wilden Wettrennen um die Ausrüstung. Ich brauchte einen seltsamen Auslöser, bis ich das alles richtig erkannte. 1993, ich war gerade auf Maui, der Drehscheibe der Windsurfer, dort, wo man trainierte, wo man sich zwischen den Wettkämpfen traf. Der nächste Wettkampf in Japan stand an, die größte Profiveranstaltung in der Geschichte des Windsurfens, mit insgesamt 240 000 US-Dollar Preisgeld, 80 000 pro Disziplin. Da ich keine Möglichkeit hatte, in Tokio mit meinen zwei Freunden zu trainieren, die beauftragt worden waren, die Repräsentation für ihre großen Sponsoren zu übernehmen, war ich noch ein wenig länger auf Maui geblieben und wollte ihnen später folgen. Anders und Paolo, die ohne Gepäck, aber mit Krawatten um den Hals abgereist waren, hatten mich gebeten, mich um ihr Material zu kümmern und es ihnen mitzubringen. Eine bekannte und gut einstudierte Vorgehensweise, weil die PWA, der Verband der Profiwindsurfer, eine Vereinbarung mit den Fluggesellschaften getroffen hatte. Und trotzdem ... Jedes Mal, wenn wir einen Flug antraten, mussten wir uns am Schalter herumschlagen, argumentieren und jemanden davon überzeugen: »Ja, das ganze Material gehört uns«, »es ist empfindlich, man muss vorsichtig damit umgehen«, »ich muss keine Aufgebühr bezahlen, weil eine Pauschale vereinbart wurde, nicht mehr ...« Einmal angekommen, musste man sich ein Transportmittel besorgen und möglichst ungesehen alles aufs Dach verladen, um die Angestellten der Autovermietung nicht in Angst und Schrecken zu versetzen: Wir wussten alle, dass wir das Fahrzeug ramponiert zurückbringen würden. Und ich erzähle lieber nichts von kaputtem Material, von Gepäckträgern, die auf den Autos nichts zu suchen hatten, von Diebstählen, von Schäden ...

Ich stand also am Flughafen von Kahului mit dem Gepäck dreier Surfer für den größten Wettkampf des Jahres. Urteilsspruch der Waage: 840 Kilogramm. Wahnsinn, ein Berg von Material, von Brettsäcken, von Matten, von Segeln, und ich musste das alles ganz allein in den Griff bekommen. Gab es da etwa ein Problem? Ich habe das Ticket aufgehoben, nicht etwa, weil ich zweifellos einen neuen Rekord aufgestellt habe, sondern zur Erinnerung und um darüber nachzudenken ... So viel Material bedeutete Dekadenz, oder etwa nicht? Was war nur aus diesem Sport geworden? Zu viel, es war einfach zu viel!

Daraufhin gelangte ich nach und nach zu dem Schluss, mit dem Profisport aufzuhören, aber dennoch an der Seite von Anders zu bleiben. Weil es mich traurig machte mitzuerleben, dass mein Freund nie gewann, dass er im Gesamtklassement immer als Zweiter hinter Björn Dunkerbeck rangierte, und das trotz seiner Fähigkeiten, die in meinen Augen gleich groß waren wie die des Hispano-Holländers. Das Körperliche war Anders' Schwachstelle. Er war vielleicht ein wenig faul, weniger begeistert, Gewichte zu stemmen und hart zu trainieren. Und er hatte Schwierigkeiten, sich an die Diätpläne zu halten. Ich versuchte, es ihm beizubringen, ihm klar zu machen, dass man seinem unmittelbaren Gegner um 8 Uhr morgens auf seinem Mountainbike begegnete, dass dieser ein kolossales Trainingspensum absolvierte, dass es diese Entschlossenheit war, die die Ergebnisse erklärte. Ich spürte im Verlauf der gemeinsam verbrachten Monate, wie deprimiert Anders manchmal war, wie sehr der Druck auf seinen Schultern lastete, und dennoch war er bei einem der besten Segelfabrikanten unter Vertrag, dem er seit mehreren Jahren einen Weltmeistertitel versprach. Ich sagte zu ihm: »Du verzettelst dich.« Ich wollte, dass er begriff, dass einer, der die höchste Stufe anstrebte und nur auf der zweiten landete, der Erste unter den Verlierern war. Anders, der sein Augenmerk gelegentlich auf die falschen Dinge im Leben richtete, der einen Ferrari fuhr und sich bei Armani einkleidete, während sein Gegner in Shorts mit einem bescheidenen Minivan von Toyota herumkutschierte.

Da ich selbst keinerlei spezielle Ambitionen hatte, schlug ich Anders vor, mich um ihn zu kümmern und so etwas wie die Rolle eines Coachs zu übernehmen. Er überlegte es sich und fragte mich, was genau ich damit meinte. Ich antwortete ihm, vor allem sei es unerlässlich, dass er auf mich hören müsse, wenn ich ihm ordentlich die Meinung sagen würde, dass er sich Schwarz auf Weiß aufschreiben müsse, wie sein Trainingsprogramm auszusehen hatte, um seine Schwächen zu beheben, dass er sich Ziele setzen und die Möglichkeit geben müsse, diese auch zu erreichen. 1989 hatte ich mir bei

einem Rekordversuch vor Saintes-Maries-de-la-Mer die Achilles-
sehne gerissen, eine langwierige Verletzung, die mir viel Zeit ließ,
in der ich nichts zu tun hatte. Ich nutzte sie, um eine Reihe von
Büchern über das Mentaltraining von Sportlern und die psycholo-
gische Vorbereitung zu lesen ... Ich wollte Anders von meinen
Kenntnissen profitieren lassen und meine Lektüre, kombiniert mit
meinem Wissen über das Windsurfen auf hohem Niveau, praktisch
umsetzen. Anders stimmte zu, wir einigten uns auf einen finanziellen Deal, und ich stellte ihm ein Supertrainingsprogramm zusammen, einen Diät- und Motivationsplan, fast wie eine Mutter es für
ihr Kind tut. Und mit jener unschuldigen Begeisterung, zu der ich
stets fähig bin, begleitete ich ihn zu den Wettkämpfen.

Zur gleichen Zeit begann der Weltcup ernsthaft an Bedeutung zu
verlieren, die Sponsoren zogen sich zurück, das Evin-Gesetz, das
die Werbung von Genussmitteln stark reglementierte, brachte die
Alkohol- und Zigarettenhersteller in Verlegenheit, die in unserer
kleinen Welt recht präsent waren. Am Ende der Saison hatte ich das
Gefühl, dass mir das alles nicht mehr passte, selbst die Rolle als
Coach, und ich beschloss, meinen Hut zu nehmen. Es war vorbei,
nach 15 Jahren würde ich etwas anderes machen. Manche Bekannte
waren überrascht, weil meine Leidenschaft so groß gewesen war ...
Andere verstanden mich, weil sie die gleichen Überlegungen angestellt hatten wie ich. 15 Jahre umsonst? Nein, natürlich nicht.
Selbstverständlich trennte ich mich praktisch von meinem ganzen
Material, aber um eine Ellipse, die einfachste Figur, zu beschreiben,
reichten ein Brett, ein Segel und ein Gabelbaum. Basta. Das Entscheidende war nicht, mehr zu haben, sondern die Askese anzu-
streben. Zum Beispiel ein Waveboard, entwickelt von Ed Angulo,
der auf Maui eine Legende ist. Ein einziges Wellensegel von 4,70
magischen Quadratmetern, das ich mir aus den Lagern von Gaastra
besorgt hatte; ein hawaiischer Gabelbaum von Proline, der Beste.

Das Ganze passte in einen Seesack. Ich hatte nicht mehr mit mir herumzutragen, und ich wollte auch nicht mehr. Nur das. Wir waren auf Maui am Ende der Saison 1994, wir bereiteten uns auf einen wichtigen Wettkampf in Deutschland vor, einen der letzten. Anders kämpfte noch immer um den Titel, aber er sollte nicht Weltmeister werden. In Wahrheit hat er es gar nicht gewollt. Wieder lief ich Laird Hamilton über den Weg. Wir sollten uns wegen eines Drachens wieder treffen. Dieser wird nicht vom Himmel fallen, denn wenn ich heute da bin, wo ich stehe, dann auch dank der Jahre, die ich in dieser Welt des Windsurfens verbracht hatte, dank dieser 15 Jahre der Erfahrungen im Kontakt mit den Besten in allen Disziplinen.

3 MAUI, WINTER 1994

Ein Flugzeug, das vor der Landung eine vulkanische Insel über-
fliegt, meine Augen, die wieder versuchen, weiter zu blicken, als das
kleine Fenster es erlaubt. Wie jedes Mal, wenn ich hierher zurückkehre. Nach einer Strecke von 20 000 Kilometern, einer halben Erd-
umrundung mit Hilfe von Flügeln und Düsentriebwerken. Das
Paradies auf Erden, wie man sagt. Ja, aber für wen? Für die Horden
von Japanern und Amerikanern, die nach Jahren der Arbeit ihre
müden Hintern hier niederlassen oder in ihren klimatisierten Autos
schnell eine Tour um die Insel machen, um sich dann am Strand in
der Sonne zu aalen, weil sie in den Flitterwochen sind? Oder für die
Globetrotter wie mich, die beschlossen haben, nur für das Meer zu
leben, ihre Zeit nur den Elementen zu widmen?

  Als ich das erste Mal den Fuß auf diese Insel setzte, wurde ich
mehr von meinen Emotionen als vom Temperaturunterschied überwältigt. Ich war gerade mit einer Leidenschaft an Land gegangen,
von deren Ungestüm ich noch nichts ahnte. Ich, der Kulturbanause,
befand mich am Fuß eines Vulkans, dessen Macht ich bis dahin ab-
gestritten hätte. Dort, an der besonders wilden Nordküste, die von
den negativen Auswirkungen des Massentourismus am ehesten ver-
schont geblieben war, machte ich die Bekanntschaft mit jenem
Hawaiian spirit, dem Geist Aloha, der aus Urzeiten stammt, aus den
tiefsten Tiefen der Erde, aus dem tiefsten Inneren des Menschen.
Sofort waren alle meine Sinne geweckt und hellwach, und zwar
wegen der glühenden Schönheit mancher Orte, wegen des Geruchs
geschnittenen Zuckerrohrs oder verwelkter Ananassträucher, wegen des Gezwitschers der Vögel, aber vor allem wegen der Energie,

die ich spürte. Augenblicklich. Der Vulkan, der aus der Insel in die Höhe ragt, der Wind, der die Bäume zerzaust, die Wellen, die sich donnernd brechen, der Regen, der sintflutartig niederprasselt, und die Sonne, die verschmitzt lächelt.

Die Sonne ist nicht dumm, denn das Wichtigste auf Maui ist, wie sie wieder verschwinden zu können. In der Lage zu sein wegzugehen, um wiederzukommen, nur im geeigneten Moment da zu sein. Das ist schwierig, ich weiß, denn die Anziehungskraft ist manchmal stärker als die Bestrebung abzureisen. Ich musste mir bewusst machen und einreden, dass ich hier niemals den Norden verlieren würde. Den Norden von Maui ... Dort, wo ich surfe.

Visionen

Alles in meinem Kopf ist angelernt, nicht von Natur aus vorhanden. In meinem Großhirn gibt es verstreute Erinnerungen, die von nun an in einem einzigen Ordner gespeichert werden sollten. Ich hatte also gerade mein Leben als Windsurfer beendet und begleitete Anders Bringdal zu seinem am Ende missglückten Versuch, den Weltmeistertitel zu gewinnen. Ich hatte mich von dem ganzen übermächtigen Material getrennt, das mir so auf die Nerven gegangen war, und ich reiste nur noch mit dem absoluten Minimum. Ich wollte nur noch dieses mit mir herumtragen, denn das Wichtige in meinem Leben war nicht, Dinge anzuhäufen, so sagte ich mir, sondern die Quintessenz zu erreichen, lediglich mit dem absolut Notwendigen zu leben. Nach meinen Jahren als Windsurfer war dies die positivste Schlussfolgerung, die ich, wie mir schien, zu diesem Zeitpunkt ziehen konnte: nicht anzuhäufen, sondern sich zurückzunehmen und dabei nur das Notwendige zu behalten; das erklärte auch meine Gleichgültigkeit gegenüber Geld, meine Sorglosigkeit, was Besitztum anbelangt, oder die Art und Weise, wie erleichtert ich von nun an atmen würde.

Damals geisterte mir schon eine ganze Weile eine Idee durch den Kopf. Zum Ursprung zurückzukehren, zur einfachsten Art des Segelns: ein Mann auf dem Wasser, getragen von einem Windhauch. Beim Profizirkus galt es manchmal, jede Menge Zeit totzuschlagen, weil an vielen Tagen kein Wind ging. Im Gegensatz zu anderen Wettkämpfen, beispielsweise dem Slalom- oder Wellensurfen, die schon ab zwölf Knoten durchgeführt werden konnten, war für die Speedwettkämpfe ein Wind von mindestens 18 Knoten nötig. Windstärke fünf, bei der das Meer anfängt, weiß zu schäumen, und sich Äste biegen. Eine Lappalie. Darunter hieß es warten. Und das häufig.

In der Zeit meiner Reiserei hatte ich mich mit Michel Le Blanc angefreundet, einem netten Kerl aus Annecy, der als Designer von Segeln und Fallschirmen arbeitete, sich aber auch mit Brettern beschäftigte und der von einer ganz anderen Kultur geprägt war als all die anderen. Der innovativen Pioniergeist besaß und sich nicht mit dem Bild eines auf dem Boden der Tatsachen gelandeten Träumers zufrieden gab: Der Geschwindigkeitsweltrekord auf dem Surfbrett wurde mit einem Segel von ITV aufgestellt, von jener Firma, für die Michel Le Blanc arbeitete. Dieser Rekord besteht noch immer. Ein Rekord, der vor den Augen aller großen Spezialhersteller erzielt wurde, auch wenn später Zweifel an der Firma aufkamen und zahlreiche schlechte Ergebnisse zu verzeichnen waren: Michel war wie viele meiner Freunde eher Künstler als Geschäftsmann.

Anfang der 1990er Jahre rüstete er jedenfalls eine kleine Mannschaft von Surfern aus, mit denen ich befreundet war. Wir befanden uns in Saintes-Maries-de-la-Mer und waren bereit, aufs Wasser zu gehen, vor allem aber bereit, auf guten, starken Wind zu warten, als ich am Strand einen der ITV-Surfer sah, der sich, angetrieben von einem kleinen Drachen, einer Art Minifallschirm von drei oder vier Quadratmetern, über den Sand ziehen ließ. Fasziniert ging ich auf ihn zu und bat ihn, es selbst ausprobieren zu dürfen.

Das Ding war einfach gemacht, aus Stoff, zwei Leinen, zwei Griffe. Wenn das Ganze in der Luft war, zog man nach rechts, und man drehte sich nach rechts – nach links, und man drehte sich nach links. Das Lenken war keine Hexerei. Und man ließ sich über den Strand ziehen, auf nackten Füßen oder in Schuhen.

Interessant ...

Bereits im Laufe meiner Speedsurfing-Jahre war ich Zeuge einiger Experimente gewesen, die verschiedentlich durchgeführt wurden und mich völlig verblüfften. Das erste Mal war es so 1982 in Brest gewesen. In jenem Jahr hatte ein Tornado, ein spitzer und schneller Katamaran von etwa sechs Meter Länge, von sich reden gemacht, weil er von einer Reihe von Drachen gezogen wurde. Ich erinnere mich sehr gut, dass dieses seltsame Gespann zwar nicht den Geschwindigkeitsrekord aufgestellt hat, aber wahrscheinlich für immer das Schiff bleiben wird, das am höchsten in den Himmel aufstieg. Ich habe das Foto aus der lokalen Presse noch vor Augen, weil mich das Bild tief beeindruckt hatte. Der Katamaran hieß *Icarus*, und zwei Jahre später sah ich ihn wieder. Mit seinen Eisenkabeln, die die Reihe von Drachen hielten, mit der unglaublichen Länge der Leinen – vielleicht 40 oder 50 Meter – und seinen quasi horizontalen Flügeln, dem Höllenlärm, wenn er hart am Wind fuhr. Dann hieß es, sich schnellstens aus dem Staub zu machen, um zu verhindern, dass die Spitzen unserer Segel von den fliegenden Kabeln durchtrennt wurden. Das war ziemlich abgefahren, aber diesem *Icarus*, dessen an Bord installierte Sirenen seine Überholmanöver verkündeten, gelang es, knapp vorbeizufahren, sich der Windrichtung zu nähern und seinen schnellen *run* zu machen, bevor er zum Ausgangspunkt zurückkehrte, indem er große Bögen beschrieb. Es stand also außer Frage, dass ein von Drachen gezogenes Gefährt am Wind segeln konnte, und daran sollte ich mich noch erinnern, als ich bei meinen ersten Versuchen auf einem Surfbrett mit Lenkdrachen von Zweiflern, von denen, die immer erst einmal allen Innovationen kritisch gegenüberstanden, zurechtgewiesen werden sollte. Weil meine ersten Geräte nicht am Wind fuhren, weil ich, nachdem ich einen großen Bogen beschrieben hatte, zu Fuß oder per Anhalter an meinen Ausgangspunkt zurückkehren musste, mein Material unter dem Arm. Aber davon später mehr …

In den folgenden Jahren begegnete ich häufig solch verrückten Geräten mit Antrieben, die von ihren Konstrukteuren mehr oder weniger gut beherrscht wurden. Vor allem in Weymouth. Das war ein außergewöhnlich geeignetes Terrain für die Segeltüftler, die manchmal die Zuschauer mit atemberaubender Kreativität verblüfften. Ich habe dort Geräte gesehen, von denen ich mich noch heute frage, wie sie im Kopf ihrer Erfinder entstanden sein konnten. Die übrigens recht häufig nicht mehr vom Meer verstanden als ein Bügeleisen. Beispielsweise habe ich einen sehr würdevollen Engländer vor Augen, der eine ganze Woche damit zubrachte, Kabel anzubringen, Schraubenbolzen festzuziehen und auf ein bisschen Wind zu warten, bevor das Ganze beim ersten Versuch auseinander brach. Wie schlau aber auch, dass er seinen Drachen – wenn man sein Segel als solchen bezeichnen kann – als eine Art aufblasbare Matratze konstruiert hatte. Das hatte nicht viel mit Wassersport zu tun, aber es war sehr vernünftig, weil er nachts immerhin darauf schlafen konnte.

Doch darauf allein beschränkten sich meine ersten Kontakte mit gezogenen Objekten nicht. 1985, wieder anlässlich der Geschwindigkeitswoche in Brest, lief ich zum ersten Mal einem gewissen Bruno Legaignoux über den Weg. In diesem Jahr versuchte er zusammen mit seinem Bruder, sich auf riesigen Wasserskiern auf dem Meer fortzubewegen, angetrieben von einem schönen halbmondförmigen Drachen.

Ein aufblasbares Ding, das, wenn mich mein Gedächtnis nicht im Stich lässt, wie eine Fahne mit dem Logo eines großen Sponsors protzte. Trotz der finanziellen Unterstützung gelang es diesem Drachengerät nie, einen *run* zu Ende zu führen. Aber immerhin, es war da. Ich hatte es bemerkt, war nicht unbedingt beeindruckt, weil mir das seltsame Ding nie funktionstüchtig erschien, oder vielleicht einfach, weil ich, wie alle auf Geschwindigkeit spezialisierten Windsurfer, damals dachte, dass ein Drachensystem niemals so schnell würde fahren können wie wir auf unseren kleinen Brettern. War ich ein bisschen überheblich, ein bisschen herablassend? Bei genauerem Überlegen: vielleicht ja.

Weit beeindruckender und interessanter war ein paar Jahre später, wieder bei einem Speedwettkampf in Saintes-Maries-de-la-Mer, die Entdeckung eines außergewöhnlichen Geräts, das *Opaf* getauft worden war. Eine Art Tragflächen-Trimaran, der mittels dreier runder Kissen aus rotem Carbonfaserstoff angehoben werden konnte. Er war von einer Gruppe junger Verrückter, von zukünftigen Ingenieuren, entwickelt worden, aber ich spürte sofort, dass die Arbeit auf soliden Grundlagen basierte. Dieser Trimaran, der ebenfalls von einer Reihe von Drachen gezogen wurde, war ein unglaublicher Anblick, äußerst gut konstruiert, alles aus Carbon, mit diesen Luftkissen, deren Potenzial, den Rumpf aus dem Wasser zu bringen und damit den Widerstand und das Fahrwasser zu mindern, man erahnen konnte. Auch hier war unsere Hauptsorge, nicht in vollem Tempo vor den *Opaf* zu geraten, wollte man sein Leben nicht in dieser riesigen Häckselmaschine beenden.

Ich verbrachte einen ganzen Nachmittag damit, ihnen zuzusehen, wie sie ihr Gerät startklar machten, ich musste ihnen Fragen stellen, mich von ihren Erläuterungen überzeugen lassen: das Warum und Wieso des Antriebs durch Drachen, der geringere Widerstand und die höhere Geschwindigkeit.

Fest steht, dass die jungen Ingenieure uns mit ihrem sicheren Auftreten einschüchterten. Dies umso mehr, als es Mut gekostet hatte, daherzukommen und uns herauszufordern, uns, die Geschwindigkeitsbosse auf dem Wasser, in unserer Hochburg, unserem Mekka der immer so selbstbewussten Surfer.

Sie hatten tatsächlich darum gebeten, unser Terrain nutzen zu dürfen, unsere Basis in Saintes-Maries, einen Ort, wo die Bedingungen unheimlich schwierig werden, sobald der Wind auffrischt: Der Mistral steht nicht gerade im Ruf, mit den zur See fahrenden Menschen freundlich umzugehen. Es kommt jedoch immer der Tag, an dem der böse Wind seine ganze Kraft zeigt. Ein Wind, der allen Stieren der Camargue die Hörner abreißen könnte, eine Kälte, die die Enten davonfliegen lässt, und ausgerechnet an einem solchen Tag wurde unser *Opaf* zu Wasser gelassen. Es war im März oder April, bei jenem Nordwind, bei dem man lieber nicht in Shorts ins Freie geht, bei dem jeder klamme Finger bekommt und das Surfen eine echte körperliche Herausforderung wird.

Unsere jungen, aber mutigen Ingenieure gaben sich ein bisschen weniger überheblich, jedoch immer noch ganz schön dreist. Sie ließen ihren Drachen vor meinen interessierten Blicken steigen, der ich fasziniert von den Erläuterungen der Konkurrenten war, die in jenem Moment wahrscheinlich am ganzen Körper schlotterten. Und ich sah, wie der *Opaf* losfuhr, unglaublich beschleunigte, bevor alles in einem Strudel tosenden Wassers zum Stehen kam. Das Gerät war nicht in der Lage, einen *run* zu beenden, es sei denn, die Segelfläche würde beachtlich verkleinert, aber da wir es mit großem Tempo hatten losjagen sehen, die Segel richtig in den Wind gestellt, begriffen wir. Was die Geschwindigkeit, unser Element, anbelangte, so genügte ein Blick, um zu erkennen, dass sie wirklich sehr schnell fuhren. Zumindest mit sofortiger Geschwindigkeit, über gezwungenermaßen kurze Distanzen, weil das Ganze bereits nach wenigen Sekunden wieder vorbei war ... Ich sah, dass das vor allem ein Problem der richtigen Abstimmung war. Und unser Brett eignete sich genauso, auch wenn es ein bisschen simpler war. Es war nicht wie bei den heutigen großen Mehrrumpfbooten, die Mühe haben, sich auf dem Wasser zu halten, und an denen die meiste Zeit herumgebastelt wird, bis endlich die richtigen Entscheidungen getroffen werden. Beim Brett hat man eine Idee, hopp, die Sache ist schnell hergestellt, und man kann die Tests problemlos unter allen erdenklichen Bedingungen wiederholen.

Zu diesem Zeitpunkt war ich so gut wie überzeugt, dass der Drachen die Zukunft des Surfens sein könnte ...

Und schon im folgenden Jahr war ich wieder am Strand von Saintes-Maries, mit jenem Typen von ITV, der mit seinem Drachen als Antrieb prahlte, der mir sagte, dass es zudem großen Spaß mache, damit in einer Art von Karren mit drei Rädern zu fahren. Über den Strand zu rollen, fasziniert mich nicht gerade, aber ich habe ihn dennoch gebeten, mir sein Gerät zu verkaufen, einfach so, ohne zu wissen, wann oder wie ich es würde nutzen können. Mein Gehirn arbeitet langsam, worüber manche sich gelegentlich lustig gemacht haben, und ich verlasse mich eher auf meinen Instinkt als auf die Analyse durch den Verstand. Aber ich war froh, diesen Drachen zu besitzen, nur für den Fall, dass er mir irgendwann von Nutzen sein könnte ...

Zusammenarbeit mit Laird

Im Herbst 1994 waren wir also auf Maui, ich verbrachte einen Tag bei meinem Freund Laird Hamilton, um zu sehen, was aus ihm geworden war. Es war eine ganze Weile her, dass wir uns das letzte Mal begegnet waren, und mich erwartete eine doppelte Überraschung. Zum einen hatte auch er mit dem Windsurfen aufgehört, und zwar aus den gleichen Gründen wie ich, was uns sehr amüsierte: zu viel Material, zu viel Technik, zu hohe Kosten, und das alles geht ein wenig zu Ungunsten des Gefühls, der Freude. Auch er hatte alles verkauft und nur ein Waveboard für die richtig guten Tage vor Hookipa behalten. Es war nicht so sehr der Sport an sich, der dazu geführt hat, dass wir die Sache aufgaben, sondern vor allem, was aus ihm geworden war. Wir waren in diesem Punkt einer Meinung, unsere Diskussionen verliefen harmonisch. Und auf einmal verkündete er mit einem breiten Grinsen, dass er im Begriff sei, das Steuern eines Zugdrachens zu erlernen. Was für ein Zufall!

»Das ist ja nicht möglich, ich auch!«

Ich erklärte ihm, dass ich das Meer und den Wind zu sehr liebe, als dass ich aufhören wollte, beides zu nutzen, und dass ich gern eine andere Art und Weise des Surfens finden wollte, die das simple Vergnügen des vom Wind getriebenen Gleitens und Wellenreitens wieder miteinander verknüpfte.

»Was denkst du, Laird?«

»Das Gleiche wie du, Manu, und das Komische daran ist, dass auch ich – genau wie du – von dieser seltsamen Sache fasziniert bin, diesem Zugdrachen, und ich habe mir einen aus Neuseeland besorgt, der etwa zwei bis drei Quadratmeter misst. Zurzeit lerne ich, ihn in meinem Garten fliegen zu lassen, und ich werde sogar damit trainieren.«

Wir wurden uns sogleich einig, dass wir das so bald, ja so schnell wie möglich mit einem Brett ausprobieren müssten. Dann erklärte mir Laird, dass er sich zugleich mit einem ganz anderen Projekt befasste, das er das *tow-in-surfing*, das Schleppsurfen, nannte. Zunächst mit einem Schlauchboot und sehr großen Brettern, um sich weit vor den Inseln den Riesenwellen zu stellen. Eine revolutionäre Art und Weise, jungfräuliche Wellen zu nehmen, ein Mittel, um an Wellen zu gelangen, die zu weit draußen sind, vom Motorboot bis auf den Wellengipfel gezogen, bevor der Surfer die Leine loslassen und der fließenden Wand die Stirn bieten würde.

Es war eine kleine Revolution, die Laird und seine beiden Kumpel, Darrick Doerner und Buzzy Kerbox, zwei weitere legendäre Surfer, da anzetteln wollten. Doch sehr schnell erwies sich das Schlauchboot in Sachen Kraft und Wendigkeit als unzureichend, und sie zogen diesem die wahren Motorräder des Meeres vor, nämlich die Jetskis, insbesondere das Modell *wave runner* der Firma Yamaha, die auf Grund ihrer Qualitäten auch von den Strandwachen am berühmten North Shore von Oahu einsetzen wurden. Da der Surfer jetzt vom Jetski gezogen auf eine Welle gelangen konnte und nicht mehr hinauszurudern brauchte, konnte also ein Brett benutzt werden, das viel kleiner war als das traditionelle *gun* für große Wellen, das zwar hervorragend war, weil es sich sehr schnell rudern ließ, sich aber ansonsten als ungünstig herausstellte. Zu dem Zeitpunkt, als ich Laird begegnete, war er gerade intensiv damit beschäftigt, er arbeitete an der Abstimmung des Materials und war angesichts der Perspektiven, die diese neue Art des Surfens von Riesenwellen eröffnete, ganz aus dem Häuschen.

Die Wintersaison hatte jedoch noch nicht richtig begonnen, und in Maui waren die Wellen noch nicht da. Laird war nicht ganz ausgelastet, und ich schlug ihm vor, die Zeit zu nutzen und unsere Drachen auszuprobieren. Wir beide mit dem gleichen Interessengebiet, mit der gleichen Lust am Surfen, beide ein wenig niedergeschlagen und traurig, aber beide von dem Wunsch erfüllt, weiterhin aufs Wasser zu gehen, das Windsurfen neu zu erfinden, ohne jedoch schon wirklich erkannt zu haben, worin diese nachfolgende Disziplin bestehen könnte.

»Hör zu«, sagte ich zu ihm, »ich reise nach Europa und komme in einem Monat mit Drachen zurück, die für unsere jeweilige Statur geeignet sind, und dann sehen wir, was wir damit anfangen können.«

»Okay, okay, ich warte auf dich, unterdessen arbeite ich an den Brettern.«

Ich kehrte auf den alten Kontinent zurück, nahm Kontakt zu ITV auf und fragte Michel Le Blanc, ob er größere Lenkdrachen habe als jenen, der mir zur Verfügung stand und der zu klein war, um mein Gewicht über das Wasser zu ziehen. »Ja, wir stellen Drachen her, die bis zu acht Quadratmeter groß sind. Ich habe welche im Lager, die ich bis jetzt nicht verkaufen konnte, und wenn du welche haben willst, gebe ich dir vier davon.« Es war Weihnachten. Eine Autofahrt in Richtung Hochsavoyen, und ich holte die vier Drachen in der Fabrik in Annecy ab – einer von fünf Quadratmetern, einer von sechs und zwei von sieben. Aus einer Serienherstellung, die die Firma zu einem Zeitpunkt, als ein erstes leichtes Interesse an Zugsportarten aufkam, in ihrem Katalog angeboten hatte.

Überglücklich reiste ich nach Maui ab, wo ich mich wieder mit Laird traf. Ich bot ihm einen der Drachen an, bezeichnenderweise in Gelb und Rot, den Farben des Bundesstaates Hawaii, mit denen er auch schon seine Bretter bemalt hatte. Wir sagten uns, dass wir alles hatten, was wir für unsere Tests brauchten, dass es jetzt darum gehe zu lernen, wie man das Ganze fliegen lasse. Wir waren uns bewusst, dass wir viel Arbeit vor uns hatten, bevor wir aufs Wasser konnten, und wir stellten uns bereits eine Frage, die für die Zukunft entscheidend sein würde: »Wie schafft man es, dieses Segel, wenn es ins Wasser gestürzt ist, wieder in die Luft zu kriegen?«

Die erste Antwort, die einfachste, lautete, dass es erst gar nicht ins Wasser fallen durfte, ganz simpel. Laird, der damals bei jeder Gelegenheit so etwas wie Maxime aufstellte, erinnerte mich an jene Redensart, die zweifellos neobuddhistisch inspiriert ist: »Wenn du etwas einmal machst, bist du nichts, machst du es aber tausendmal, dann wirst du Experte sein.« Und genau das wollten wir werden.

Laird besaß rund um sein Haus ein großes Anwesen, zunächst trainierten wir in seinem Garten, wo es, selbst wenn man vorsichtig war, so leicht passieren konnte, dass man sich davontragen ließ, herunterfiel und sich die Knöchel brach, deshalb trugen wir immer Schuhe. Später übten wir auf den Feldern oberhalb von Hookipa, dem legendären Treffpunkt der Windsurfer. Es war absolut notwendig, die Steuerung auf dem Festland zu erlernen, die Kunst der Handhabung des Drachens perfekt zu beherrschen, und darum hielt ich mich ständig bei Laird auf. Sein Haus war selten leer: Von der Gruppe von Surfern, mit der er zusammen war, war er derjenige, der am meisten Erfolg hatte, der es zu Besitz gebracht hatte. Er war ungewöhnlich charismatisch, er war ein Anführer, ein *leader*, der darüber hinaus gerade mit sechs oder sieben tollen Kerlen eine kleine Firma gegründet hatte, mit deren Hilfe sie ihre Talente zu Geld machen wollten. Darum traf sich die Clique regelmäßig bei ihm, um stundenlang zu diskutieren, um auf die Wellen zu warten, um schon am Nachmittag Bier zu trinken und Spaß zu haben. Eine legendäre Gruppe: Dave Kalama, Mark Angulo, Brett Lickle, Mike Waltze, Peter Cabrinha ... Es waren treue Kumpels und zugleich ein Hofstaat – in diesem Fall ein amerikanischer –, der meine Anwesenheit nicht immer zu befürworten schien, als ob ich ihren Chef über die Maßen in Beschlag nehmen wollte. Nach außen hin gaben sie sich freundlich, äußerten sich aber nicht immer nett, sie fühlten sich mehr oder weniger gezwungen, höflich zu sein, weil ich mit Laird zusammenarbeitete, doch ich denke, dass es sie prinzipiell ärgerte, mich dort zu sehen, als versuchte ich, ihnen die Freundschaft ihres Kumpels streitig zu machen.

Es waren definitiv lustige Typen. Peter Cabrinha zum Beispiel, der große Star des Windsurfens, zählt zu den wenigen, die Robby Naish in seiner glorreichen Zeit in den Wellen geschlagen haben. Als ich ihm das erste Mal meinen Drachen gezeigt hatte, hatte er mich gebeten, ihm einen aus Frankreich mitzubringen, ja er hatte wirklich darauf bestanden. Dass ausgerechnet Peter mich danach gefragt hatte, war eine Ehre für mich gewesen. Doch als ich ihm nach meiner Rückkehr eines der Segel, die ich von ITV erhalten hatte, geben wollte, da zog er eine Schnute und wies es zurück: »Nein, ich will es doch nicht.« Ich sagte mir: »Mensch, was ist das für ein Heuchler, der macht sich wohl über mich lustig, oder was?«

Zu diesem Zeitpunkt zeigte sich auch keiner der anderen besonders motiviert, uns bei unserem Unterfangen zu begleiten. Als sie es einmal probierten, als sie sich vom Wind ziehen ließen und in Brennnesseln oder Zuckerrohrfeldern landeten, da lachten sie ordentlich, mehr aber nicht, sie gaben es auf und waren genervt, mit anzusehen, wie Laird und ich uns bis in die Nacht amüsierten. Dagegen machte ich mit meinem Kameraden Laird in der Handhabung des Drachens weiter Fortschritte, und wir nahmen einige Verbesserungen vor. So zum Beispiel die beiden Griffe, die es uns beim Start erlaubten, den Drachen zu halten: Sehr schnell stellten wir fest, dass diese nicht ideal waren, dass es mit einer *bar*, einer Art Lenkstange in den Händen – wie dem Gabelbaum beim Windsurfen –, besser wäre, dass damit die beiden Leinen zusammengehalten würden. Es reichte aus, sich in dem Garten umzusehen, wo wir abgebrochene Mastspitzen fanden, um daraus ein System zusammenzubasteln …

Wir machten auf allen Gebieten Fortschritte, auch beim Schutz unserer Körper. Man musste ungeheuer gut ausgerüstet sein, denn wir begriffen recht schnell, dass sich dieser Zeitvertreib, so spielerisch er auch wirkte, als ziemlich gefährlich erweisen konnte. Eine Hose von OshKosh, extra weit und praktisch reißfest, darunter einen Mülleimerdeckel aus Plastik gesteckt, um unsere Hintern zu schützen, und äußerst stabile Schuhe. Und der eine in liegender Startposition, während der andere den Drachen steigen lässt. »Los geht's, bist du bereit?« Und ab die Post, wir surften wie die Verrückten, in der festen Überzeugung, dass wir auf dem richtigen Weg waren, während der Drachen uns über das frische Gras zog und wir die Kuhfladen aufspritzen ließen, durch die wir hindurchsausten.

»Der Wind frischt auf, wir sollten versuchen zu leben.« Nun, wäre Paul Valéry einst zum Windsurfen nach Hawaii gekommen und hätte er versucht, auf der gefährlichsten aller Wellen zu reiten?

Mâchoires – *Riesenwellen*

Während Laird parallel an der Entwicklung des *tow-in* arbeitete, war auch ich nicht untätig. Neben der Entwicklung unseres Kite entdeckte ich ein anderes Interessengebiet: die großen Wellen. Bis dahin hatte ich immer eine Art psychischer Blockade gehabt, mich mit dieser Disziplin zu befassen, die mir unerreichbar schien und die mir, ehrlich gesagt, ein bisschen Angst einjagte. Doch nach und nach fing ich an, mich dabei besser zu schlagen, daran Geschmack zu finden, den Kontakt mit den wild wogenden Wassermassen zu suchen. Natürlich war ich nicht sonderlich gut, aber ich machte Fortschritte und liebte diese Wellen, auf denen ich surfte, inzwischen leidenschaftlich. Ich war zunehmend von dem Gedanken besessen, eines Tages mit dem Surfbrett auf den großen Brechern zu reiten.

Mâchoires ist der französische Begriff für Riesenwellen, die sich manchmal im Winter an der Nordküste von Maui brechen. Der hawaiische Name lautet *peahi*. Die Amerikaner nennen sie *jaws*, weil einem, wenn man sie aus der Nähe betrachtet, wirklich der Kiefer herunterklappt, so Furcht erregend können sie sein. Und zudem, weil eine solche Welle einen Surfer wie die Kiefer des Hais aus dem berühmten Film von Spielberg zermalmen kann. Laird erzählte mir ständig davon, weil das seine heimliche Leidenschaft war, und er sollte auf diesem Gebiet der König werden.

Ich war wie die anderen fasziniert und verliebt in diese Wellen, die von jenen, die sie gesehen hatten, oder besser noch, die sie gezähmt hatten, zum Mythos erhoben wurden, und so machte ich sie, im Rahmen meiner Möglichkeiten, zu meinem Ziel, um den Adrenalinschub ebenfalls kennen zu lernen. Eine weitere Dimension, ein Irrsinn, denn ich sagte mir, wenn du stürzt, dann bist du tot.

Die zahllosen Stunden, die ich auf dem Wasser verbrachte, waren nichts anderes mehr als die Vorbereitung auf die Begegnung mit den *mâchoires*. Das war ein bisschen wie beim Everest, der im Kopf jedes Bergsteigers zwangsläufig herumspukt. Es kam für mich gar nicht in Frage, mich der Herausforderung nicht zu stellen, diesen Nervenkitzel nicht kennen zu lernen.

Und dann war eines Tages der *swell* – die Dünung – da. Und das Virus, mit dem ich mich infiziert hatte, ließ meine Lippen zittern und trieb mir Schweißperlen auf die Stirn – ich musste auf diesen *jaws* reiten, und zwar schnell. Ein Ruf, ein wilder Schrei. Körperlich war ich in Topform, seit langem joggte ich regelmäßig am Meer entlang, durch die Zuckerrohrfelder, über unebene Trampelpfade oberhalb der Wellen, in einer Art unglaublicher hawaiischer Hochstimmung. Nur ich und die Natur. Und ich nutzte meine Laufrunden häufig, um das Meer von fern zu beobachten. Bei meinem einsamen und ungewöhnlichen Trainingsprogramm entdeckte ich die Spalten, die bis ins Wasser reichten, und machte einige rutschige und gefährliche Stellen ausfindig, ich war bis dicht ans Wasser gegangen, wo man keinen falschen Schritt tun durfte, wo man Ebbe und Flut einkalkulieren musste, um manchmal zwischen zwei Wellen, häufig kaum das Gleichgewicht haltend, von Fels zu Fels zu springen. Ein untypisches Training inmitten der Elemente, unter Wasserfällen, am Meeresufer. Um mich geistig zu wappnen. Wenn ich stürzte, wenn ich mir den Knöchel brechen würde, stand das Ende fest: Ich würde von den Krebsen gefressen werden, bevor mich jemand retten könnte. Das war jene Art von Perspektive, die mir vielmehr ein Lächeln entlockte, jene Art von brutaler Intensität, die mir keineswegs missfiel, ganz im Gegenteil. Man durfte keinen falschen Schritt tun – wie bei den *mâchoires*.

Dabei ging mir immer häufiger ein Gedanke durch den Kopf. Die einzige Möglichkeit, an die *jaws* heranzukommen, war bis dahin, sich ihnen mit dem Boot zu nähern. Allerdings gab es nur wenige Tage der *big waves*, an denen man aus dem Hafen auslaufen konnte. Was die Profiwindsurfer anbelangte, so stellten die reichsten, wenn sie ihr eigenes Motorfahrzeug und ihre eigene Mannschaft hatten, auch ihr Ego zur Schau, und ich, mit meiner Neigung zur Unabhängigkeit, gehörte nicht zu jenen, die sich in den Vordergrund drängten. Natürlich sagte ich mir, dass ich das Angebot, wenn einer von ihnen mich einladen sollte, annehmen würde, aber ich wusste, dass ich von mir aus niemals das Risiko eingehen würde, sie um einen solchen Gefallen zu bitten, aus Angst, eine Abfuhr zu bekommen.

Bei einem meiner Ausflüge zwischen den Felsen hatte ich im Wind von *jaws* an der Steilküste eine Spalte, eine Art kleine, von einer winzigen Insel geschützte natürliche Bucht, entdeckt, von der ein Start ins Wasser unter Umständen in Erwägung gezogen werden konnte. Zugegeben, eine völlig irrwitzige Idee angesichts eines gewaltigen *shorebreak*, das heißt einer Brandung, die mit ihrer ganzen Wucht gegen die Felsen am Ufer donnerte. Ich war mehrere Male dorthin zurückgekehrt, um diese Frage zu studieren. Und ich kam zu dem Schluss, dass die Sache mit meiner Erfahrung möglich sein musste. Ich konnte eigentlich immer ganz gut abschätzen, wozu ich fähig war beziehungsweise was mir die Natur zu unternehmen gestattete. Dieses Mal war die Herausforderung jedoch brutal, denn bei der Überwindung des *shorebreak* durfte mir kein Fehler unterlaufen. Wenn ich mich verletzen, wenn ich stürzen würde, war das Risiko wieder einmal groß, dass es böse ausging. Die Stelle war absolut verlassen, kein Mensch kam je hierher. Aber mich reizte die Sache. Und auch der große *swell*.

Eines Morgens kam ich mit meinem Board und meinem Wavesegel in einer höchst gespannten Atmosphäre an. Ich musste das Auto oben auf der Steilküste abstellen, mit dem ganzen Material durch die Zuckerrohrfelder laufen, zwei oder drei Kilometer vielleicht, dann zum Meer hinuntersteigen und dabei in der Ferne die Linie der sich bildenden Wellen beobachten. Ein gewaltiger Adrenalinschub. Ich war unten, ich richtete mein Material, und dann war ich bereit, aufs Wasser zu gehen. Die Wellen waren riesig, die Dünung ungeheuer. Ich blieb lange stehen, um zu beobachten, um die Zeit zwischen den Wellenserien zu messen, um die ruhigen Phasen einzuschätzen, denn solche gibt es immer. Man musste die richtige finden, denn auf dem Brett schwankte man schließlich ständig. Und selbst wenn es möglich war, in den Wellenpausen zu entkommen, so tauchen immer ein paar nachfolgende Wellen auf. Ich glaubte, dass das, was ich vorhatte, eine der radikalsten Herausforderungen meines Lebens war, ich, der ich kein Draufgänger war, kein *dare devil*, wie die Amis sagen. Zwischen den großen Lavablöcken konnte ich natürlich nicht so gut Anlauf nehmen wie an einem Strand, mein Herz klopfte zum Zerspringen, es gelang mir hindurchzukommen, mein Segel aufzurichten, einen Windstoß aufzunehmen. Die schwarze Brandung der Wellen war vor mir, es gelang mir, nicht daran zu denken, denn jetzt musste ich mich der Herausforderung stellen, es gab kein Zurück mehr. Ich glitt darauf zu ...

Eine solche Situation zu meistern, erfüllte mich plötzlich, ohne Vorwarnung, mit einer Freude, wie ich sie noch nie verspürt hatte. Ich gehörte weder zu jenen, die ihr Glück lauthals hinausschrien, noch zu denen, die die Fotografen im Voraus wissen ließen, was sie vorhatten. Damals konnte ich dieses für viele so große Bedürfnis nicht recht verstehen, von sich reden zu machen und die Öffentlichkeit zu suchen. Ich war auf dem Meer, ich war glücklich, aber würde ich es heute noch einmal tun? Ich weiß es nicht.

Ich musste in dem Wahnsinnswind eine halbe Meile zurücklegen; ich ließ mich vorsichtig treiben, während ich meine Ruhe zurückgewann und versuchte, mich auf die Bedingungen einzustellen. Dann kam ich bei den *mâchoires* an, hier herrschte reges Treiben, Windsurfer auf dem Wasser, Zuschauer auf der Steilküste und ich, der ich von Osten angestolpert kam. Als mich die Riesenwellenreiter sahen, meinten sie, an Halluzinationen zu leiden, und fragten sich, wo ich denn herkäme.

Es war sehr, sehr beeindruckend, ich begann meinen Ritt umsichtig und gab mich vernünftigerweise damit zufrieden, ein paar Wellen zu nehmen, auf der Wellenschulter, das heißt am Rand, zu bleiben, anstatt mich in die gigantische *tube* zu stürzen. Aber der Wind ließ recht schnell nach, ich schaffte es nicht mehr, hinaufzugelangen und andere Wellen zu nehmen, ich fing durch den Wind ein wenig an abzudriften und hatte keine Möglichkeit, irgendwie zurückzukehren. Kein Boot war in Sicht, sodass ich zwangsläufig darüber nachdenken musste, bis zum Hafen von Kahului zu surfen, wo ich dank der tiefen Fahrrinne einen Sturz durch die Riesenwellen mit zerbrochenem Material und angeschlagener Moral wohl würde vermeiden können. Und dann hielt ein Boot auf meiner Höhe an, es war Robbie Seeger, ein bekannter deutscher Segler. Mit einem verschmitzten Grinsen fragte er mich, ob ich von ihm irgendwo abgesetzt werden wolle, und mein Ja kam wirklich von Herzen, mir stand die Erleichterung ins Gesicht geschrieben. Kaum an Bord, nahm mich der Deutsche freundlich ins Gebet, behandelte mich wie einen Deppen, einen Bekloppten. Ich hörte ihm nicht richtig zu, ich dachte nur daran, dass ich endlich diese unbeschreibliche Ekstase ein wenig kennen gelernt hatte. Dieses unerreichbare Hochgefühl, eine solche Welle zu reiten, war wirklich eine außergewöhnliche Erfahrung, ich war *hooked for life*, für immer süchtig danach – ein bereitwilliges Opfer.

Laird erfuhr es natürlich – die Clique war ein Mikrokosmos –, und ich glaube, dass er über mein Abenteuer herzhaft gelacht hat, seine Kumpel dagegen weniger, die einen glauben machen wollten, man müsse Übermensch sein wie sie, wollte man das Unvorstellbare wagen. Sie gaben sich mir gegenüber noch distanzierter, wenn ich bei Laird vorbeikam, um an unseren Kites zu arbeiten.

Laird, der sich für einen Fürsten von Gottes Gnaden hielt, jedoch nicht die neiderfüllten Vorbehalte eines kleinen Höflings besaß, er, der immer bekundete, dass man nicht einfach Surfer von Riesenwellen wurde, sondern dass man das von Geburt an in sich, in seinen Genen hatte. Er, der es verstand, diese Lust zu verspüren, sich mit den extremsten Meeresbedingungen zu messen, er gab mir Ratschläge, vermittelte mir manche Dinge mit seiner Vorliebe für gut formulierte Sätze. So erklärte er mir beispielsweise – und das wurde mir sofort klar –, dass die größte Schwierigkeit bei den Riesenwellen darin bestand, im Falle eines Sturzes in der Lage zu sein, das *pounding* auszuhalten, die monströse Wucht der Tonnen herabstürzenden Wassers. Die Leute konzentrierten sich auf die Größe der Wellen, aber das war nicht das eigentliche Problem, und Laird schlug mir sibyllinisch vor, über das, was er mir gerade gesagt hatte, nachzudenken: »Eine Riesenwelle, das ist vor allem eine Welle mit Folgen. Frag dich, was das bedeutet«, hatte er noch hinzugefügt, bevor er davonging.

Ich profitierte auf naive und freundschaftliche Weise von seiner Erfahrung und von seinem Wissen, ich schwamm, ich betrieb Apnoetauchen, ich setzte mein Training fort. Bis zu dem Tag, an dem Laird zu mir sagte: »Na, morgen nehme ich dich auf eine *tow-in*-Tour zu den *jaws* mit.« Laird verbrachte seine Tage damit, das Ohr an ein kleines Kurzwellentransistorradio zu halten, um den Seefahrtswetterbericht zu hören und vor allem die Informationen, die von einer Boje gesendet wurden, einer vor Maui verankerten Wetterstation, die man mit dem Boot in etwa zwölf Stunden erreichte. Laird hatte über sein kleines Radio, dem Verkünder guter Nachrichten, erfahren, dass die Wellen morgen ankommen würden. Keine allzu riesigen, aber für mich in jedem Fall ausreichend. Das war eine große Freundschaftsgeste mir gegenüber, schließlich war ich nie ein echter Surfer, ich war nie nur mit dem Brett, ohne Segel, große Wellen geritten.

Ein herrlicher Morgen brach an, und wir, Laird und ich, waren auf seinem Jetski auf dem Weg in Richtung Wellen unterwegs. Billy, ein hawaiischer Freund, begleitete uns auf einem zweiten Fahrzeug, um uns zu schützen und zu sichern. Mir stand eine unglaubliche Erfahrung bevor. Am Vorabend hatte mich Laird ganz einfach gebrieft: »Mach dir keine Sorgen, schau nur zu, dass du nicht stürzt. Wenn du stürzt, gerate nicht in Panik, ich komme und hole dich.« In den Augen der großen Surfer sollte das bei weitem kein besonders bemerkenswerter Tag werden, aber die Wellen betrugen gute 15 hawaiische Fuß, das heißt, die Wände waren immerhin acht bis neun Meter hoch. Riesenwellen? Die waren in puncto Zahlen und dem Hörensagen nach um vieles größer, zwischen 25 und 30 Fuß, also bald das Doppelte. Und eine doppelt so hohe Welle war vor allem mindestens vier Mal so tief …

Bevor Laird mich auf die Wellenkämme ziehen sollte, erinnerte er mich daran, ihn gut im Auge zu behalten und das Seil loszulassen, sobald er mir das Zeichen, eine Art Abschiedswinken, gab. Und er brachte mich für die erste Runde hinaus. Schon war ich auf einer Welle, er gab mir das Zeichen, ich ließ los und befand mich auf einem monströsen Tanzparkett, der Lärm war ohrenbetäubend, das Gefühl, als beträte man eine Kathedrale, man wurde von den Ereignissen überrollt. Ich richtete die Spitze meines Bretts in Richtung des *channel* – außerhalb der Dünungszone –, in geduckter Haltung wie auf einem Snowboard. Ich ritt, es war einmalig.

Vor mir sah ich Billy, der wild mit den Armen gestikulierte: »Du hattest direkt hinter dir eine unvorstellbare *tube*, das ist wunderbar, herrlich.« Ich hatte keine Zeit, mich umzudrehen, nur Zeit, das reine Surfen in dem infernalischen Getöse zu genießen. Ich, der ich eigentlich kein Surfer war, hatte eine unglaubliche Welle geritten. Laird kam, um mich abzuholen: »Ich habe gesehen, dass du die Haltung eines Snowboarders eingenommen hast, das war gut, das ist cool.«

Ich nahm noch zwei weitere Wellen, dann eine vierte, aber dabei erhielt ich die rote Karte. Während ein Brecher heranrollt und man darübergleitet, gibt es häufig unerwartete einzelne Wellenbuckel. Auf einem blieb ich hängen, verlor das Gleichgewicht und stürzte. Das war wieder keine Riesenwelle, und ich war eigentlich in Form, es wäre schlichtweg gelogen, wenn ich behaupten würde, ich hätte keine Angst gehabt. Ich kam mir vor wie ein Wäschestück, das in einer gigantischen Waschmaschinentrommel gewaschen und geschleudert wurde.

Einmal von diesem Mahlstrom erfasst, ist das Wichtigste, nicht in Panik zu geraten, um das Maximum an Sauerstoffaufnahme zu garantieren. Das ist leicht gesagt: Schon während man umgeworfen wird, hat man weder Zeit noch den Reflex, tief Luft zu holen, es geht einfach alles zu schnell. Und das bisschen Luft, das einem bleibt, wird im Moment des Aufschlags mehr oder weniger aus einem herausgepresst. Dann folgt eine Art dynamisches Apnoetauchen, man wird wie ein kaputter Hampelmann gewaltsam in die Tiefe gerissen, vielleicht fünf oder sechs Meter. Man hat keine Zeit, den Überdruck auszugleichen, es tut in den Ohren weh, und manchen Surfern ist dabei sogar das Trommelfell gerissen. Man muss zuversichtlich bleiben, aber das ist leichter gesagt als getan, weil es sich um eine große Wucht und zugleich um etwas seltsam Sanftes handelt, da man im flüssigen Element bleibt. Man darf nicht gegen die weißen

Wassermassen, diese jungfräuliche Gischt, ankämpfen, die kein Licht mehr hindurchlässt und das Element verdunkelt, sondern muss einfach abwarten, bis die Welle einen wieder freigibt, die Augen aufschlagen und gut aufpassen, aus den Wirbeln herauszukommen, die durch die Wasserbewegung entstehen, jene Strudel, die einen auf den Grund ziehen können. Man taucht ein wenig mitgenommen auf und kann nur hoffen, dass keine zweite Welle kommen möge, die einem den Rest geben könnte.

Das war eine Situation, die vor allem zum Nachdenken anregt und mich in aller Deutlichkeit an die vielen Male erinnerte, an denen ich vergessen hatte, dass das Meer lebt. Laird war da, um mich mit seinem Jetski abzuholen und mich aus der Gefahrenzone zu bringen. »Es ist gut, Schluss für heute.« Wir fuhren nach Hause. Ich war mir durchaus bewusst, welch großes Geschenk er mir gemacht hatte, mir als Windsurfer diese Gelegenheit zu bieten, denn er hatte über 20 Jahre seiner Karriere hinweg langsam daran gearbeitet und sich die Anerkennung seiner Kollegen erworben. Ich dagegen gehörte dieser Gemeinde nicht an, hatte überhaupt kein Anrecht darauf und hatte mir dennoch eine Welle von 15 Fuß mit einer monströsen *tube* dahinter gegönnt. Ja, »ich« gönnte sie mir. Laird hatte mir diese zugleich kurzen, aber unvergesslichen Glücksmomente geschenkt. Er besaß das Feingefühl, keine weiteren hinzuzufügen. Darüber hinaus begriff ich, dass ich angesichts des Wertes seines Geschenks bescheiden bleiben musste, nicht überall herumerzählen durfte, was ich am liebsten hinausgeschrien hätte. Dieser unbändige Eindruck, mich für immer verändert zu haben, und mehr noch, die Liebe zu dieser Welle. Später sollte mir Laird das Brett schenken, mit dem ich zum ersten und letzten Mal *mâchoires* im *tow-in* geritten habe.

Erste Ausfahrt

In diesem Winter kam dann nach unseren langen Trainingseinheiten der Kite-Steuerung endlich der Tag, an dem wir bereit waren, aufs Meer zu gehen – durchaus im Bewusstsein, dass wir, egal, was wir taten, auf dem Wasser zwangsläufig Schwierigkeiten bekommen würden. Aber so ist es nun einmal bei allen schönen Geschichten, und wir wussten sehr wohl, dass unser System eigentlich noch nicht wassertauglich war. Wir hatten in keiner Weise die Absicht, etwas Neues zu schaffen, wir hatten unsere Wünsche, unsere Kompetenzen und unsere Erfahrungen einfach gebündelt – die *Tow-in*-Boards von Laird und die aus Frankreich mitgebrachten Zugdrachen von ITV. Wir stellten uns zu Recht die Frage, ob dieses Konzept eines von Drachen gezogenen Surfbretts wohl funktionieren würde. Reichte diese Kombination – ein Drachen, zwei Leinen, ein Stück Carbon, um das Ganze zu steuern, ein Stück Harz, um die Füße darauf zu stellen – für das aus, wovon wir zu träumen begonnen hatten?

Wir bereiteten das Schlauchboot von Laird vor, der Motor brummte, als wollte er uns seiner Unterstützung bei unserem Unterfangen versichern. Auf dem Meer herrschten Kona-Windbedingungen, ein ungünstiger Wind, der im Gegensatz zum Nordostpassat von Süd bis Südsüdwest, vom Land, kommt. Aber er war es nicht, der dazu führte, dass wir unsere Meinung ändern würden.

Wir wichen auf den Strand von Spreckelsville, eine Sandspitze am Ende des Flughafens von Kahului, aus und waren motivierter denn je: Laird, drei seiner Kumpels, Paul Kimo, Mike Waltze, Brett Lickle, und ich. Der Augenblick war nicht unbedeutend. Am Strand breitete ich den Drachen aus, eine Kona-Böe trug mich davon und schleuderte mich aufs Meer. Laird und die anderen folgten mir mit dem Boot, und wir surfen abwechselnd. Der Erste war Mike Waltze, der den Spitznamen Monsieur Hookipa trägt, weil er diesen inzwischen legendären Ort für das Windsurfen entdeckt hatte. Laird respektierte ihn, und sie waren Freunde. Ihm gebührte die Ehre, der Erste zu sein, der ein paar Meter mit dem Kite zurücklegte, ein paar Meter, bevor er ins Wasser knallte – hart, aber wahr –, dabei jedoch vermied, den Drachen fallen zu lassen. Laird war wie besessen: »Ich, ich.« Er startete in einem großen Bogen, und das Schlauchboot folgte ihm mehr schlecht als recht. Dann war ich an der Reihe, ein faszinierender Augenblick, der im Rückblick noch wertvoller wird. Warum das gezogene Surfen? Um weiter draußen zu surfen. Warum der Kite? Um das Segel zu vereinfachen. Eigentlich ganz simple Ideen, die auf unseren Erfahrungen, dem von uns Erlebten und unserer Suche nach der Zukunft gründeten, mehr nicht. Die ganze Zeit, als wir an Land geübt hatten, waren wir von der Richtigkeit unserer Wahl überzeugt, aber nicht sicher gewesen, und jetzt saß ich endlich in einem Boot und sah, dass unser Konzept funktionierte. Denn erst dann darf man sich gestatten, weiter zu träumen. Im Moment ging es nur um die Theorie (übrigens scherten wir uns nicht darum, ob vor uns jemand etwas Ähnliches gemacht hatte). Und siehe da, plötzlich küsste die Theorie, fast ohne Vorwarnung, die Praxis direkt auf den Mund, und die beiden fingen an, zum Klang der Ukulele zu tanzen.

Was das Gefühl anbelangte, so sollte ich eine Art »dritte Dimension« entdecken. Mein ganzes bisheriges Leben auf dem Wasser, sei es auf dem Surfbrett oder an Bord eines Bootes, hatte ich mich damit abfinden müssen, ein Segel vor mir zu haben. Plötzlich hatte ich einen freien Blick, nichts mehr vor den Augen, weder Mast noch Segel, nur die Weite, die große Weite wie eine Kinoleinwand. Und als ich den Kopf hob, um meinen Drachen anzuschauen, wurde mir klar, dass er einen riesigen Raum sichtbar ließ: den Himmel. Ich hatte schlagartig den Eindruck, dass der Himmel und die Wolken nach mir Ausschau gehalten beziehungsweise dass sie auf diesen Moment, in dem wir uns anblickten, gewartet hatten, als hätten sie

Lust, auf meine vielen Fragen zu antworten. Der Himmel und das Meer – das perfekte Paar. Die Dimension der Luft, das Gefühl der Vollkommenheit. Das alles schoss mir durch den Kopf, aber alles ging auch so schnell, alles führte uns letztlich zu einem Ziel, an den Strand, zurück. Wir waren völlig aus dem Häuschen und weit vom Ausgangspunkt abgetrieben, denn im Moment hatten wir nichts anderes getan, als Vorwindkurs zu fahren. Wir waren unvorsichtig gewesen, hatten weder Leuchtraketen noch Rettungswesten mitgenommen. »Wir sollten vielleicht umdrehen«, sagte einer von uns, nachdem jeder seinen Adrenalinstoß bekommen hatte und *high* war.

Als wir an den Strand zurückkehrten, entdeckten wir kleine blaue Lichter, die neben unseren Autos blinkten: die Flughafenpolizei. »Was machen Sie in diesem Luftkorridor, wussten Sie nicht, dass das verboten ist?« Die Polizisten hatten zunächst, zugleich belustigt und besorgt, beobachtet, wie wir mit unseren 40 Meter langen Leinen und unserem Drachen in der Luft unsere Kreise gezogen hatten, dann hatten sie unsere Autos umstellt und wollten das Material und den Anhänger konfiszieren. Trotz der großen Berühmtheit meiner Partner mussten wir uns lange herumstreiten, bis sie uns endlich losfahren ließen. Aber das war letzten Endes gar nicht schlecht, wir hatten uns hinreißen lassen, uns an der Euphorie des Augenblicks berauscht, und wir mussten uns beruhigen, wieder auf den Boden herunterkommen und vor allem in Zukunft vermeiden, unsere Experimente ausgerechnet in der Flugschneise durchzuführen.

Das Wichtigste aber war, dass wir das Konzept von einem Board mit Kite bestätigt hatten. Es hatte sich etwas Bedeutendes ereignet: »*Stoked, brad!*«, »Fantastisch, Kumpel!«, so lautete unser Refrain. Natürlich vergaßen wir nicht, an diesem Abend ein paar Bierchen auf den Wind und die Wellen zu trinken. Laird und ich, wir waren in Hochstimmung.

In den folgenden Wochen führten wir vermehrt unsere Experimente auf dem Meer durch und machten weiter Fortschritte. Wir fingen an, Slalom zu surfen, Kurven zu beschreiben, jetzt waren es nur noch wir zwei, weil die anderen aufgegeben hatten, nur zusammen mit Paul Kimo, Lairds Freund, einem Zimmerer, einem guten Mann, der vom *spirit* erfüllt war, einem typischen, immer lächelnden und liebevollen Hawaiianer. Mit ihm zusammen führten wir Schleppoperationen durch, die mich zwangsläufig an den Fischfang in der Bretagne erinnerten, wenn das ins Wasser gefallene Segel wieder an Bord geholt, vom Wasser befreit und dann wieder in den Himmel geschickt werden musste. Es ging voran, auch wenn wir recht schnell begriffen, dass wir der entscheidenden Frage ausgewichen waren und die Grenzen unseres Geräts erreicht hatten: Wenn der Kite erst einmal im Wasser lag, stieg er nicht mehr in den Wind auf, zumal wenn man alleine war. Laird wurde allmählich ungeduldig, das war typisch für ihn, ich verbrachte Stunden der Plackerei damit, das Segel für wenige Minuten Fahrt aus dem Wasser zu fischen. So schön diese Minuten waren, so kurz sollten sie bleiben.

4 Haleakala, 1995

Ich passe immer sehr auf die wunderbaren Pflanzen auf, die ich in meinem Pick-up-Truck liegen habe und die ich an den versteppten Hängen des Vulkans gepflückt habe, damit sie mich beschützen. Eines Morgens stieg ich vor Sonnenaufgang dort hinauf. Auf den Gipfel des Haleakala. Um frische Kraft zu tanken, um mit den Göttern zu sprechen, um über den Wolken zu stehen und in die Ferne zu blicken, um die bedeutsame Kraft dieses Ortes zu begreifen: den Respekt vor den Gewalten, das Gleichgewicht zwischen der Erde und jenen, die darauf leben, die Demut, die zugleich notwendig ist angesichts der Jahrtausende, in denen die Natur über den Menschen gesiegt hat. Und man darf nie vergessen, dass ein Vulkan letztlich nur ein Teil eines riesigen Schlots, eines viel größeren Ganzen ist. Und dass der Krater des Haleakala auf Maui der größte der Welt ist. So heißt es jedenfalls. »*The house of the rising sun*«, singen die amerikanischen Bluessänger, ohne zu wissen, dass man hier die gleichen Worte gebrauchte, um diesen Riesenkegel zu benennen, der einst rauchte, bevor er ohne einen Seufzer erlosch. Aber das Bild, das die Einheimischen von ihm haben, ist nicht das eines Bordells wie in dem amerikanischen Song. Ganz im Gegenteil, es ist einfach die Rede von der täglichen Wiedergeburt durch eine Ballung von Energie, die aus den tiefsten Tiefen der Erde kommt. Eine Bündelung von Kraft, die zu Fragen über den Sinn des Lebens anregt. Diese Inseln im Nordpazifik, dieses Konfetti des Staates, der sich für den mächtigsten der Welt hält, ist von robusten Menschen, deren Vorfahren aus Polynesien stammen, bevölkert, dann annektiert und von den Weißen auf Grund ihrer vermeintlichen Überlegenheit, aber in der Überzeugung ihrer Allmacht unterdrückt worden. Was hält mich hier so fest, welche Verbindungen holen mich immer wieder hierher zurück?

Eine andere Kultur, andere Menschen, andere Ziele. Unter dem Schutz des Haleakala, weil das die wahre Religion ist, die denen, die sich zu sehen weigern, verborgen bleibt. Bereit, jenen ihre Grundsätze ins Ohr zu flüstern, die in der Lage sind, diese zu hören. Wie kann man sein eigenes Licht sein, wie versteht man es, allein zu sein und die anderen dennoch zu lieben, wie bleibt man ständig auf der Hut, wie widersteht man der Verrücktheit der Welt? Diese Fragen stelle ich mir hier mehr als anderswo.

Diese Gedanken entlocken mir ein Lächeln angesichts einer Welt, in der die wichtigsten Werte darin zu bestehen scheinen, seinen Nachbarn auszustechen, seine Kollegen zu unterdrücken, mehr zu verdienen als der andere. »Reisen erweitert den Horizont«, schrieb Oscar Wilde. Und hier anzukommen, regt vermehrt zum Nachdenken an. Der Haleakala ist nicht umsonst da. Ich betrachte auf meinem Armaturenbrett das *silversword*, das Silberschwert, jene einzigartige Blume, die nur in höheren Lagen der Insel wächst. Ich stelle mir vor, in Vollmondnächten seine Blütenblätter strahlen zu sehen wie zerbrechliche Lampions, die mir den Weg zur Erhabenheit weisen.

Die Versuche gehen weiter

Wieder stellte sich für mich die Frage: Was erwartet mich? Laird wurde ungeduldig, der Winter war, was die Wellen anbelangt, noch nicht außergewöhnlich, und den Schlepper zu spielen, anstatt zu surfen, war natürlich nett für ihn, aber das war ja nur ein Aspekt des Wassersports.

Dennoch war es unabdingbar, das Konzept, koste es, was es wolle, weiterzuentwickeln. Aber wie?

Wir waren also da, um uns zu beraten, als wir – wieder einmal ein seltsames Omen – erfuhren, dass vor ein paar Jahren ein Typ aus Oregon, Cory Roeseler, ein neues und innovatives System ausprobiert und genau hier vor Ort eine Vorführung auf Wasserskiern, gezogen von einem Drachen, gegeben hatte. Zwei oder drei Jahre vor unseren eigenen Versuchen. Und es stellte sich heraus, dass dieser *kiteski*, wie er ihn nannte, auf der Insel bei Keith Baxter zurückgelassen worden war, einer der hiesigen Schlüsselfiguren im Surfsport. Er war derjenige, der die Profiwindsurfer mit den besten, in Handarbeit hergestellten Gabelbäumen ausgestattet hatte. Keith war über unsere Geschichte nicht wirklich auf dem Laufenden, aber als wir zu ihm fuhren, nickte er. »Klar, den habe ich seit ein paar Jahren hinten in meiner Werkstatt, wenn ihr ihn ausprobieren wollt, nur zu!«

Ich war natürlich begeistert zu erfahren, dass schon vor uns jemand über dieses Problem nachgedacht und ein anderes System entwickelt hatte. Ein ganz anderes, denn als wir den *kiteski* auspackten, stellten wir fest, dass der von Cory Roeseler benutzte Drachen vom gleichen Typ war wie die Figurendrachen, mit einem festen Gestänge und kleinen Latten. Gar nicht von der Art der doppellagigen Schirme mit Luftkammern wie jene von ITV. Die erste Reaktion war, dass wir uns sagten, das Ganze müsse, wenn es auf den Boden stürzt, sofort kaputt sein. Laird und ich zeigten uns diesem System gegenüber zunächst zurückhaltend, das eigentlich aus der gleichen Eingebung entstanden war wie ein Surfsegel, aber viel schwieriger aufzutakeln und zugleich relativ schwer. Die Besonderheit war jedoch, dass sein Erfinder sich die Frage gestellt hatte, wie ein Neustart möglich sein könnte, nachdem das Segel erst einmal ins Wasser gestürzt war. Er hatte eine Lenkstange mit einer Leinentrommel entwickelt, um den Drachen wieder zu sich heranziehen zu können. Dann musste man das Segel mit einer Hand anheben, damit es vom Wind erfasst wird, während man mit der anderen eine Art Bremshebel bediente und damit die Leinen wieder abrollen ließ. Eine zweifache Bedienung, die eine schwere Lenkstange aus Metall erforderlich machte, damit sie die Belastung durch die Leinentrommel und die Bremse aushielt.

Das Ganze ließ sich nicht leicht bedienen und erwies sich beim Gebrauch sogar als gefährlich, weil man sich mit der Stange gegen die Knie stieß, das Brett damit beschädigte oder sie bei starkem Wellengang ins Gesicht bekam. Außerdem reichte es aus, sie in den Sand zu legen, und schon blockierte ein Sandkorn das ganze System. Es war in unserer Umgebung, wo das Abenteuer zwangsläufig immer am Strand seinen Anfang nimmt, also absolut nicht funktionell. Der Drachen erwies sich dagegen als gut und schnell, aber äußerst schwer zu steuern; wir hatten ihm eine Chance gegeben, weil das Testen das Los aller Pioniere ist. Dass der Drachen die Lösung war, um auf dem Wasser schnell zu sein, davon waren wir zunehmend überzeugt, aber auch davon, dass dieser hier nicht die Antwort war, nach der wir suchten, zumindest nicht zu diesem Zeitpunkt. Nicht zuverlässig genug, zu kompliziert, zu anstrengend in der Bedienung und nicht sonderlich effizient. Auch Laird probierte ihn aus, wir kamen zu dem gleichen Schluss, und unsere Beurteilung des *kiteski* von Roeseler lautete: »Er ist interessant, aber er ist nicht die Lösung.«

Januar 1995. Endlich waren die Wellen da, Laird widmete sich wieder voll und ganz seiner Geschichte mit dem *Tow-in*-Surfen. Es entsprach seinem Temperament, sich ganz für etwas zu engagieren, dann aber das Interesse daran zu verlieren, wenn nicht schnell genug Ergebnisse erzielt wurden. Dies umso mehr, als sein *tow-in* von sich reden machte: Die Medien interessierten sich dafür, Sponsoren ebenfalls. Mein Freund musste dieser Sache den größten Teil seiner Zeit widmen. Bei ihm schien der Enthusiasmus nachzulassen. Nicht jedoch bei mir. Ich war überzeugt, dass ich von nun an einen anderen Weg einschlagen und mich mit der Gemeinde der Drachenflieger beschäftigen musste, um mehr über diese kleine Nische des Zugdrachens herauszufinden. Ich machte mich also daran zu recherchieren, was sich in diesen Kreisen so tat. Mit einem Schlapphut, einem beigen Schirm und einem normalen Telefon. Um die Zeitschriften der ganzen Welt ausfindig zu machen, die amerikanischen, englischen, neuseeländischen, deutschen, australischen ... Um die Fabrikanten aufzuspüren, sie anzurufen, ihnen Faxe zu schicken, sie um die Zusendung ihrer Kataloge der Schleppprodukte und der Sachen zu bitten, die sie möglicherweise für den Wassersport herstellten beziehungsweise die imstande waren, auf dem Wasser zu schwimmen. Denn wie unsere Erfahrungen mit den ITV-Segeln beziehungsweise dem *kiteski* gezeigt haben, blieb das Problem, das gelöst werden musste, immer das Gleiche, von welchem Blickwinkel aus man es auch betrachtete. Unsere Luftkissendrachen füllten sich mit Wasser und trieben dann an der Wasseroberfläche, wenn sie nicht gar langsam sanken. Wir hatten sogar längliche Luftballons gekauft, die wir in die Kissen des Drachens steckten. Einen in jedes zweite oder dritte Kissen, wir saßen also am Strand und bliesen unsere Luftballons auf, steckten sie in die Hohlräume, das Segel schwamm, füllte sich langsamer mit Wasser, aber auch nur, wenn die Luftballons beim Aufprall des Segels auf dem Meer nicht platzten. Die Idee eines aufblasbaren Geräts war geboren. Wieder schickte ich Faxe, fragte an und telefonierte: »Haben Sie aufblasbare Produkte, die auf dem Wasser schwimmen und wieder eingeholt werden können?« Das war die neue Frage, die ich den Fabrikanten stellte, ohne jedoch interessante Antworten zu erhalten. Also entschloss ich mich, nach Frankreich zurückzukehren, in der Hoffnung, dort eine Lösung zu finden. Ich sagte mir, dass ich Michel Le Blanc vielleicht motivieren könnte, etwas Entsprechendes zu entwickeln. Mein amerikanisches Visum lief ab, das Leben auf Maui kostete ein Vermögen, und auch wenn ich noch ein wenig Geld übrig hatte, viel war es nicht mehr. Und weil sich der Antrieb durch Drachen in Europa abspielte, weil die größten Festivals auf dem alten Kontinent stattfanden, wollte ich dort sein. Ich hatte meine Sache hier abgeschlossen, ich war auf *mâchoires* geritten. Im März 1995 kehrte ich in meine Heimat zurück.

Von Paris aus unternahm ich weitere Schritte. Ich war nicht unzufrieden, wieder in Frankreich zu sein, bei den hübschen, elegant gekleideten Frauen, dem guten Wein, der Kultur, dem Roquefort und den Museen. Mit dem Konzept, das ich in meinem Koffer hatte, war ich gewiss noch nie so glücklich gewesen, und ich war voller Energie. Ich klapperte die Buchhandlungen, die Fachgeschäfte ab, blätterte Zeitschriften und Bücher durch, bis ich ganz zufällig auf »die« Bibel stieß: *The Penguin Book of Kites*, von der ich bereits gehört hatte, die ich aber nirgends hatte finden können. Sie sei vergriffen, hatte man mir gesagt. Und da, als ich bei einem Pariser Buchhändler die Regale durchstöberte, fiel mir das Buch in die Hände. Auf Englisch, in einer Ausgabe, die nie neu aufgelegt wurde. Und als ich es gierig verschlang, stellte ich fest, wie reich die Geschichte des Kite ist und welche Bedeutung Drachen in der Entwicklung der Menschheit hatte. Von Marco Polo in China entdeckt, in Asien zu religiösen Zwecken verwendet, wurde der Drachen bis zum Ersten Weltkrieg auch militärisch genutzt. Das alles fand sich in dem Buch: von den Gebrüdern Wright, deren erster *glider* ein Drachen war und deren erste Segelflugzeuge so konzipiert waren, dass sie an Leinen verankert flogen, bis ein gewisser Cody im Jahr 1900 mit Hilfe eines Drachens den Ärmelkanal überquerte. Darüber hinaus andere, mitunter völlig verrückte Experimente, aber auch wissenschaftlichere wie der mehrzellige Parafoil von Domina Jalbert, der erste ganz aus Stoff bestehende Zugdrachen. Das alles fand sich in dem Buch und noch vieles mehr.

Es war höchst verblüffend, auf diese Weise eine Kultur zu entdecken beziehungsweise einen Aspekt der Kultur, von dem ich, der ich mit meiner geringen Erfahrung und meinem üblichen Elan gerade aus Hawaii zurückkam, gar nichts geahnt hatte. Selbst wenn das, was ich zusammen mit Laird entwickelt hatte, in der Realität nicht wirklich funktionierte, hielt ich an meiner Überzeugung fest, dass ich eine Lösung finden würde. Es kam für mich gar nicht in Frage, das Projekt aufzugeben, irgendwo musste es eine Lösung geben. »Mach dir keine Sorgen«, hatte ich beim Abschied zu Laird gesagt. Als hätte ich ihm versichern wollen, dass meine Suche von Erfolg gekrönt sein würde. Wir hatten zwei oder drei Fotos von unserem Gerät gemacht, aber wen konnten diese überzeugen? Schleppsurfen, ja, Windsurfen, ja, aber Kitesurfen? Vorläufig nein.

Man könnte fast glauben, dass mir die Götter beziehungsweise ihre Nachkommen manchmal zur Seite standen, meine Recherchen vorantrieben und mir Mut machten, wenn meine Moral ins Wanken geriet. Denn ich stieß auf eine andere Zeitschrift, das Magazin *American Windsurfer*, in dem anlässlich des 30. Jahrestags der Entwicklung des Surfbretts die große Saga von Jim Drake erzählt wurde. Er war einer der beiden kalifornischen Erfinder des Surfens. Der Luftfahrtingenieur berichtete hier in einem langen Artikel, dass seine Ausgangsidee, das, was er sich vorgestellt hatte, aber nicht realisieren konnte, kein Brett mit Segel gewesen sei, sondern ein Brett mit einem Drachen. In den 1960er Jahren waren diese noch weit davon entfernt, perfekt zu sein, einfache, mit Stoff bespannte Holzkreuze, die sich nur gemächlich in den Himmel erhoben. Und der Kalifornier erklärte, dass es ihm nie richtig gelungen sei, ihn zum Funktionieren zu bringen, bis zu dem Tag, an dem ihm klar wurde, dass er den großen Drachen auf seinem Brett befestigen und ihn aufrecht halten musste, um voranzukommen. Zusammen mit seinem Kumpel Hoyle Schweitzer musste er nichts weiter tun, als das Ganze mit Hilfe des berühmten beweglichen Mastfußes zu verbinden – schon war das neue Gerät geboren. Als ich das las, dachte ich mir, wenn diese Leute ursprünglich den Drachen im Sinn gehabt hatten, dann konnte ich nicht so weit von der Lösung entfernt sein. Ich musste meine Suche nur mit etwas mehr Energie fortsetzen.

Trotzdem fand ich nichts. Ich hörte zwar von Experimenten mit zwei Kugeln, von Methoden, bei denen sich die Geräte nicht einholen ließen. Doch damit das Ganze einen Sinn hatte, war es einfach nötig, dass das System eines Tages autonom sein würde und es demjenigen, der es benutzte, ermöglichte, allein zurechtzukommen. Eine Einstellung, ein bisschen nach dem Motto von Tabarly: »Eine Idee zählt nicht, bis sie nicht betriebssicher gemacht ist.« Um mir eine Luftveränderung zu gönnen, fuhr ich in die Berge, ohne zu ahnen, was mir dort in die Hände fallen würde. Das Snowboard war gerade eingeführt worden, es fand Anhänger, ich hatte Freunde in Tignes und rief sie an. »Komm doch her«, antworteten sie. Meine Segel nahm ich mit, weil ich mir sagte, dass ich während meines Aufenthalts versuchen würde, mit dem Kite über den Schnee zu gleiten.

Ein guter Kumpel, der im Winter ein Ski- und Snowboardgeschäft führte, im Sommer aber stets zum fanatischen Windsurfer wurde, nahm mich mit ein paar anderen Freunden bei sich auf. Die Wohnung war winzig, wie häufig in den Bergen, jeder Zentimeter wurde, so gut es ging, genutzt. Aber der *spirit* war da. Eines Abends, nach einem Tag, an dem ich mich über den verschneiten Gletscher hatte schleppen lassen, fiel ich erschöpft auf ein Bett. Über mir ein Bücherregal. Auf einem von ihnen stand: *Das goldene Buch der Erfindungen*. Ich zog es heraus, fing an, es durchzublättern, und schaute nach, ob sich im Index zufällig das Wort »Drachen« fand. Da war es, daneben eine Seitenangabe. Und dort stieß ich auf das

Foto eines auf einer Art aufblasbarer Wurst liegenden Mannes, der von einem seltsamen Drachen über eine Welle gezogen wurde. Das Hauptaugenmerk wurde mehr auf die große schwimmende Röhre gerichtet als auf das Zugsystem, aber in einem kleinen Fototext fand sich der Hinweis, dass es sich um ein von zwei Brüdern, Bruno und Dominique Legaignoux aus Quimper, patentiertes System handelte. Ich traute meinen Augen nicht, ich erkannte die Landschaft im Hintergrund wieder, das Foto war zweifelsohne in La Torche in der Bretagne aufgenommen worden, ganz nahe bei meinem Zuhause in Douarnenez. Verblüffend. Gleich am nächsten Morgen rief ich die Auskunft an und bat um die Nummer von Monsieur Bruno Legaignoux in Quimper.

Lichtblicke

»Guten Tag, hier ist Manu Bertin, ich bin Windsurfer und gerade aus Hawaii zurückgekommen ...« Mein Gesprächspartner fiel nicht aus allen Wolken, mein Name war ihm offenbar nicht unbekannt. »Ich weiß, wer Sie sind.« Eine ernste Stimme, aber das Gespräch kam in Gang. »Ich lasse mich auf einem Surfbrett von einem Lenkdrachen ziehen.« Er unterbrach mich. »Wir haben es mit dem Surfbrett versucht, das funktioniert nicht.« Dann erklärte er mir also seine aufblasbare Wurst und auch seinen aufblasbaren Drachen, der sich von alleine wieder in den Wind aufrichtete, er sprach mehr von seinem Schwimmer als von seinem Segel, war höflich, respektvoll und freundlich.

Ich fragte ihn auf der Stelle, wie es funktionierte, was ich unternehmen musste, um an einen seiner Kites zu kommen, damit ich ihn ausprobieren konnte, und er erzählte mir, dass seine kleine Firma ganz schlecht laufe, dass er keine 50 Stück verkauft habe, dass er am Ende und im Begriff sei aufzugeben, aber dass er in seinem Lager noch das nötige Material habe, um einen Drachen anzufertigen, oder dass er bei genauerer Überlegung vielleicht einen der letzten hergestellten Kites ausfindig machen und mir zum Ausprobieren leihen könne.

Ich war von diesem Kontakt begeistert, Legaignoux erkundigte sich, wo ich war, und wir kamen überein, wieder miteinander zu telefonieren. Ende des Gesprächs, die Geschichte nahm eine neue Wendung, ich hatte eine Gänsehaut.

Meine Woche in den Alpen ging zu Ende, ich kehrte nach Paris zurück, und da ich hier nichts zu tun hatte, beschloss ich im April, bewaffnet mit einem letzten Set von Prototypsegeln, die Anders mir gegeben hatte, nach Saintes-Maries zu fahren, um ein letztes Mal an einem Wettkampf im Speedsurfen teilzunehmen und – warum auch nicht? – eine Vorführung im Kitesurfen zu bieten. Man wusste ja nie, dort würde viel Betrieb herrschen, viele Zuschauer würden da sein, vielleicht begegnete ich jemandem, der sich dafür interessierte. Bevor ich losfuhr, rief ich Bruno Legaignoux an und erklärte ihm mein Vorhaben.

»Stell dir vor«, antwortete er, »meine Schwester hat ganz in der Nähe, in Aigues-Mortes, einen Hundesalon, ich werde dir das Segel zuschicken, das ich noch auftreiben konnte.«

Ich fuhr also in die befestigte Stadt, Ausgangsort der ersten Kreuzzüge, aber heute hat sich das Meer weit zurückgezogen. Die Schwester der Legaignoux empfing mich freundlich in ihrem Hundesalon und machte sich ein wenig über ihre beiden Brüder lustig, während sie mir das Paket mit dem Segel gab. »Wissen Sie, das läuft nicht so gut, weil nur die beiden wissen, wie man den Drachen bedient, und ich weiß nicht, wie Sie damit zurechtkommen wollen.« Sie wünschte mir viel Glück, ich bedankte mich und ging. Das würde sich ja zeigen.

Ich kam in Saintes-Maries an, natürlich vermasselte ich den Wettkampf, weil ich schlecht vorbereitet war, kein Geschwindigkeitstraining absolviert hatte. Aber das soll keine Entschuldigung sein, ich war in Gedanken ganz woanders, ich landete am Ende des Klassements, doch ich war glücklich, meine Kumpel, die Freunde des Speed, wiederzusehen. Ich bereitete das Segel der Legaignoux nach den Instruktionen vor, die dem Paket beigelegt waren. Das Gurtzeug mit seiner Seilrolle, das manuelle Bedienungssystem der beiden Leinen, das sichelförmige Segel wie jenes, das ich vor ein paar Jahren gesehen hatte, das aufblasbare Gebilde, aber ich sollte damit nicht klarkommen. Obwohl ich mir durchaus bewusst war, dass das Objekt interessant war, fehlten mir ein paar Anhaltspunkte, ein paar Erklärungen, um damit auf dem Meer einigermaßen zurechtzukommen, das war kein Honigschlecken, ganz im Gegenteil! Vor allem die Seilrolle passte mir nicht, weil ich gewöhnt war, eine Lenkstange zu bedienen, und außerdem kreuzten sich die Leinen in der Mitte, das war verwirrend …

Ich fühlte mich nicht wohl und hielt mich am Rande des Wettkampfs auf, um nicht die Spötteleien meiner ehemaligen Gegner hinnehmen zu müssen, die mich für verrückt erklärten und sich unverhohlen über mich und meinen Kite lustig machten. Der Spott und das Hohngelächter waren nicht leicht zu ertragen, und ich war so angespannt, dass ich die Feuerwehrleute anschnauzte, die gekommen waren, um mich aus dem Wasser zu retten, und die bei diesem Hilfseinsatz meinen Kite beschädigten. Es fielen Schimpfwörter und Beleidigungen. Sie zogen ab. Ich ruderte verlegen zurück, mit zerrissenem Segel, und alle lachten mich aus. »Manu? Wir haben den Eindruck, dass es mit ihm bergab geht.« Auf einmal kam ich mir inmitten dieses charmanten Kollegenkreises, den ich doch gerade erst verlassen hatte, der doch bis gestern mein berufliches Zuhause gewesen war, ganz einsam vor. Ich war äußerst niedergeschlagen, hatte die Einsamkeit vor Augen, da ich mit dieser vorläufigen Niederlage konfrontiert worden war. Ich hatte erwartet, dass man meine neue Leidenschaft, meine Begeisterung teilen würde, dass ich Horizonte eröffnen könnte, aber mir wurde die Tür vor der Nase zugeknallt.

»Ich habe nur noch dieses eine Segel, pass gut darauf auf«, hatte mir Bruno Legaignoux gesagt, als er mir das Paket ankündigt hatte. In den folgenden Tagen wollte ich nicht noch einmal das Risiko auf mich nehmen und aufs Meer gehen – das Gerät kam mir plötzlich zu empfindlich, zu leicht vor. Ich konnte nur auf meine Surfkenntnisse zählen und – wie immer – meine Suche nach einem funktionierenden System fortsetzen.

Und da kam mir die Idee, zum Kanal zu gehen. Der vom Menschen geschaffene Geschwindigkeitskanal, Tonnen aufgetürmter Erde in einem angeblich perfekten Winkel zu den vorherrschenden Winden, eine glatte Fläche, die geradezu dafür geschaffen ist, sämtliche Rekorde zu brechen ... Zu diesem Zeitpunkt waren die Surfer auf dem Meer, kein Mensch war im Kanal. Also nutzte ich die Gelegenheit, begleitet von einem Freund aus der Camargue, einem sehr einfachen Mann, einer Art Wilderer, der mir, seit ich hier war, auf Schritt und Tritt folgte. Wir hatten großen Respekt voreinander, wie es häufig bei solchen Beziehungen, die ich gerne mit einfachen Leuten unterhielt, der Fall war. Er konnte weder lesen noch schreiben, aber jedes Mal, wenn er mich tief in die Sümpfe mitgenommen und mich in seine fundierten Kenntnisse der Camargue eingeweiht hatte, hatte er mich Dinge entdecken lassen, die ich keinem Buch je hätte entnehmen können. Mit seiner Hilfe gelang es mir, ganz diskret, meinen *run* auf der glatten Fläche des Geschwindigkeitskanals zu absolvieren, meinen allerersten *run* mit dem Segel der Legaignoux. Und ich hatte dieses Gefühl des Gleitens, das mir sofort klar machte, dass alles für dieses Segel sprach. Dass es sich lohnte, nicht aufzugeben. Ich rief Bruno Legaignoux an und sagte ihm, es sei absolut notwendig, dass wir uns trafen, damit er mir erklären konnte, wie das Ganze eigentlich funktionierte. Daraufhin fuhr ich quer durchs Land nach Noirmoutier, wo ich mich vorläufig in der kleinen Fischerkate einquartierte, die meine Eltern gerade gekauft hatten.

Ich befand mich an der Westküste der Insel, an einem idealen Ort, um den Kite weiterzuentwickeln. Endlose Strände, zumeist gleichmäßiger Wind. Mit einer breiten Straße die ganze Insel entlang, um per Anhalter wieder an den Startpunkt zu gelangen. »Komm nach Noirmoutier«, hatte ich dem Erfinder aus Quimper gesagt. Und eines Tages hörte ich ein Auto bremsen. Ein alter Peugeot 205 hält im Hof, und Bruno Legaignoux stieg aus.

Nie zu wenig Wind

Ich hatte ihn gebeten, alles mitzubringen, was von Interesse sein könnte, die Dokumentation, die Prototypen, die verschiedenen Geräte, die sein Bruder und er sich ausgedacht hatten. Das Auto war voll gepackt, er machte sich daran, das Material auszuladen. Darunter befand sich auch einer dieser berühmten dreirädrigen Wagen, eine Art kleiner Katamaran aus Sperrholz, und das Gerät, mit dem sein Bruder und er damals fuhren, nämlich ihre große, aufblasbare Wurst, die sie *Wipicat* getauft hatten, nach WInd Powered Inflatable CATamaran. Er fing sogleich an, sie mit Luft zu füllen. Auf dem Dach hatte er einen anderen erstaunlichen Prototypen transportiert, zwei seitlich verbundene Wasserski mit einer Plattform obenauf, auf die er sich setzen konnte.

»Und du, was hast du?«, fragte er mich. Ich zeigte ihm das Brett, das mir Laird Hamilton geschenkt hatte und das ich zum Surfen nutzte. Auf der rot gefliesten kleinen Terrasse sagte er mir wieder: »Mit einem Surfbrett kann es nicht funktionieren, das haben wir schon ausprobiert.« Wie oft sollte ich diesen Satz noch hören? Ich war ein bisschen verblüfft, ich erklärte ihm, was uns damit schon alles gelungen war, zum Beispiel unsere denkwürdigen Ausflüge auf Maui. »Vielleicht, aber man kann nicht am Wind fahren, man findet kein stabiles Gleichgewicht.« Ich hielt meinen neuen Freund für ein wenig herablassend. Aber ich sagte nichts, sondern bat ihn nur, mir seine Geschichte zu erzählen. Was er auch tat. Er erzählte mir, dass sein Bruder und er früher Windsurfer gewesen waren, er einen offiziellen Surflehrerschein besaß, sie zusammen zu einer Weltumrundung aufgebrochen und bis Senegal gekommen waren. Dann die Rückkehr, die Arbeit, das Nachdenken und die Ausarbeitung ihres Konzepts eines aufblasbaren Segels, das 1984 patentiert wurde, und alles mit dem Ziel, unter anderem eine Verwendung des Drachens für den Wassersport anzubieten. Er erklärte, wie schwierig es gewesen sei, die jährlichen Zahlungen für das Patent zu leisten, aber da sie an ihre Idee glaubten, entwickelten sie unentwegt weiter, entwarfen neue Prototypen, zum Beispiel doppellagige Segel, sie verbesserten das Gurtzeug und das Lenksystem. Er sprach von der Unterstützung, die sie von verschiedenen Organisationen erhalten hatten, er erzählte, dass sie immer in der Woche der Geschwindigkeitswettkämpfe in Brest gewesen seien, und ich erinnerte mich, sie dort gesehen zu haben. Bruno berichtete von ihren Bemühungen, die Fabrikanten der Branche zu interessieren, und von dem unverhohlenen Gelächter, mit dem diese reagierten. Das Windsurfen war groß in Mode, ihre Erfindung interessierte keinen. Vielleicht die Gemeinde der Drachenflieger. Und sie machten weiter, probierten neue Geräte aus, stießen wieder auf Ablehnung, sie entwarfen schließlich den *Wipicat*, den aufblasbaren Katamaran, mit dem es ihnen, rittlings darauf sitzend und von einem sichelförmigen Segel gezogen, gelang, ein wenig am Wind zu fahren.

Das alles erzählte er mir im Esszimmer, er zeigte mir Prospekte, die Dokumentation, die Fotos, darunter jene, die in La Torche aufgenommen wurden, wo es ihnen gelungen war, mit ihren Wasserskiern und einem riesigen, doppellagigen Segel hinauszufahren, während die Windsurfer des Weltcups an Land bleiben mussten. Abgesehen von ein paar amüsierten Blicken hatte ihnen das nicht viel eingebracht. Trotz einer gewissen Unbeholfenheit der Brüder konnte man nicht bestreiten, dass sie große Anstrengungen unternommen hatten. Aber es war die Glanzzeit des Windsurfens, und ihre Geschichte interessierte kaum jemanden. Sie war zu einer Zeit, als das Windsurfen mit jeder Menge Technik auftrumpfte, viel zu archaisch. Ihr Gerät war gut, aber wenig effizient, nicht ästhetisch, es fuhr nicht schnell, weil es kaum am Wind fuhr. Es ermöglichte, sich auf dem Wasser fortzubewegen, das war alles. Und das reichte noch nicht aus, um reizvoll zu sein.

Nachdem es ihnen also nicht gelungen war, jemanden zu überzeugen, konzentrierten sie sich auf den aufblasbaren Katamaran und gründeten eine kleine Firma, um ihn herzustellen. Es fand eine Vorführung für die UCPA, die Union national des centres sportifs de plein air, statt, die ein paar Exemplare kaufte, was schon ein Erfolg war. Bruno zeigte mir sogar den Prospekt des Geräts. »Wie kommt es, dass ihr euer Augenmerk auf die Wurst konzentriert habt, während ich den Eindruck habe, dass das Segel das Wichtigere ist?« Das war die erste Frage, die ich ihm stellte. »Weil das eher ein Spielzeug ist, weil jedes Kind darauf steigen kann, während sich kein Mensch für das Segel interessiert, wir haben versucht, es getrennt zu verkaufen, und die Ergebnisse waren alles andere als berauschend.«

Er legte mir die Dokumentation des Segels vor, des *Wipika*, »ka« für *kite aircraft*, und alle denkbaren Anwendungsmöglichkeiten, dem Wasserski, dem Sandroller, dem Kajak, dem dreirädrigen Strandbuggy, für das Orten von Menschen auf dem Meer und das Ziehen von Rettungsinseln.

»Was mich schockiert, Bruno, das ist, dass das Wichtigste nicht dabei ist, das Surfbrett. Die Zukunft deines Segels liegt in einem kleinen Surfbrett.«

Und wieder die Antwort, die mich fertig machte:

»Wir haben es mit dem Surfbrett probiert …«

»Aber warum?«

»Weil sich das Brett, sobald du darauf steigst und losfährst, wegen der hinteren Finnen um die eigene Achse dreht, es kippt, du bekommst wieder Rückenwind und fällst.«

»Bruno, ich komme gerade aus Hawaii, versteh doch, ich habe ein paar Fotoabzüge, und ich sage dir, dass es funktioniert …«

»Nein, nein.«

Ich wusste nicht, was ich sagen sollte, seine Firma war zahlungsunfähig, sie stand kurz vor dem Konkurs, aber er blieb bei seiner Meinung.

»Wenn das nicht funktioniert«, jammerte er, »dann ist das nicht unsere Schuld, das liegt an den Arbeitskosten, den zu hohen Verkaufspreisen …«

»Vielleicht ist dein Produkt nicht das Richtige. Im Meer auf einer Wurst zu knien oder auf zwei Wasserski zu hocken, scheint mir nicht sonderlich reizvoll zu sein, aber dein Segel in Verbindung mit einem Surfbrett – ja, das muss weiterentwickelt werden!«

Er antwortete mir, dass das nicht möglich sei, dass sein Bruder und er sich in einer katastrophalen Lage befänden, dass sie keinen Cent mehr hätten. Es blieb ihm nur, noch ein paar Segel herzustellen, in der Hoffnung, sie an ihre letzten Kunden verkaufen zu können. Ich war zuversichtlicher und sagte ihm, dass er nicht verzagen solle, ich berichtete ihm, was Laird und ich ausgearbeitet hatten, und erklärte ihm, wer wir waren, erzählte ihm von unserer in vielen Jahren gesammelten Surferfahrung, die er kaum besaß. Ich wiederholte meine Meinung, dass er mit der großen Röhre als Untergrund auf dem Holzweg sei, dass ich aber fest an sein Segel glauben würde, auch wenn noch viel Arbeit nötig sei, um es zu perfektionieren.

Dann brachen wir in Richtung Strand auf, damit er mir erklären konnte, wie seine famose Erfindung zu handhaben sei. Ich ließ ihn mir seine Arbeit vorführen, er versuchte, mir eine Demonstration des Geräts mit Wasserskiern zu geben, aber das Segel wollte sich vom Wasser nicht wieder aufrichten. Am Strand gelang es ihm, mir zu zeigen, wie das Ganze funktionierte. Ich wiederholte, dass ich nur daran interessiert sei, aufrecht auf einem Brett zu stehen. Auf jeden Fall gab er mir gute Tipps, wie das Segel aufzurichten war, wie ich es zum Fliegen bringen, und vor allem, wie ich es aus dem Wasser holen könnte, was angesichts der Form des Segels bei Weitem nicht selbstverständlich war. Ich spürte sehr deutlich, dass er sich im Wasser nicht wirklich wohl fühlte, er war kein *waterman*, wie man im Englischen sagt. Ich aber war daran gewöhnt, und seit ich für Gaastra in Australien gearbeitet hatte, hatte ich viele solcher Leute kennen gelernt, zum Beispiel Erfinder oder Designer aller möglichen Materialien, die zu uns kamen, um revolutionäre Segel vorzustellen. Die Tests und die Entwicklung jagten mir keine Angst ein, weil sie ein wichtiger Teil meiner Karriere als Profiwindsurfer gewesen waren.

Trotz der wenig überzeugenden Vorführung sagte mir meine Intuition, dass es dieses Segel ganz gewiss verdiente, dass man sich dafür interessierte. Aber es war klar, dass das nicht einfach sein würde, schließlich hatte ich einen sturen Bretonen vor mir, wie ich sie eigentlich liebe, der angesichts der vielen Jahre harter Plackerei ziemlich am Ende war und nicht viel *fun* gehabt hatte, jedenfalls nicht in dem Sinne, wie man ihn in Surferkreisen kennt. Es gab viel zu tun, um das Segel zu verbessern, seine Verlässlichkeit, die Fähigkeit, es wieder aus dem Meer zu holen, das Gurtzeug, die Leinen und das Lenksystem. Bruno hielt seine Leinen beispielsweise mit einer Art Geschirr mit Rolle und kontrollierte sie mit bloßen Händen, worauf er sehr stolz war. Ich wagte zu behaupten, dass mir eine

Lenkstange wirklich viel geeigneter erschien, und wieder hörte ich das inzwischen klassische »das haben wir ausprobiert, das funktioniert nicht«. Wir würden ja sehen …

Vor seiner Abfahrt gestattete mir Bruno, das große Segel zu behalten, das ich für meine Versuche in Saintes-Maries von ihm bekommen hatte. Ich bat ihn, mir auch ein kleineres Segel zu beschaffen, um damit in stärkerem Wind fahren zu können. Er versprach mir, sich darum zu kümmern und in Kontakt zu bleiben.

Ich fühlte mich in Noirmoutier während des Wartens nicht wirklich zu Hause, viel Geld hatte ich auch nicht mehr, und außerdem hatte ich meine Eltern anflehen müssen, damit sie mir den Schlüssel für das Haus gaben. Und um meine Lebenshaltungskosten decken und meine Nachforschungen fortführen zu können, brauchte ich dringend einen Job …

Bei der Arbeit

Die einzige Lösung: meine alten Freunde. Ich rief Dominique Le Bihan in Douarnenez an und machte ihm den Vorschlag, mit ihm die Saison in seiner Surfschule am Plage des Sables Blanches zu verbringen. Ich hatte gar nichts dagegen, zu den Wurzeln zurückzukehren, und ich wusste, dass ich von Douarnenez aus meine Zusammenarbeit mit Legaignoux leichter intensivieren konnte, da er ja in unmittelbarer Nähe in Quimper wohnte.

»Das trifft sich gut«, antwortete mir Dominique, »wir haben gerade einen zweiten Laden aufgemacht, er läuft gut, wir haben Material, ich kann dir kein Vermögen versprechen, aber komm nur.«

Geld war noch nie mein Motor gewesen, deshalb nahm ich an und erzählte ihm, wo ich mich aufhielt und was ich gerade tat. »Du kannst Anfang Juni aufkreuzen, bis dahin kommen wir auch so zurecht.« Kaum aufgelegt, rief ich Bruno Legaignoux an, um ihm zu erklären, dass ich schon bald ganz in seiner Nähe sein würde, dass man sich wiedersehen würde und ernsthaft an dem System arbeiten könnte.

Gleich darauf ein weiteres Telefonat, also wirklich, das hörte ja nie auf! Der gute Paolo Rista, mein Italiener, rief mich an. Er war ein wenig wie ich, jedoch mit der ganzen italienischen Tragikomik. Er hatte Ende 1993 die Nerven verloren, war aus dem Weltcup ausgestiegen, hatte verkündet, dass er von nun an Künstler sein wolle, weil er unter uns nur seine Zeit verplempere und das Windsurfen ihm gar nichts bringe, weil es nur eine Plackerei sei, ständig das Material herumzutransportieren, und der ganze Zirkus sei ohnehin mittelmäßig. Uns verband eine große Sensibilität, die Vorliebe für Bildung, Kino und Filme, die wir zusammen hätten drehen können. Schon damals, als er auf Oahu lebte, malte er, das war seine wahre Leidenschaft, und er besaß in meinen Augen wirklich großes Talent. Er hatte jedoch alles aufgegeben, war zu seinen Eltern nach Vancouver zurückgekehrt, von wo aus er mich anrief, um mir mitzuteilen, dass er diese Stadt, dieses regnerische Klima, diese angelsächsische und sehr konservative Mentalität nicht mehr ertragen könne. Er erkundigte sich, was ich so machte, ich erzählte ihm von meiner Kite-Geschichte, sie interessierte ihn, ja ich möchte sogar behaupten, dass sie ihn faszinierte. »Im Grunde genommen bist du doch Maler, Frankreich ist das Land der Maler, komm doch in diesem Sommer nach Douarnenez, dann bist du nicht weit von Pont-Aven, von den Nabis, den Fauvisten und Gauguin entfernt. Komm gleich nach Noirmoutier, dann zeige ich dir meine Segel.« Wie man solche Vorschläge eben macht, wie Entscheidungen nun einmal getroffen werden.

»Ich komme.« Definitiv!

Ein Abschied von seiner Familie, ein Flug, schon war er da und ließ sich als Künstler nieder, stellte überall seine Bilder auf, gab ein bisschen den verwöhnten Sohn reicher Eltern. »Hör zu, Paolo, wir haben keine Angestellte, die dein Chaos hier wegräumt, also kümmere dich selbst darum.« Er erklärte mir seine Bilder, ich lauschte seinen Ausführungen, seinen lebhaften Darstellungen, die von großer Intelligenz und Bildung zeugten. Später sollte ich ihn nachahmen, den Schritt wagen, aber davon ahnte ich damals noch nichts. Am Morgen lieh er sich das Fahrrad meiner Mutter aus, packte sein Zeug auf den Gepäckträger, setzte sich seinen Strohhut auf und kehrte am Abend grellbunt beschmiert zurück, ein Bild an dem Fahrrad befestigt, glücklich, als wäre er der Enkel von van Gogh, für den er große Bewunderung hegte.

Und von Zeit zu Zeit begleitete er mich an den Strand, wenn ich einen *kite-run* vorhatte, wir fingen an, das System der Legaignoux gemeinsam zu analysieren. Paolos Sachverstand war nicht unwichtig, um zu erkennen, was nicht funktionierte. Und dann, Anfang Juni, schlossen wir das Holzhaus ab, vertuschten die Schäden, so gut wir konnten, und brachen in Richtung Douarnenez auf.

Nun war ich in Gesellschaft von zwei echten Freunden. Dominique hatte für uns eine Wohnung am Fischerhafen gefunden, einem unglaublichen Ort im Herzen des von mir so geliebten Finistère, nachts vielleicht ein bisschen laut, aber schließlich war Sommer. Paolo war begeistert. Er sollte sich in diese Region und in eine junge Frau verlieben, die er später dann heiraten würde.

Ich meinerseits nahm meine Betätigung als Surflehrer wieder auf und pflegte meine Beziehung zu Bruno Legaignoux, der mir erzählte, dass er ein neues Gerät entworfen hatte, einen Luftkissentrimaran. Schließlich kam er nach Douarnenez, zusammen mit seinem Bruder Dominique, den höchstwahrscheinlich die Ereignisse und die Misere zu einem sehr verschlossenen Menschen hatten werden lassen. Die beiden verbrachten den Nachmittag am Strand und bauten ihr Gerät auf, dann schlugen sie mir vor, es auszuprobieren. Ich startete damit in der Bucht, überquerte den von der Insel Coulinec geschützten Bereich, befand mich in der Zone, die der Brandung ausgesetzt war, wo sich Wellen kräuselten und man sich mehr als üblich über die Wasserlinie erhob. Ich hatte jedoch einen Kollegen gebeten, mir mit einem Rettungsboot zu folgen und ein Auge auf mich zu haben, weil dieser Luftkissenprototyp keine Konstruktion war, die mit so viel Sorgfalt entwickelt worden war wie der *Opaf*. Und diese Vorsichtsmaßnahme war durchaus begründet, denn das Gerät brach in den Wellen auseinander. Es tat mir für die beiden Brüder wirklich Leid, die ein wenig sauer waren, als ich leicht mitgenommen mit dem Boot zurückkehrte. Aber sie machten nicht den Eindruck, als berührte es sie, dass ich mich hätte verletzen können, dass es nicht gerade seriös war, jemanden mit so unzuverlässigem Material aufs Meer zu schicken.

Wir gingen in eine Kneipe, die Legaignoux waren im Gegensatz zu mir, der ich immer gelassen war und positiv dachte, sehr niedergeschlagen. Ich fragte sie, wie es bei ihnen aussah, und sie erklärten mir, dass sie Kontakte zu Drachenherstellern hatten, zu den Schweizern von Quadrifoil und den Bretonen von Paimpol-Voiles, die sie bei einem Wettkampf mit von Drachen gezogenen Strandbuggys in der Bretagne kennen gelernt hatten, wo ihr Segel einige ehrbare Resultate erzielt hatte. Ich hörte ihnen zu, aber mein Ziel war ein ganz anderes, und ich erklärte es den beiden Brüdern. Sehr viele Windsurfer gaben ihren Sport aus den bekannten Gründen auf: zu teuer, zu kompliziert, zu viel Material, und häufig herrschte nicht genug Wind, als dass es wirklich Spaß machen konnte. Aber auch wenn sie irgendwelche anderen Aktivitäten fanden, waren die meisten Surfer über diesen Schritt traurig, weil ihnen das Gleiten über das Meer und das Spiel mit dem Wind fehlten. Die Fabrikanten waren nicht in der Lage, eine Alternative zum Windsurfen anzubieten, was letztendlich das Aus für diesen Sport bedeuten konnte. Ich jedenfalls wollte so nicht weitermachen, aber ich wollte ihn auch nicht aufgeben. Also zermarterte ich mir den Kopf und stützte mich auf meine Erfahrung, um das Surfen aus einem anderen Blickwinkel zu betrachten. Das Resultat war dieses Konzept des Surfens mit einem Drachen, das ich in Hawaii mit Laird getestet hatte und von dem ich glaubte, dass ihm eines Tages, wenn es ausgereift sein würde, ein großer Erfolg beschieden sein konnte. Und dafür brauchten wir die Hilfe eines wirklich bedeutenden Herstellers, deshalb gab ich Bruno und Dominique den Rat, den kleinen Kreis der Anhänger des Zugdrachens zu vergessen und sich stattdessen direkt an die Nummer 1 des Windsurfens, an die Firma Neil Pryde, zu wenden. Und ich konnte den Kontakt zwischen ihnen und Barry Spanier herstellen, dem dortigen Chefsegelmacher, jenem, der Björn Dunkerbeck und so viele andere groß gemacht hat. Ich kannte Barry gut, weil ich ihn jahrelang bei den Geschwindigkeitswettkämpfen getroffen hatte. Obwohl wir bei konkurrierenden Firmen beschäftigt gewesen waren, hatten wir großen Respekt für einander entwickelt.

»Na gut, na gut«, antworteten sie, und so einigten wir uns. Aber da sie die englische Sprache nicht beherrschten, keine Kontakte und keinen Enthusiasmus mehr hatten, lag es an mir, mich darum zu kümmern. Und so korrespondierte ich für die Gebrüder Legaignoux mit der ganzen Welt per Fax, Nacht für Nacht schrieb ich viele Seiten, um den Empfängern meine Projekte zu erläutern, und überschüttete diese mit großen Worten, um meine revolutionäre Vision zu beschreiben. Und ich erwähnte die Bedeutung meiner Entdeckung des Segels der Legaignoux als Schlüssel für diese neue Surfmethode. Ich hob die Form des aufblasbaren Segels der Brüder hervor, die Qualität ihrer Arbeit, die Details, die noch weiterzuentwickeln waren. Entschlossen, die für mich existenzielle Suche fortzuführen, bis ich die perfekte Kombination erreicht hatte: das richtige Board mit dem richtigen Segel mit der richtigen *bar*, den richtigen Leinen und dem richtigen Gurtzeug. Alles in einem, nicht nur das Segel, denn auf Hawaii hatte ich herausgefunden, dass das Segel, auch wenn es sehr gut sein mochte, letztlich nur ein Teil des Systems ist.

Meine Botschaften wurden an Barry Spanier und an Laird abgeschickt, ich schrieb jeweils das Gleiche: »Das ist es, ich habe das geeignete Segel gefunden.« Ich fragte Barry, ob er seinen Vorgesetzten das Projekt präsentieren könnte. Und wie flehend fügte ich hinzu: »Barry, du kennst doch die Entscheidungsträger bei Pryde, versuche, sie zu überzeugen, wie interessant diese Innovation ist. Bring sie dazu, dass sie sich mit den Legaignoux treffen.«

Er antwortete mir: »Warum nicht? Aber wir müssen deine neuen Segel unbedingt zu Gesicht bekommen.«

Ich fuhr zu den Brüdern, berichtete ihnen alles, drängte sie:

»Wir müssen Segel nach Hawaii schicken, damit Barry sie sich anschauen und Laird sie testen kann.«

»Aber wir haben keine Segel mehr.«

»Wir sollten Laird zumindest eines oder zwei schicken …«

»Unmöglich, es sei denn, man bezahlt sie uns zum vollen Preis, weil Herstellungskosten anfallen, für die Materialien, die Näherin, den Transport.«

Ich rief Fabrice Valery an, Chef der französischen Firma Oxbow, Hauptsponsor von Laird, und erklärte ihm die Situation. Er hatte sich immer sehr für die Speedwettkämpfe engagiert, und in einem solchen kleinen Kreis kannte man sich untereinander. Fabrice wusste über unsere hawaiischen Experimente als Drachenflieger Bescheid, ihn interessierte alles, was Laird an Kreativem unternahm, und es gelang mir, ihn zu überzeugen, dass die Segel für ihn vielleicht ein eigenes Produkt am Markt werden könnten. Er akzeptierte, die Kosten zu übernehmen, unter der Bedingung, dass das Logo riesengroß auf dem Segel prangte. Die Legaignoux gerieten in

Panik, das sei unmöglich, wie sollte man das technisch machen? Dominique Le Bihan mit seinen Verbindungen zu den schönen Künsten fand die Lösung, die Legaignoux ließen die Segel herstellen, sie wurden bezahlt, und wir schickten das Paket nach Maui.

Daneben führte ich meine persönlichen Recherchen fort. Als ich auf Noirmoutier gewesen war und mit dem Board surfte, das Laird mir geschenkt hatte, musste ich feststellen, dass es für die Bedingungen des Pazifiks entworfen worden war, für das Surfen auf Hawaii, die großen, nach innen gewölbten Wellen, nicht für das flache Wasser unserer Regionen und übrigens auch nicht, um hart am Wind zu fahren, aber das war zu diesem Zeitpunkt gar nicht anders zu erwarten gewesen. So klopfte ich also in Nantes an die Tür eines renommierten Brettherstellers, Frédéric Meunier, ein weiterer alter Bekannter. Er baute nach meinen Anweisungen ein Brett, das ich »*kiteboard numéro 1*« nennen sollte. Mit einer Finne hinten, zwei weiteren vorn und natürlich ein wenig länger als die heutigen Bretter, 1,90 Meter lang, im Gegensatz zu den heute 1,60 Metern, aber bereits mit der richtigen Stärke von 38 Zentimetern. In seiner Form inspiriert vom Slalom-Monoski, mit dem ich, als wir in Australien für Gaastra arbeiteten, häufig zusammen mit Anders gefahren war. Kein schlechtes Resultat. Das Gerät entpuppte sich eindeutig als effizienter, das Brett glitt besser durchs Wasser, hielt besser Kurs.

Ein paar Tage später kam ein Fax von Laird. »Wir haben das Material erhalten, das man als *jelly-fish*, als Qualle, bezeichnen könnte. Natürlich macht es einen interessanten Eindruck«, schrieb er mir, »aber es ist viel zu empfindlich, jedes Mal, wenn ich was falsch mache, reißt irgendetwas.« Ich spürte, dass der Amerikaner große Vorbehalte und viel an der Zuverlässigkeit auszusetzen hatte, dass er noch nicht überzeugt und noch weniger bereit war, die erforderlichen Mühen auf sich zu nehmen. Barry Spanier zeigte sich weniger zurückhaltend. Ihm war klar geworden, wie interessant die

Arbeit der Brüder Legaignoux war. Er hatte meine Schreiben und die seitenlange Erläuterung der Handhabung, die ich ihm auf Englisch geschickt hatte, gründlich gelesen. Barry ließ mich wissen, dass er an dem Projekt interessiert sei, jedoch nicht auf diesem momentanen Niveau der Umsetzung, dass er seinen Chefs ein solches Ding nicht präsentieren könne, dass man weiter daran arbeiten müsse, um das Design und die Verlässlichkeit des Systems zu verbessern, um überzeugende Tests durchzuführen, denn andernfalls »werden wir zweifellos eine Abfuhr bekommen«.

Daraufhin sprach ich wieder mit den beiden Brüdern, erklärte ihnen, dass Laird das Material bei seinen Versuchen stark beschädigt hatte, dass Barry das Ganze für zu leicht, zu wenig verlässlich hielt. »Also schwerer, solider? Aber das würde weit weniger gut fliegen, das würde die Qualitäten des Segels zunichte machen!« Darauf hatte ich als alter Surfer viel zu erwidern, nämlich dass man, solange die Sache nicht haltbar war, solange das Gerät leicht auseinander fiel, gar nichts hatte. In den Augen der beiden Brüder war das nicht ihr Fehler. Im Laufe der Saison war ich einmal in ihre kleine Werkstatt am Ende des Gartens ihres Elternhauses gegangen, wo der niedergeschlagene Dominique noch immer in einem kleinen Zimmer wohnte und von Sozialhilfe lebte. Und dort sah ich ein Chaos aus wenig professionellem Material, aus schlecht verarbeiteten Schwimmern, so dass ich ein wenig bestürzt wieder abgezogen war, keineswegs beeindruckt, mit Ausnahme von den aufblasbaren Geräten, den Würsten, den Luftmatratzen, das war gute, sorgfältige Arbeit. Eine leistungsstarke Nähmaschine, ein Schweißgerät für Lebensmitteltaschen, hochwertiges Material. Aber die Kerle arbeiteten noch immer nicht professionell genug, das musste sich ändern.

»Du bist verrückt«, antworteten sie, »wir arbeiten jetzt bereits zehn Jahre daran, unser Segel fliegt schon bei einem Wind von vier Knoten.«

»Ja, aber wenn es sich bei zehn Knoten auflöst, was nutzt uns das dann?«

Heute sage ich mir, dass ich sie mit meiner direkten Art und meinen impulsiven Reaktionen zweifellos hin und wieder vor den Kopf gestoßen und sie verletzt haben muss, zwar aus berechtigten Überlegungen heraus, aber in vielleicht wenig feinfühliger, ja sogar respektloser Weise, weil ich mich von meinem Enthusiasmus hinreißen ließ. Weil ich schnell vorankommen wollte, verhielt ich mich gelegentlich wie ein Elefant im Porzellanladen. Zwischen uns kam es zunehmend zu Spannungen. »Wir waren selbst Surfer, wir wissen, was das ist«, auch wenn sie vom ernsthaften Surfen auf hohem Niveau, von Training und den Schwierigkeiten keine Ahnung hatten.

Mit einem Schlag war die Saison, der Sommer, zu Ende. Ich musste etwas unternehmen. Beispielsweise nach Saint-Tropez fahren. Ich brauchte einen Tapetenwechsel und wollte wieder einmal in den Süden.

Wendung in Saint-Tropez

In Saint-Tropez war ich schon gewesen, als ich klein war, bei unseren Familienkreuzfahrten, und mein Vater hatte sich immer sehr amüsiert, wenn er unser Boot im Hafen an dem für die Angehörigen der Marine reservierten Anlegesteg direkt gegenüber der Eisdiele Popov festgemacht hatte. Ein kostenloser Liegeplatz, während die Bootsbesitzer nebenan für dieses Privileg allem Anschein nach Wahnsinnssummen hingeblättert hatten. Später war ich mit meinem Kumpel Corti dorthin zurückgekehrt – kurzum, es ist ein Ort, der mir gut gefiel, vor allem gegen Ende des Sommers, wenn die Nioulargue ausgetragen wurde, ein anspruchsvoller Wettkampf alter Windjammern, wenn also unglaublich reiche Leute, bedeutende Persönlichkeiten der Wassersportindustrie und auch sonstiger Branchen hier versammelt waren.

Ich sagte mir, dass dies bestimmt eine hervorragende Möglichkeit wäre, den Kite bekannt zu machen, dass ich vielleicht einen steinreichen Mann finden könnte, der bereit wäre, uns zu helfen, denn ich hatte zwar ein viel versprechendes Projekt, war aber noch immer allein mit meinen Gebrüdern Legaignoux. Ich fuhr also hin, Freunde nahmen mich herzlich auf. Den ganzen Sommer über war ich gesurft und konnte meinen Kurs inzwischen besser halten, auch wenn es mir noch immer nicht möglich war, am Wind zu fahren, hauptsächlich auf Grund des Segels, dessen Zuschnitt und Form kaum dafür geeignet war. Doch zumindest schlug ich mich beim Halbwindkurs inzwischen ganz ordentlich. Bei jedem Beidrehen verlor ich Terrain, aber ich liebte die Gefühle, die ich beim Haken- und Bogenschlagen empfand, und meine Fahrten wurden immer länger, meine Bögen immer weiter …

Ich hatte mittlerweile sogar Leute kennen gelernt, die interessiert, ja fasziniert waren, Bretonen, Touristen, die mich am Strand und auf der Straße ansprachen. »Was ist denn das? Ihr Ding da ist genial, außergewöhnlich, sehr spektakulär.« Und Fischer, einfache Leute, die richtiggehend ins Schwärmen gerieten: »Wenn man Sie sieht, gerät man ins Träumen.« Und das tat mir wirklich gut, weil es mich zum Weitermachen anspornte.

Saint-Tropez erwartete mich, ich war für meine Vorführung bereit, das Gurtzeug war verbessert worden, die Leinen kreuzten sich nicht mehr und rissen seltener. Ich fuhr nach Sainte-Maxime, wo ich aufs Wasser ging. Es sollte ein denkwürdiges Spektakel werden, vor der gesamten nautischen Versammlung der Nioulargue. Im Windschatten eines riesigen Seglers, einer Kathedrale aus Holz und Stoff, bekam ich keinen Wind mehr, und mein Segel stürzte ins Wasser, ein anderes Schiff fuhr über meine Leinen, und ich versuchte, hinüberzuschwimmen, um das Segel zu holen. Und wurde von einem Rettungsboot herausgefischt. Ein bitterer Misserfolg, der Kite war beschädigt. Ich war gezwungen, das Segel reparieren zu lassen, kein Mensch interessierte sich für mich, ich bat die Legaignoux, mir ein kleineres, für den Mistral besser geeignetes Segel zu schicken. Sie hatten keines mehr. Aber es gelang ihnen, eines von einem Kunden zurückzubekommen, und sie schickten es mir, aber bis ich es erhielt, war die Nioulargue zu Ende. Ich beschloss, trotzdem noch ein bisschen in Saint-Tropez zu bleiben, eine Herzensangelegenheit.

Und beim ersten Auffrischen des Windes war ich zurück auf dem Wasser. Das erste Mal, dass ich ein kleines Segel hatte, doch es war unmöglich, es in die Höhe zu bekommen, es wurde vom Wind auf das Wasser gedrückt, und mein Eindruck war, dass der Durchmesser der *tubes*, aus welchen das aufblasbare Gebilde bestand, zu klein war, eine scheinbar unbedeutende Information, die aber noch ausschlaggebend sein würde. Ein neuerlicher Anruf in Quimper. Die Antwort: »Wir haben es getestet, es funktioniert.« Aber meine beiden Freunde waren damit nicht auf dem Wasser gewesen. Sie hatten es am Strand getestet, das war ein kleiner, aber feiner Unterschied. »Bruno, der Durchmesser deiner Segel muss geändert werden, sie sind zu schwach für diesen starken Wind.« Eine wichtige technische Information, die unbeachtet blieb. Wie so häufig. Später sollte der Durchmesser der *tubes* verdreifacht werden.

Von Saint-Tropez aus bedrängte ich Barry in Hawaii regelmäßig. Er hatte mir geraten, Geduld zu haben, aber ich fragte mich, was er eigentlich unternahm. Um nicht alles auf eine Karte zu setzen, suchte ich Kontakt zu Flexifoil, dem auf dem Gebiet des Kite führenden englischen Hersteller. Wieder verbrachte ich viele Stunden damit, Schreiben zu verfassen, zu erklären, zu überzeugen, wieder die gleiche Geschichte, Geschreibsel, schließlich ein Fax. Wieder keine Antwort. Ein wenig später rief ich an. »Ja, ja, wir haben Ihr Schreiben erhalten, wir werden Ihnen antworten.«

Eine erneute Niederlage: »Wir glauben nicht daran, wir sind besonders erfahren auf diesem Gebiet, wir haben kein Interesse an Ihrem Verfahren.« Äußerst negativ. Und ein Riesenfehler: Später würden sie die Lizenz kaufen ...

Doch unterdessen häuften sich die Misserfolge. Bis zu dem Tag, an dem bei meiner guten Freundin das Telefon läutete.

»Guten Tag, ich heiße Roger Brand, ich rufe aus Hongkong an, ich hoffe, ich habe Sie nicht geweckt?«

»Nein, nein.«

»Ich arbeite für Neil Pryde, ich bin für die Fabrikationsabteilung der Fallschirme verantwortlich. Barry Spanier hat mir Ihr Dossier zukommen lassen, Ihr Gerät interessiert mich sehr, ich rufe Sie an, um herauszufinden, was wir zusammen tun können.«

Das musste eine Halluzination sein, ich kniff mich, während er fortfuhr:

»Ich bin nicht der Direktor der Fallschirmabteilung, aber wenn Sie den Generaldirektor eines Tages treffen wollen, dann, glaube ich, sollte das gut vorbereitet sein. Ich kann Ihnen weder Geld noch das Blaue vom Himmel versprechen, aber ich bin bereit, das Dossier und das Konzept auszuarbeiten, einen Businessplan aufzustellen und ihn der Direktion vorzulegen.«

»Vielen Dank für Ihren Anruf, ich bin begeistert. Meine Einschätzung? Es ist vor allem nötig, dass Sie sich mit Bruno Legaignoux treffen, der Ihnen sein System selbst vorstellen wird. Er spricht kein Englisch, er kann das Geld nicht vorschießen, aber wenn Sie seine Reisekosten übernehmen könnten, würde er gerne zu Ihnen kommen.«

»Das ist dank meines Budgets und des Reiseetats möglich«, antwortete er mir.

Ich rief Legaignoux an. »Mein Lieber, mach einen Schnellkurs in Englisch, und bereite dich darauf vor, nach China zu reisen.«

Das war kein schlechter Scherz, die Sache wurde tatsächlich von der französischen Niederlassung von Neil Pryde organisiert, und Bruno Legaignoux reiste also nach Asien, um sich mit dem Chef der Abteilung »Flugsegel« des größten Segelherstellers der Welt zu treffen.

Er kehrte recht zufrieden zurück, erstattete mir Bericht über den Empfang, die Begegnungen, die Diskussionen und erzählte, dass man sich gut um ihn gekümmert habe. Ich erhielt ein Fax von Roger Brand, der mir seine Ansicht erläuterte und erklärte, wie er die Dinge einschätzte: positiv, was das System anbelangte, es hatte möglicherweise eine Zukunft, zumindest war es gut, es in der Hinterhand zu haben, es würde nicht einfach durchzusetzen sein … das Design war komplex … nicht leicht zu bauen … der Schritt von der Werkstatt in die Industrie, von einer Werkstatt in der Bretagne zu den großen Fließbändern erfolgte nicht durch einen Wink mit dem Zauberstab. Ein Produkt für die industrielle Herstellung auszuarbeiten, war nicht das Gleiche, wie Entwürfe auf Karton oder Skizzen auf Papier zu zeichnen. Falls man eines Tages große Mengen von Polyurethan bestellen sollte, dem für die Fabrikation von Luftkammern notwendigen Material, dann musste das jemand unterschreiben, und dazu sollte das Unternehmen dahinterstehen, erläuterte mir Roger.

Bruno Legaignoux erklärte sich bereit, einen Computer anzuschaffen und an seinem Englisch zu arbeiten, um an der internationalen Kommunikation besser teilnehmen zu können. Der Schritt vom Amateurhandwerk zur Professionalität wurde unumgänglich. Bruno war motiviert, ich kehrte nach Paris zurück und dachte nur an eines: wieder nach Hawaii zu reisen. Man konnte sagen, dass sich die Dinge beschleunigten, und das nicht nur wegen des Windes …

5 Paris, Winter 1995/96

Schon lange empfand ich gegenüber unserer Hauptstadt eine Art Hassliebe. Ich ging dort gerne spazieren, mir gefiel es, den Puls der Kreativität zu spüren, ich liebte die Atmosphäre in den Cafés, den Anblick der hübschen Frauen, den Geruch alter Steine, den Geschmack eines Baguette mit Schinken und Gurken, die Bedeutung der Kultur, die altägyptischen Ausstellungssäle im Louvre, durch die ich wieder schlenderte, sobald ich die Zeit dazu fand. Und durch die Galerien. Die Malerei verzauberte mich, sie war in meinem Kopf immer gegenwärtig ... Paris, die Stadt, in der viele meiner Freunde lebten; und ein Ort nimmt schließlich erst dann Sinn an, wenn dort Menschen wohnen, die man gern hat. Aber zugleich hasste ich Paris, weil ich dort sehr schnell den Verstand verlieren konnte. Nicht nur auf Grund der Luftverschmutzung, des Stresses, all der Leute, denen ich begegnete und die in die gleiche Richtung liefen, ohne sich zu sehen, ohne sich zu grüßen, ohne sich zu mögen. Paris, das Paradies, um aufzutauchen und wieder zu verschwinden, hier verlor ich gelegentlich den Kopf, hier verbrachte ich Tage, benommen vor Müdigkeit und gequält von den vielen Fragen, die unbeantwortet blieben. Um mich dann wieder zu fangen, denn ich war nicht auf der Welt, um mich herumzustreiten oder den Kopf hängen zu lassen; bevor ich mich wieder in den Griff bekam, weil mir das Leben keine Zeit ließ, traurig zu sein.

Ich war gezwungen, nach Paris zu reisen. Surfen konnte ich auf Maui oder anderswo; Geschäfte anbahnen, Unterstützung suchen, Geld auftreiben und meine Projekte verkaufen, das ging nur hier und sonst nirgends. Die Leute sagten mir, dass ich unglaubliches

Glück hätte, mal im alten Frankreich, mal auf Hawaii leben zu können. Chancen hatten wir alle, ich jedoch hatte Entscheidungen getroffen und stand dazu.

Aber für Paris galt wie für andere Orte, dass man in der Lage sein musste, »Tschüss, bis bald« zu sagen. Sich von dieser Anziehung und Abstoßung zu befreien, von dieser Geliebten, die einen hinhielt, die lockte und umgarnte, bevor sie einen zurückstieß. Ich kam ebenso gerne in Paris an, wie ich wieder abreiste. Aber das musste in meiner Natur liegen. Ein alter Freund, hatte mir einmal gesagt: »Du bist immer auf der Durchreise.« In Paris und auf Maui zweifellos. Aber ich glaube, dass ich nicht der Einzige auf Durchreise war …

Paris ist eine Bombe

Ich kehrte also nach Paris zurück und würde dort zwei Monate verbringen. Zwei wirklich harte Monate, denn ich hatte eigentlich nichts in der Hand, ja, ich hatte einen Kontakt geknüpft, aber es bestand die Gefahr, dass es lange dauern würde, ihn auszubauen, und ich befürchtete, dass sich die Sache hinziehen könnte.

In jenem Sommer korrespondierte ich von Douarnenez aus weiterhin per Fax mit Laird. Er und seine Frau Maria hatten ein Baby bekommen, eine Tochter, und er erzählte mir, was sich auf Maui tat, erkundigte sich, was ich so machte. Er drehte beinahe durch, weil die vergangene Wintersaison nicht so gut gelaufen war, wie er erhofft hatte. Jetzt gab es dort keine Wellen mehr, der *summertime blues* hatte die Insel in seine erstickende Hitze getaucht, und darüber hinaus war das *tow-in* in Surferkreisen nicht richtig akzeptiert worden. Laird war frustriert, dass die Leute seine Vision nicht teilten. Deshalb waren unsere Faxe auch Austausch gegenseitiger Ermunterung. »Wir müssen stark sein, Kumpel.«

Ich meinerseits, das wollte ich gar nicht verhehlen, war trotzdem an einem toten Punkt angelangt, meine zwei Gleitsegel waren völlig abgenutzt, wieder und wieder repariert worden, zwei Segel, die absolut am Ende waren, Objekte ständiger Besorgnis, geflickt und nachgenäht. Ich hatte Roger Brand natürlich um ein Budget gebeten, mit dem er sich an der Entwicklungsarbeit mit den Legaignoux beteiligen könnte, aber er hatte mir geantwortet, dass das angesichts der aktuellen Sachlage unmöglich sei.

Immer die gleichen Fragen und die gleichen Antworten: Ich fuhr nicht am Wind. Ich hatte nur lockeren Kontakt zu Roger in Asien, der weiter ein wenig auf die Bremse trat, und die Aussichten waren nicht gerade erfreulich. Zudem hatte ich hin und wieder das Gefühl, dass sich mein Enthusiasmus gegen mich wendete. Bildete ich mir das nur ein? Vielleicht, aber ich konnte nicht gut argumentieren, ich hatte keine stichhaltigen Beweise für das, was ich vorlegte, keine richtigen Fotos, keine Filme, die belegten, was ich bereits geschafft hatte. Ich begriff, dass die Sache in den Augen meiner Gesprächspartner wie eine Art fixe Idee wirken konnte. Überall stieß ich auf Ablehnung, man machte sich über meine Besessenheit lustig, meine Freunde, meine Eltern, mein Vater sogar mit einem harschen Brief, der nur schwer zu verkraften war: Wenn ein Seemann seinem zur See fahrenden Sohn schreibt, dass das, was er tut, absolut nichts wert sei, dann treibt das dem Kind leicht Tränen in die Augen. Meinem Vater schien nie bewusst geworden zu sein, dass ich seit 15 Jahren mit den besten Designern in Kontakt stand, mit den besten Windsurfern verkehrte, an den besten Orten gesurft war, an den größten Profiwettkämpfen teilgenommen hatte, dass ich Coach, Tester und Entwickler war. Allem Anschein nach hatte er sich keine Gedanken über den Sinn meines Vorhabens gemacht, über die Tatsache, dass eine Idee, wenn ich sie so zielstrebig verfolgte und sie für gut hielt, auch wirklich gut sein musste.

Alle fragten sich also, was das mit meinen Geschichten von dem Kite eigentlich sollte. In Quimper schwankte Bruno Legaignoux unterdessen hin und her, das heißt, er fiel von einer Depression in die nächste. Er hatte den Eindruck, dass man in China beziehungsweise Hongkong Dinge von ihm verlangte, die er nicht liefern konnte.

Doch die Niedergeschlagenheit ist die Mutter aller Untugenden. Deshalb stürzte ich mich, weil ich mich ihr nicht hingeben wollte, auf die Erkundung des Künstlermilieus, das in seiner Geschichte, wie mir schien, Ähnlichkeiten mit dem hatte, was ich gerade erlebte: vor allem die moderne Kunst, als suchte ich bei den Malern und Bildhauern Verbindungen zu mir selbst. So sehr irritierten mich die anderen. Alle. Der Künstler, seine neuen Ideen, die Verunglimpfungen, der ständige Kampf, etwas hinzubekommen, Empfindungen, ein Stil, eine neue Art und Weise, die Welt und ihre Realitäten darzustellen. Eine große Familie, die die meine sein konnte.

Die Kunst hatte mich schon immer gereizt. Zu den wenigen wirklich guten Erinnerungen an meine Kindheit zählt, dass wir einmal im Jahr nach Saint-Rémy-de-Provence zur Stiftung Maeght fuhren und dass mich dort die Werke von Alexander Calder begeistert hatten. Seine Objekte schienen mich schon vor dem Museum zu erwarten, monumentale Werke, riesige Mobile, und im Inneren des Gebäudes entdeckte ich dann andere, kleinere. Aber die Liebe, die man für Dinge empfindet, hat nichts mit ihrer Größe zu tun; ich liebte es, das System aus der Nähe zu betrachten, ich versuchte zu begreifen und fing zu träumen an. Seit einiger Zeit behauptete ich sogar, das Drachensurfen sei letztlich nichts anderes als ein Mobile nach Art Calders. Als Künstler hätte man ihm den Titel »Stoff, zwei Fäden, Stange aus Holz, Mensch, von Kunstharz überzogenes Schaumstoffstück« geben können. Das, einmal angespannt, sich im Wind öffnet und zu einem bewegten Kunstwerk wird.

Und ich erzählte Laird vom künstlerischen Aspekt seines Unterfangens. Ein Kunstwerk hatte mich völlig verblüfft, jenes des Italieners Lucio Fontana, der ein Messer mitten in ein jungfräuliches Stück Leinwand gesteckt hatte. Dieses verwandelte sich durch die Schnittwunde in einen Drei-D-Gegenstand, als befände sich etwas dahinter – eine Reflexion über den Raum. Ich sagte Laird, wenn er mit seinem Surfbrett auf einer Riesenwelle reite, bestehe sein Ziel darin, ein ephemeres Kunstwerk zu schaffen, und die Fotos und Filme seien Zeugen dieses künstlerischen Schaffens: als durchschneide er das Meer in seiner Vertikalität.

Kunst um mich herum, Kunst in mir. Wie eine Halskette, ein Gürtel. Und auch Paolo, mein Italiener, der in Douarnenez geblieben war, vermittelte mir die Leidenschaft: »Manu, dein Land gefällt mir so gut, ich bleibe hier«, hatte er mich wissen lassen. Ich hatte mich für ihn darüber sehr gefreut; für mich hieß das: »Salut, ich bringe mich in Sicherheit, ich gehe jetzt.« Er ließ sich also nieder und machte sich daran, mehr denn je zu malen und von seinen Werken zu leben. Paolos Plan, »zuerst werde ich an die 50 Bilder malen, die mir gefallen, dann organisiere ich eine Ausstellung und fange an, sie zu verkaufen«. Zusammen waren wir nach Pont-Aven gefahren und ganz entsetzt gewesen, was wir dort mitten im Sommer sahen: Touristenbusse, das Künstlerdorf in eine kommerzielle Galerie verwandelt. Aber wir hatten uns geschworen, im Winter wiederzukommen, wenn der kleine Ort von diesen Vampiren in Shorts und Flipflops verlassen sein würde. Das hatte mit dem Dorf, wie ich es kannte, nichts mehr zu tun. In Paris hatte ich immer viel Zeit in den Galerien des 16. Arrondissements, unweit der Place Odéon, in jenen in der Avenue Matignon, aber auch im Museum d'Art moderne verbracht. Dort blieb ich eines Tages vor einem einfarbig blauen Bild von Yves Klein stehen, dann vor einer puristisch konzipierten Skulptur von Constantin Brancusi, *Le Poisson*. Ich verweilte den ganzen Nachmittag davor, um nachzudenken und seine Energie zu spüren. Klein, Brancusi, Calder, das Blau, ein Fisch, ein Surfbrett, ein

Mobile von Calder vor dem einfarbigen Hintergrund, dem Blau. Die Verbindung von Wasser und Himmel und von jenen, die dort zusammen lebten.

Und was meine Geschichte des Surfens mit Drachen anbelangte, über die sich alle Welt lustig machte, so sagte ich mir, wenn ich diese als Kunstwerk präsentierte und einen berühmten Ausspruch von Calder übernahm, »Warum muss die Kunst statisch sein, die Zukunft ist die Skulptur in Bewegung«, gelang es mir vielleicht, das Interesse eines anderen Kreises zu wecken, jenes der Galeristen, der Mäzene, der Künstler – warum eigentlich nicht? Ich adaptierte das Ganze und verdrehte die Kunstgeschichte: »Warum muss die Takelage fest verankert sein, die Zukunft des Surfens ist das Segel in Bewegung.« Und ich war mit meinem kleinen Aphorismus gar nicht unzufrieden. In meinem Dachzimmer in der Rue Monsieur-le-Prince machte ich mich also wie früher wieder daran, in der Nacht zu arbeiten. Mit Klebebuchstaben, Papier und Schere stellte ich Prospekte her, um mein Projekt zu präsentieren, indem ich meine Geschichte sowohl als künstlerisches wie auch als sportliches Unterfangen legitimierte. Eine Darstellung, die mir absolut poetisch erschien, in der ich die Verdienste der Legaignoux würdigte und ein Hilfsgesuch andeutete, weil Kunst nicht kostenlos sei, weil ich auf der Suche nach Unterstützung war, weil man uns helfen musste. Der Aufschrei des verletzten Künstlers, ganz in Schwarz-Weiß gehalten, weil ich mich methodisch meiner einfarbigen, aber vor allem düsteren Periode hingab. Dann machte ich von dem Ganzen sehr gute Fotokopien, die ich in die Briefkästen der Kunstgalerien warf oder in der Nacht unter den Türen meiner zukünftigen Partner hindurchschob.

Wie würde man mir eine Abfuhr erteilen können? Ich, der ich nachts Namen und Adressen heraussuchte, der ich meine schönen Umschläge, mein schönes Papier verteilte oder verschickte. Zwei

Antworten, mehr nicht: »Lieber Freund, was Sie machen, ist fantastisch, aber ich bin zurzeit mit anderen Projekten sehr beschäftigt ...« Sie mussten sich wohl fragen, wer dieser leicht Bekloppte war, der sich da an sie wandte. Plötzlich fühlte ich mich einsam, sehr einsam, nicht deprimiert, das nicht ...

Nach der ganzen Aufregung das schwarze Loch. Paris im Winter, die Anschlagsserie in der Métro. Ich weigerte mich, mit öffentlichen Verkehrsmitteln zu fahren, und zog es vor, schwarz gekleidet zu Fuß kreuz und quer durch die Hauptstadt zu laufen. Ich trug den weiten Staubmantel, den ich aus Australien mitgebracht hatte, einen gewachsten, speckigen Mantel, der vor allen Unbilden des Wetters wie des Lebens schützt, eine schwarze Mütze, eine ebenso schwarze Jeans und Cowboystiefel, weil spitze Schuhe in Mode waren. Ich ging den Boulevard Saint-Germain entlang, in der Stadt herrschte große Angst, die Sicherheitsaktion »Vigipirate« war ausgerufen worden. Ich war groß, breitschultrig, wirkte sportlich, wenn die Mütze auch sicher nicht ganz ins Bild passte, und ich wurde plötzlich von Leuten angehalten, die nicht nach Kripo, sondern vielmehr nach Bereitschaftspolizei der Vorstadt aussahen, denen wohl befohlen worden war, jeden aufzugreifen, der eine düstere Miene machte. Ich hatte es sehr schlecht aufgenommen, als man meine Papiere sehen wollte, die ich nicht bei mir hatte, ich, der ich durch die ganze Welt gereist war, der Frankreich bei bedeutenden Wettkämpfen vertreten hatte, der versuchte, die Surfindustrie aus dem Tief zu ziehen, warum ausgerechnet ich? Sah ich etwa aus wie ein Terrorist?

Ein paar Pfiffe, eine ganze Truppe von Typen umringte mich, sie zwangen mich, in ihren Transporter zu steigen, und brachten mich ins Kommissariat. Ins Loch, in die Zelle, wie ein Alkoholiker, ein Ladendieb, eine Straßendirne – da flippte ich aus. Und ich hatte keinen, den ich anrufen konnte, damit er für mich bürgte, der sagte, wer ich war, was ich tat. Die Familie? Keine Lust. Freunde? Ja, welche nur? Die Polizisten ließen mich ein paar Stunden schmoren und überprüften in der Zwischenzeit gewiss meine Angaben, ich reagierte nicht, dann ließen sie mich endlich laufen. Verlegen, aber auch gekränkt, dass man mich für einen Terroristen hielt.

Das änderte nichts an der Lage, es wurde immer kälter, ich wurde krank, was sollte nur aus mir werden? Und wo war ich eigentlich? Ich durfte nicht hier bleiben, ich musste wieder nach Hawaii reisen, denn dort unten spielte sich alles ab. Ich wollte sofort meinen Flug buchen. Allerdings war ich finanziell völlig abgebrannt, ich hatte vieles vorfinanziert, meine Reisen und meine Recherchen, mein Geld war dahingeschmolzen, und das nicht nur wegen der Sonne!

Da rief mich Roberto Ricci an, ein italienischer Freund, der im Begriff war, von Grossetto in der Toskana aus seine eigene Surfbrettmarke auf den Markt zu bringen. Er wusste, dass ich nichts zu tun hatte, und bot mir einen Job an: »Ich weiß nicht, wo mir der Kopf steht«, sagte er mir, »ich habe einen brasilianischen Importeur, der mir teure Bretter abkaufen möchte, das wird ins Geld gehen, man muss Englisch können und sich im Windsurfen gut auskennen. Ich habe keine Zeit, kannst du mich vertreten, zehn Bretter mitnehmen, ein paar Kontakte knüpfen, ein bisschen Repräsentation betreiben? Allerdings kann ich dir nicht viel bezahlen, aber sämtliche Kosten werden übernommen.«

Roberto kam wie gerufen, ich nahm sein Angebot natürlich an und nutzte die Gelegenheit, ihn zu fragen, ob er mir nicht im Gegenzug den Prototypen eines Kiteboards bauen konnte. Er stimmte zu.

Ein Surfbrett mit Zähnen

Ich fuhr also, krank und mitgenommen, wie ich von den Ausdünstungen und dem Klima von Paris war, nach Grossetto. Weihnachten stand vor der Tür, ich musste schnell nach São Paolo aufbrechen, und Roberto erklärte mir, was zu tun war: »Zwei Wochen, die werden dir gut tun.« Er begleitete mich nach Rom zum Flughafen, Gepäckabfertigung. Richtung Frankfurt, dann der Flug über den Atlantik, endlich die Ankunft in São Paolo.

Das Flugzeug landete, Einreisekontrolle:

»Wo ist Ihr Visum?«

»Welches Visum?«

»Monsieur, man kann ohne Visum nicht nach Brasilien einreisen ... Sie müssen wieder zurückfliegen.«

Ich hatte zehn Jahre meines Lebens in Flugzeugen verbracht, um rund um die Welt zu düsen, Roberto ebenfalls, doch weder er noch ich hatten uns gefragt, ob eine Erlaubnis nötig sei, um ins Land der Samba einzureisen. Ich wurde zurückgeschickt, machte wieder der Sprung über den Ozean, dann Zwischenstopp in Frankfurt. Die Leute von der Lufthansa, denen ich diese kleine Unannehmlichkeit erläuterte, legten sich richtig ins Zeug, ganz professionell, und beschafften mir ein Hotelzimmer. Sie erklärten mir, wohin ich mich am nächsten Morgen wenden musste, um dieses wertvolle Dokument zu erhalten. Diskussion im Konsulat: »Normalerweise beträgt die Wartezeit drei Tage.« Ich wies mich aus, bestätigte die Surfbretter, den Handel. Es gelang mir, sie zu überzeugen: Einmal auf den Tisch gehauen, und schon flog ich zum dritten Mal über den Atlantik. Noch immer krank.

Wieder die Einreisekontrolle, aber dieses Mal schaffte ich es, ich verließ den Flughafen, der Importeur war da und sagte mir, er bedaure, aber er könne mich nicht bei sich unterbringen, er stellte mir seine Schwester Daniele vor, die mich aufnehmen könne. Ach, Daniele! Ich würde meine Abreise aufschieben und etwas länger als vorhergesehen in Brasilien bleiben. Der Job war beendet, Daniele und ich reisten hinunter nach Florianopolis, einer Stadt am Meer: die Fahrt dorthin, der Regen, der Sturm, umstürzende Bäume, eine herrliche Küste und ich, mein Surfbrett und mein altes Segel, von dem ich mich niemals trennen werde. Leichtes Material: Das Segel zu einem Kissen zusammengefaltet, das kleine Surfbrett, die kurze *bar* aus Holz, das war alles und hatte nichts mehr mit dem Wahnsinnsgepäck eines Windsurfers zu tun. Es war im Januar 1996, als ich zum ersten Mal mit dem Kite in Brasilien surfte, eine absolute Halluzination für all jene, die das sahen, und Dutzende kleiner Jungen folgten mir kreischend und schreiend den Strand entlang. Ich fuhr Raumschots, und ein außergewöhnliches Gefühl erfüllte mich, das von der Freude, die die Kinder zum Ausdruck brachten, noch verstärkt wurde.

Natürlich war ich mit Roger Brand in Kontakt geblieben, hatte ihn genervt, ihn per Fax mit meinen Schreiben bombardiert, bis ich eine Antwort erhielt. Roger hatte tatsächlich einiges unternommen, die ersten Prototypen waren fertig, sie würden im Februar in Frankreich ankommen. Ich war sehr aufgeregt, ich musste abreisen, ich, der Vagabund, der Mann auf der Durchreise, aber der Abschied von Brasilien fiel mir schwer ... War es sinnvoll, auf mich zu warten, war ich nicht genau das Gegenteil von jener Stabilität, von der so viele Frauen träumen? Sie begriffen sehr schnell, dass dies der Fall war, dass ihr Leben leider anders verlief. Ohne mich ...

Ich reiste nach Italien zurück, holte das Board ab, das Roberto für mich hergestellt hatte. Auch er hatte gute Arbeit geleistet. Vor meiner Abreise nach Brasilien hatte ich den Brüdern Legaignoux vorgeschlagen, über ein Brett nachzudenken, das besser geeignet war, am Wind zu fahren. Roberto, der bald den Ruf haben sollte, der *shaper* der Ferraris unter den Surfbrettern zu sein, würde es dann kostenlos nach ihren Plänen bauen. »Wenn ihr Ideen habt, dann sagt sie mir, ich werde sie für euch umsetzen lassen«, hatte ich den beiden Brüdern versprochen. Die Antwort hatte nicht lange auf sich warten lassen. Eine Revolution in ihren Augen:

»Ich habe mit meinem Bruder zusammen ein Ding im Pool getestet«, hatte mir Bruno erklärt, »mit Fäden und kleinen Modellen, ein Brett, das auf jeder Seite unter dem *rail* eine Zahnreihe hat. Um ins Wasser zu beißen, um hart am Wind zu fahren.«

Ich hatte ihm gesagt, dass mir das bizarr vorkomme, dass ein Anhängsel bei einem Gleitgerät normalerweise keine praktikable Lösung sei. Diesmal hielt ich den Mund und verzichtete darauf, meine Meinung zu äußern. Und Roberto hatte sich einverstanden erklärt, ohne Fragen zu stellen. Als ich aus Brasilien zurückkam, war das Brett also fertig – mit seinem Gebiss. Es sah in der Tat bizarr aus, aber ich wusste aus Erfahrung, dass man niemals davor zurückschrecken sollte, etwas auszuprobieren. Ich fuhr also zusammen mit Roberto nach Castiglione an einen sehr schönen Strand, um es zu testen. Es war ein herrlicher Wintertag, hell und kalt … Ich probierte das Board aus, aber es funktionierte überhaupt nicht, weil die Zähne wie eine zusätzliche Bremse wirkten, es konnte nicht besser am Wind surfen, und es war unmöglich, damit Kurven zu fahren. Roberto hatte sich angestrengt, aber wie heißt es in der Branche so schön? »Dieses Brett ist Mist!« Man testete es einmal, zweimal, dreimal, dann waren alle der Meinung, dass sein wahrer Platz in der Garage war, ganz hinten, auf dem Regal zwischen den Souvenirs.

Und das sagte ich auch den guten Legaignoux, ich stellte mit Bruno diverse Theorien über die Sachkenntnis des einen und des anderen auf. »Aber ich sage dir doch, dass das bei der Simulation in meinem Pool funktioniert hat«. Klar doch … Wir wurden ein bisschen laut, mein Kompagnon aus Quimper war ein wenig sauer, ich betonte nochmals, dass wir seinem Brett mehrere Chancen gegeben hatten, doch ohne Erfolg. Und ich stellte mich nicht immer geschickt an, wenn es darum ging, solche Dinge in Worte zu fassen … Aber gut, höflich gesagt, beließen wir es dabei und arbeiteten weiter zusammen.

Was Roberto und mich anbelangte, wir fanden uns lächelnd damit ab. Der Hobel kam zum Einsatz, die Zähne wurden entfernt, und wir gingen los, um das nun von seinem Gebiss befreite Board erneut zu testen. Im Parco Regional della Maremma, einem herrlichen Ort, wo kleine Wellen gegen den Strand schlagen, unternahm ich einen *run*. Der Wind wehte beständig aus einer Richtung, Roberto surfte hinaus, ich mit meinem Kite ebenfalls, er hatte mir erklärt, wohin ich fahren sollte, und mir versprochen, mich mit seinem Auto in Castiglione abzuholen.

Ich erinnere mich noch an diesen Ausritt auf den Wellen, an das herrliche Licht der Toskana, die Sonne, den Menschenauflauf, als ich bei dem kleinen Dorf ankam. Meine erste echte Ausfahrt auf den Wellen, eine traumhafte *session*, und im Hafen erwarteten mich – nach den brasilianischen Kindern – erwachsene Italiener mit dem typisch italienischen Überschwang: »Ma tu e James Bond!«. Und man gab mir einen aus, man spendierte mir ein Essen, und Roberto kam vorbei, um mich abzuholen, das war, nachdem die Anspannung von mir abgefallen war, wirklich Balsam für meine Seele.

Ich kehrte nach Paris zurück, die neuen Prototypen waren angekommen, und ich ließ sie mir von den beiden Brüdern zuschicken, nachdem sie sie geprüft hatten. Die ersten von Neil Pryde hergestellten Kitesegel – das war wirklich ein Ereignis. Ich testete sie im Park von Saint-Cloud, wohin ich, wenn ich mich in Paris aufhielt, immer zwischendurch entfloh, um durchzuatmen. Das war mein geheimer Garten, dort lief ich und trieb Sport. Ein richtiger Wald mit hohen Bäumen, Sauerstoff, Weitläufigkeit. Ich war ganz gerührt, als ich die jungfräulich weißen Segel auspackte, wie eine weiße Flagge in dieser unruhigen Welt, wie eine jungfräuliche Leinwand, die das Licht der Umgebung, des Himmels und des Meeres einfangen würde. Man konnte jede Menge Interpretationen anstellen. Leider bemerkte ich, dass die Fabrikation noch zu wünschen übrig ließ, das Segel schien mir noch zu empfindlich, nicht strapazierfähig genug, aber es war immerhin ein erster Schritt …

Die Legaignoux waren mehr denn je in Bedrängnis. Zum Glück hatten sie jedoch ein paar Segel erhalten und hofften, dafür Käufer zu finden, damit sie ein wenig Geld verdienten. Wir beschlossen, uns die Sendung von Neil Pryde zu teilen, und ich erhielt zwei Segel, ein großes und ein kleines. Ich hatte nur einen Gedanken im Sinn: nach Hawaii zurückzukehren. Aber wie?

Denn das Leben als Künstler war teuer. »Malen ist nicht alles«, sagte Monet, »man muss auch verkaufen, um zu überleben.« Ich war völlig pleite und hatte mein noch verbliebenes Material zu Schleuderpreisen verkauft. Ich besaß nicht einmal mehr die 6 500 Francs, die das Flugticket kostete. Wenn ich erst einmal auf Maui war, brauchte ich mir um mein Überleben keine Sorgen zu machen, man fand auf der Insel immer Arbeit, mir fehlte nur das Geld, um dorthin zu gelangen. Wieder kam mir das Schicksal zu Hilfe. Und zwar in Gestalt von Fabien Pendle, einem hervorragenden Windsurfer, einem Franzosen und alten Kameraden aus meiner Zeit im Weltcup, dem ich zufällig über den Weg lief. Er war ein wenig jünger als ich, äußerst begabt und intelligent. Angesichts der übertriebenen Entwicklung der Ausrüstung war er zu der gleichen Analyse gelangt wie ich und hatte gerade ein finanziell sehr verlockendes Angebot einer großen Firma ausgeschlagen und seine eigene Segelfabrik aufgemacht – Space Dog Sails. Er blieb beim Konzept des Windsurfens, versuchte jedoch, das Rigg zu vereinfachen, weniger Latten zu verwenden und auf alles Überflüssige zu verzichten. Auch wenn er sich nicht auf meine Unternehmung einließ, das in seinen Augen gewiss extrem war, so empfand er doch Sympathie für meine Projekte. Ich vertraute ihm meine Nöte an, und er erwies sich als ritterlich. »Hör zu, ich habe ein bisschen Geld, ich schieße dir das Flugticket vor, und du zahlst es mir zurück, wenn du kannst.« Er ging zum Geldautomaten und kehrte mit einem dicken Umschlag zurück. »Danke, Fabien. Bis bald.« Ich reiste ab und zahlte ihm das Geld zwei Jahre später zurück.

»Ich habe mich zur Unvernunft verleiten lassen.« Georges Perros.

Rückkehr zum spirit

Gleich nach meiner Ankunft auf Maui wollte ich Laird einen Besuch abstatten. In seinem Haus traf ich seine Frau an, die am Boden zerstört war, und seine Tochter. Laird hatte eine andere kennen gelernt und war nach Kalifornien gezogen. Eine klassische Geschichte, die mich nichts anging, die aber zu ersten Streitigkeiten zwischen uns führte, weil ich mich gegen sein unkorrektes Verhalten gegenüber einem erst wenige Monate alten Baby aussprach.

Ich war ganz allein, machte weiter und organisierte mich. Zuerst galt es, eine Unterkunft zu finden. Mein Freund Michel Larronde hatte sich ein Grundstück gekauft, ein kleines Haus mit zwei Wohnungen gebaut, die er vermietete, und in einer davon quartierte ich mich ein. Bis in den Herbst würde ich surfen. Immer allein.

Ich hatte keinen Cent, deshalb musste ich unbedingt eine Arbeit finden, und ich besaß kein Auto, nur ein geliehenes Fahrrad. Damit fuhr ich zu Manou, der in den Bergen in einer Hütte lebte, um ihm zu sagen, dass ich wieder da sei. Das Restaurant, »La Vie en rose«, war geschlossen worden, Manou arbeitete jetzt für reiche Amerikaner. Das Übliche eben, Milliardäre kaufen sich Grundstücke und stellen die Bewohner der Insel an, damit sie das Gelände roden, es vorbereiten und umgestalten. Manou arbeitete als Holzfäller, Gärtner, Aushilfslandschaftsarchitekt – als Sklave für alles.

»Kannst du mir einen Job beschaffen?«

»Klar, es gibt einen Superreichen, der gerade ein riesiges Anwesen neben dem Flughafen gekauft hat, da gibt es jede Menge Arbeit.«

Ein herrliches Anwesen, das früher der Familie Baldwin gehört hatte, die lange Zeit den Markt für Zuckerrohr beherrscht hatte, eine *beach front property*, wie es so schön heißt, eine der allerteuersten. Mit Blick auf das Meer. Ein sehr altes Herrenhaus aus der Kolonialzeit, ein riesiger Park mit großen, wahrscheinlich jahrhundertealten Bäumen. Alles, einschließlich des Hauses, sollte umgestaltet, der Garten neu bepflanzt werden, eine Wahnsinnsarbeit. Hier wartete man nicht, dass die Bäume wuchsen, man kaufte gleich richtig große, ein Lastwagen kam, ein Kran, und es bedurfte enormer körperlicher Anstrengungen, um sie in den Boden zu bringen – so entstanden die Privatanwesen auf Hawaii. Acht Stunden Arbeit täglich an fünf Tagen in der Woche, mit der Spitzhacke oder der Motorsäge in der Hand, 15 Dollar die Stunde, eine gute Bezahlung. Und ich, der ich die anderen surfen sah, den Wind spürte, der das Meer kräuselte, ich bekam Stielaugen, aber ich war, wo ich sein wollte, ich verdiente 600 grüne Scheine pro Woche und konnte ein wenig Geld zur Seite legen. Die erste Anschaffung nach ein paar Monaten: ein Auto. Das Fahrradfahren war ein netter Zeitvertreib, aber wenn es nach einem Tag der Schufterei das Haupttransportmittel war, dann war das weniger lustig. Hin und wieder ließ ich mich nach der Arbeit von Manou in seinem Lastwagen an den Strand des Anwesens bringen, ich nutzte die letzten Böen und die letzten Sonnenstrahlen, um meine Tests durchzuführen. Und dann stieg ich von meinem Brett, zog mein Segel ein, schwang mich auf mein Fahrrad und fuhr die vielen Kilometer zu Michel Larronde zurück. Ein Teller Nudeln, Schlaf, ich war in Form ...

Ich lernte, in allen Berufszweigen zu arbeiten: mit den Zimmerleuten, den Holzfällern und den Gärtnern. Und ich hatte John kennen gelernt, einen echten Hawaiianer, der als Gärtner arbeitete, der Inbegriff des *Aloha spirit*, mit guter Seele und guten *vibrations*, der mich in einige Geheimnisse der Insel und der Pflanzen einweihte, wie man sie einsetzen musste, damit sie gediehen, wie man sie goss und pflegte. Er besitzt das *mana*, das von dir ausgeht und Harmonie zwischen dir und dieser Erde herstellt. John war es zu verdanken, dass ich plötzlich das Gefühl hatte, hier nicht mehr nur Tourist zu sein, und Lust bekam, mit dieser Insel und dieser so dichten Erde, mit diesen so faszinierenden Mächten zu verschmelzen. Wir fällten viele Bäume und pflanzten für jeden gefällten zehn neue. Ich hatte den Eindruck, damit eine Beziehung zu Maui zu entwickeln, zu Pélé, der Göttin, zum *Aloha spirit*. Dank John und Manou hatte ich eine Verbindung zu dieser Erde, und das war gut.

Zugleich führte ich meine Korrespondenz per Fax fort, indem ich nachts das Gerät der Larrondes benutzte. Ich schrieb an die Legaignoux und an Roger Brand, um ihnen zu sagen, was es zu sagen gab, nämlich dass sich die Segel nach und nach im Laufe meiner wenigen Surfausflüge aufgelöst hatten. Sie waren zu leicht, nicht stabil genug. »Aber das Gewicht ist unser Feind«, antworteten mir die beiden Brüder. »Ja, meine Freunde, aber ich glaube, dass man ein Minimum einhalten muss ...«

Zu allem Überfluss war während dieser Zeit das Verhältnis zu Laird noch immer getrübt. Wir liefen uns über den Weg, und es zeigte sich, dass er verändert zurückgekehrt war. Zurückgekehrt für die Sommersaison, in der man immer vergeblich auf Wellen wartet. Im vergangenen Winter hatte er mit seinem *Tow-in*-System jede Menge Riesenwellen geritten und fühlte sich seitdem von einer göttlichen Mission erfüllt. Seine Persönlichkeit hatte sich gewandelt. Eines Tages traf ich ihn, wir unterhielten uns, ich sagte ihm, dass ich ihn so verändert fände. »Hör zu, der Laird, den du gekannt hast, von dem du ein bestimmtes Bild hast, das gibt es nicht mehr, das hängt an der Wand, ein neues Bild ist dabei, sich abzuzeichnen.« Trotz unserer Meinungsverschiedenheiten waren wir noch immer Kumpels, deswegen informierte ich ihn darüber, was ich gerade vorhatte, berichtete von den Recherchen, der Entwicklung des Segels, dass wir ganz allmählich Fortschritte machten, dass das Segel eines Tages erhältlich sein würde, aber er reagierte nicht. Dann kreuzte er eines Morgens bei Michel Larronde auf, wo man ihn ansonsten nie sah, er kam in meine Wohnung, sagte nicht guten Tag, sondern war vielmehr aggressiv und ziemlich unangenehm.

»Wo sind meine Kites?«

»Welche Kites?«

»Die von Neil Pryde!«

»Hör zu, Laird, sie werden nach und nach geschickt, ich teste sie nur, du wirst der Erste sein, der informiert wird, wenn eine verbesserte Version zur Verfügung steht.«

Er glaubte wohl, dass ich Tonnen von Material zugeschickt bekam und alles für mich behielt. »Was soll der Quatsch, diese Aggressivität?« Er ging, ohne ein weiteres Wort zu sagen, er bildete sich Dinge ein, zeigte eine Art Eifersucht, eine Einstellung, die mir nicht gefiel. In der Folge dieses Zusammentreffens sollte er Kontakt zu den Leuten von ITV aufnehmen, sich Segel wie die allerersten, die wir hatten, bestellen, sie mit dem Namen Oxbow bedrucken und für einen Fotokatalog aufs Meer gehen. »Laird und sein neuer Sport«, mit seiner ganzen Armada, mit Fotografenhubschrauber, Sicherheits-Jetskis, seinem ganzen Hofstaat eben ... Er hatte Recht, er war ein Profi, er machte für seinen Sponsor Bilder von einem Sport, zu dessen Entwicklung er beigetragen hatte, das war schließlich ganz normal.

Ein paar Monate später sollte ich ein neues Segel erhalten. Einen Prototypen, der endlich aus Materialien hergestellt war, die eher meinen Bedürfnissen entsprachen. Und zwar von Roger Brand, der weiterhin mit uns zusammenarbeitete, ohne seine Direktion über seine Arbeit zu informieren, und diskret seine eigenen Mittel einsetzte. Und das war für ihn zweifellos ein bisschen riskant.

Im Laufe des Sommers kam er nach Maui für ein Meeting mit allen Importeuren des Windsurfens und brachte mir also persönlich dieses neue Segel mit. Es war das erste Mal, dass ich ihm begegnete, er war ein wunderbarer Mensch, und auf typisch britische Weise entschuldigte er sich und erklärte mir seine Situation: »Ich kann nicht mehr machen, selbst wenn ich daran glaube, entschuldige ...« Es war Barry Spanier, der ihn mir vorstellte, und Roger erzählte mir von seinen schwierigen Verhandlungen mit den Legaignoux, dass er meist auf taube Ohren stieß, wie wenig Technik- und Informatikkenntnisse sie besaßen. Barry seinerseits trug zur Weiterentwicklung bei: Mehrere Male fuhr ich zu ihm, und er hatte nie gezögert, mir zu helfen. Wir hatten einen ganzen Samstag damit verbracht, sämtliche Details des Segels unter die Lupe zu nehmen, die Näharbeiten, die Schwachstellen, die Luftkammern, die Ventile. Die beiden Klettverschlüsse zum Schutz der Ventile, damit sie sich nicht unerwartet öffneten, wenn das Segel herabstürzte, waren beispielsweise eine Idee von Barry.

Der Austausch zwischen ihm, dem Techniker, und mir, dem Tester, war fruchtbar. Denn ich war es, der die Beiträge auf dem Wasser leistete, Überlegungen in der konkreten Situation anstellte, nicht die Legaignoux, die gar nicht mehr surften. Und ich hatte es mit den Ventilen zu tun, die sich auf dem Meer plötzlich öffneten. Oder mit den Latten beziehungsweise Spanngurten. Barry erkannte sofort, wo das Problem lag, er wusste, wie man es beheben konnte, und hatte die nötigen Kontakte. Denn Barry ist ein Typ, der jedes Jahr drei- oder viermal nach China reiste, um den Angestellten von Neil Pryde zu erklären, wie man einen Prototypen für die industrielle Herstellung nutzte. Wir verbrachten viele Stunden bei ihm, um die *Wipika*, die aufblasbare Wurst der Legaignoux, genau unter die Lupe zu nehmen, um zu sehen, was man verbessern könnte. Er hatte auf Grund der langjährigen Zusammenarbeit mit den Kollegen in

China das Privileg, eine genaue und detaillierte Skizze dorthin schicken zu können, die von seinen Teams sofort für die industrielle Produktion herangezogen werden konnte.

Bei meiner Suche nach der perfekten Kombination arbeitete ich meinerseits weiter an den Brettern. Michel Larronde war *shaper* geworden, als er es irgendwann satt hatte, seine Boards ständig zur Reparatur zu tragen. Er hatte sich einen Namen gemacht, seine kleine Werkstatt hatte Erfolg, bei ihm wurden Bestellungen aufgegeben, er hatte daraus seinen neuen Beruf gemacht, und als Spezialist interessierte ihn mein Problem. Deshalb bat ich ihn, mir ein Brett zu bauen, das zugleich auf den Wellen reiten und unter Umständen auch am Wind fahren konnte. Ich hatte das Problem seit meiner Rückkehr ein bisschen schleifen lassen. Priorität hatte weiterhin die Entwicklung des Segels, nicht des Bretts. Und auch wenn an der Nordküste von Maui nur drei *spots* liegen, Hookipa, Spreckelsville und Kanaha, zwischen denen es überall Wellen gibt, so war es für mich das Größte, dort zu surfen, weil mir die Fahrten im Raumwind und das Glück auf den aufeinander folgenden Wellen so viel Spaß bereiteten. Alles andere sollte beizeiten kommen.

Ich wollte also, dass mein neues Brett vor allem in den Wellen, in der Dünung effizient war. Michel baute mir eines, ein kleines, aber als ich es sah, brach ich in schallendes Gelächter aus. Roberto schickte mir ein anderes. Doch das Surfen blieb weiter schwierig, ich geriet ganz häufig in Strandnähe zwischen die Schwimmer, das war ein Problem der Zuverlässigkeit der Leinen, der Wasserdichte der Kammern, der Halterung, der Nähte – jede Ausfahrt war ein Abenteuer, dessen Ausgang ich nicht voraussagen konnte, weil ich nie wusste, wo oder wie ich meine *session* beenden würde. Und so wurde ich ein echter Anhalterspezialist. Ich surfte mit dem Wind los, und dann musste ich, nachdem der *run* beendet war, irgendwie wieder zurückkommen, in etwa zu meinem Ausgangspunkt zurückkehren. Obwohl es auf Maui, wo man noch immer eine große Gemeinde von alten oder neuen Hippies sah, verboten war, als Anhalter zu fahren, funktionierte es doch recht gut. Ich brach mit einem kleinen Rucksack auf, in den ich, wenn ich meinen *run* erst einmal hinter mir hatte, mein zusammengefaltetes Segel steckte, unter dem Arm mein kleines Brett.

Das System erwies sich also, wenn ich wieder festen Boden unter den Füßen hatte, als leicht zusammenfaltbar und bequem zu tragen. Und falls kein Auto anhielt, war es auch nicht so schlimm, zu Fuß zurückzugehen. Während meiner Fahrten empfand ich ein solches Hochgefühl, dass der Rückweg ein Vergnügen war, weil ich die Stellen sah, an denen ich vorbeigekommen war. Das war Teil des Ausflugs, ein bisschen wie bei den Extremskifahrern, wenn sie zu Fuß in Richtung Gipfel stiegen, von dem sie dann abfahren würden, nur umgekehrt.

Jede Menge Menschen beobachteten mich von der Küste oder vom Hana Highway aus, der einzigen Straße, die an der Küste entlang bis nach Hana, dem Zentrum der Hippiekultur, führte. »Ach, Sie sind das, den wir gesehen haben, das ist wahnsinnig toll, Ihr Ding da!« Manchmal stieg ich in ein Auto ein, traf auf süßlich duftende Hippies, auf unglaubliche Schrottautos, diese Rückfahrten waren häufig malerische Begegnungen. Die Leute fingen sogar an, mich als den Typen mit dem Drachen zu erkennen. Allerdings nicht immer: »Wir dachten, Sie seien Laird Hamilton«, sagte man mir häufig. Bis in einer englischen Zeitschrift im August 1996 das allererste Kite-Foto erschien. Das war ich – auf dem Foto, nicht nur in Erzählungen …

Fliegen und surfen

Da war ich also mit meinem kleinen Brett, das mir Michel gebaut hatte, um im Passat und in den starken Sommerwinden zu surfen. Es war ziemlich schmal mit gutem seitlichen Widerstand, um im

Wind nicht zu viel Tempo zu verlieren, und es hielt gut Kurs, sodass ich, ausgerüstet mit dem von Roger mitgebrachten neuen Segel, dessen Halterung verbessert worden war, schnell fahren konnte. Die Leinen kreuzten sich nicht mehr, man konnte sie an mehreren Punk-ten festmachen, um verschiedene Lösungen auszuprobieren. Und außerdem war eine vereinfachte interne Halterung, in Form eines X, angebracht worden, um die Drehung des Drachens zu erleichtern und dennoch ein sicheres Flugverhalten zu garantieren. Eine logische Weiterentwicklung, die der Qualität unseres Austauschs so-wie der Art und Weise unserer Zusammenarbeit zu verdanken war. Die Bemühungen am Design, das Produkt, die Tests, das Feedback, die Beschreibung meiner Eindrücke, welches Verhalten ich mir wünschte: »Probieren wir doch mal dies, probieren wir das.« Hier, auf Maui, hatte ich mir außerdem von Keith Baxter neue Lenkstangen aus Carbon anfertigen lassen, aus dem Material, das gerade groß in Mode und sehr teuer war, mit einer schönen Ummantelung, einem guten *grip*. Sie waren leichter, hatten einen geringeren Durchmesser.

Außerdem hatte ich, inspiriert von jenem der Bodyboarder, ein ganz einfaches Sicherheitssystem entwickelt, sehr kurz, mit einem Karabinerhaken an meinem Handgelenk festgemacht, der sich bei Druck öffnete, verbunden mit einem Splint, an den ich die *board-leash* befestigte – sobald ich es losließ, wirbelte es bis zur *bar* heran. Wenn ich stürzte, löste sich eine der Leinen, und das Segel sank. In jedem Fall konnte ich, nachdem ich das alles zusammengestellt hatte, von einem Durchbruch in Sachen Effizienz sprechen. Mein Board war für starken Wind geeignet, eine Kombination positiver Faktoren kam zum Tragen, und ich hatte weniger Angst, mich ziehen zu lassen: Ich konnte den Flugaspekt des Systems entdecken. Mit dem normalen Surfbrett konnten die Besten zweifellos bis zu zehn Meter Höhe erreichen, ich war natürlich weit davon entfernt, solche Leistungen zu vollbringen, zumal das Springen nicht gerade meine Lieblingsdisziplin war. Aber plötzlich hatte ich den Eindruck, dass all die Schwierigkeiten der Herausforderung im Wind, der mich treibt, behoben waren. Mit der Dimension des Fliegens, die ich allmählich mit diesem Brett erreichte, das gut lief und schnell war, konnte ich genug Druck finden, meine Wellen zu reiten und darüber hinaus sogar außergewöhnliche Sprünge zu vollführen. Wenn ich sehr schnell war und dem Zug des Schirms Widerstand leistete, ihn dann plötzlich auf ziemlich brutale Weise aufsteigen ließ, hatte ich das Gefühl, mich in einem Aufzug zu befinden, der mich in die Höhe riss. Nach einer Fahrt und einem besonders gelungenen Sprung sagte ich mir: »Jetzt hast du es geschafft, du bist ein fliegender Fisch.« Beim Windsurfen hatte man sehr schnell den Druck, man schoss von der Rampe und flog sehr hoch, aber die Dauer des Sprungs war kurz. Nur ein flüchtiger Moment. Und jetzt hob ich mit einer kleineren Rampe ebenso gut ab, doch mit dieser neuen unterstützenden Wirkung des Kite dauerte der Sprung länger, war wie ein Gleitflug. Ich erreichte zwar noch nicht unglaubliche Höhen, aber das Gefühl war trotzdem ein ganz anderes.

Mit einem Schlag fühlte ich mich in meiner Überzeugung bestärkt. Da ich wusste, welch schlechter Springer ich beim Windsurfen war, sagte ich mir, wenn selbst ich das schaffte, was würde der Kite dann den Spezialisten erst ermöglichen ... Jedenfalls nutzte ich die Gelegenheit, obwohl ich nur ein einziges Segel hatte, um den Sport in seiner Gesamtheit zu erlernen, das Gleitvergnügen zu genießen, *carving*, Kurven auf dem Meer, zu üben. Und mit meinen neuen Brettern stellte ich einiges unter Beweis.

Ich erinnerte mich an die Ausfahrten mit den Wasserskiern in Australien, als ich zusammen mit Anders Bringdal für Gaastra gearbeitet hatte. Wir hatten, als wir von einem Kerl, der unser Coach gewesen war, über das Wasser gezogen wurden, festgestellt, wie ausgefeilt die Technik dieses Sports war. Wir robusten Typen hatten uns in die Idee verrannt, Slalom zu fahren. Vor uns ließ sich eine kleine, junge Frau schneller ziehen und hatte ein kürzeres Seil als wir, sie umfuhr die Bojen aber dennoch besser. Eine Demonstration ihres Könnens, das uns klar machte, dass das Wasserskifahren nichts mit körperlicher Kraft zu tun hatte, sondern in erster Linie eine technische Angelegenheit war. Was mich an dieser Disziplin faszinierte, das war die Beschleunigung am Ende der Kurve beziehungsweise vielmehr die phänomenale Wiederbeschleunigung. Wenn man beim Windsurfen eine Halse macht, um in die andere Richtung weiterzufahren, gibt es diese Beschleunigung nicht, man muss das Segel wenden, eine Halse machen und die Füße neu platzieren. Wie man es auch anstellt, man wird notgedrungen langsamer, das war sogar bei Anders der Fall, der auf diesem Gebiet wahrscheinlich einer der Besten der Welt war. Was ich mit dem Kite entdecken sollte, war, dass man wie beim Wasserskifahren – und das bestätigte sich mit meinem neuen Material – mit Beschleunigung am Kurvenende eine Halse machen konnte, da der Schirm immer noch vor einem war, weil er sich oben einfach gedreht hatte.

Ein Kurswechsel ermöglichte, wenn man es einmal richtig beherrschte, eine Wahnsinnsbeschleunigung, was das Kitesurfen zu einer absolut faszinierenden, aber zugleich auch extrem gefährlichen Sportart machte. Mit dem Gleitsprung, dem Aufzugsgefühl und der enormen Beschleunigung am Kurvenende war ich mir mehr denn je sicher, dass ich allmählich dem näher kam, was ich seit inzwischen so vielen Wochen und Monaten suchte ... Ich war im roten Bereich, jenem Rot, das auf den Wangen brennt, es lief dermaßen gut, dass ich daran dachte, eine Farbe zu erfinden, um meinem absoluten Hochgefühl Ausdruck zu verleihen.

In meinem mit Mühe kontrollierten Glücksgefühl war ich umso begeisterter, als mich noch weitere gute Nachrichten erreichten.

Faxe und Gespräche, die mich von dieser unglaublichen Sache immer mehr überzeugten. Vor allem Roger, der bis dahin ein paar Prototypen hergestellt hatte, war zu dem Schluss gelangt, dass es an der Zeit sei, die Sache Neil Pryde, dem großen Chef, beizubringen. »Ich habe mit ihm gesprochen«, schrieb er mir, »er hat nur mit einem Ohr zugehört, ich habe ihm gesagt, dass wir Prototypen hergestellt haben, er antwortete mir, solange es das Unternehmen nicht viel koste ... Ich habe ihm auch geraten, sich mit dir zu treffen, da er im September ohnehin nach Maui kommt.«

Ein gewaltiger Schritt, und das umso mehr, als ich spät losgelegt hatte, unbemerkt von den anderen surfte und nur über wenige Dokumente verfügte, die bewiesen, dass das Ganze Fortschritte machte. Als ich im August zum ersten Mal einen zuverlässigen Kite von fünf Quadratmetern erhielt, ein solides Gerät, effizient, wasserfest und endlich aus gutem Material hergestellt, der natürlich schwerer war, aber strapazierfähig wirkte, war ich der festen Überzeugung, dass sich die Dinge in die richtige Richtung entwickelten. Vielleicht lag das auch an der Verwendung der berühmten Spectra-Leinen, jenes Materials, das von der NASA für ihre Raumfähren entwickelt worden war, sehr eng geflochtene, strapazierfähige Fasern aus Verbundmaterial, die nun vielleicht endlich einem Teil unserer Reißprobleme ein Ende machen würden.

»Bis jetzt hatten wir Drachen, mit einem Schlag verfügen wir über einen für das Meer geeigneten Schirm, nicht über ein Gerät für den Strand.« Für mich war das im August 1996 ein Riesenerfolg. Schließlich hatte ich immer wieder darum gebeten, einen Schirm mit Leinen zu erhalten, die 400 Kilogramm Zuggewicht aushielten, damit sie, wenn ich in der Luft war, nicht mehr nachgaben. Ich hatte schon eine Reihe von schlechten Erfahrungen gemacht, war schon recht tief heruntergefallen, hatte mir wehgetan, vor allem am Rücken.

Das System war also zum ersten Mal komplett. Darüber hinaus war der Kite ganz rot, was nicht zu vernachlässigen war. Roger hatte mir die Farbwahl überlassen, und mir erschien es wichtig, dass es, anders als beim schönen Weiß, besser wäre, man würde den Kite gut sehen, um ihn zur Geltung zu bringen. Und als ich das Material erhielt, fühlte ich mich in meiner Wahl bestätigt. Sofort sagte ich mir, dass ich unbedingt Fotos machen lassen musste, weil das unglaublich wichtig war. Nach 16 Monaten harter Arbeit verfügte ich nun über ein System, das effizient war, und das musste publik gemacht werden.

Eine logistische Frage – und die war bei der gegenwärtigen Lage der Dinge nicht zu vernachlässigen –, denn ich wohnte nicht mehr bei Michel, ich hatte ein Zimmer bei einer Freundin gemietet, unweit der *spots*, und ich hatte genügend Geld zur Seite gelegt, um mir einen günstigen gebrauchten Pick-up zu kaufen.

Sobald ich den Kite erhalten hatte, fing ich an, ihn zu benutzen, und er bestätigte mir die Richtigkeit meines Unterfangens. Obwohl er schwerer war, flog er sehr gut, sogar besser als die leichteren. Sorgfältig verzierte ich ihn mit einem Logo, einem stilisierten Vogel, weil ich wusste, dass mir dieser Kite die Möglichkeit bot, überaus wichtige Fotos zu machen, die dann zwangsläufig die nächste Phase einläuten würden. Das war eine entscheidende Etappe, wir kamen aus dem Untergeschoss und befanden uns jetzt im Erdgeschoss.

Fotos zu machen, hatte jetzt absoluten Vorrang, aber ich verfügte auch über ein neues Brett von Sean Ordonez, dem berühmten *shaper* der Insel, spezialisiert auf Waveboards. In seiner Werkstatt erklärte ich ihm mein Vorhaben und sprach mit ihm über diese heikle Alchemie. Er hatte mich schon surfen gesehen und empfing mich freundlich. Ich beschrieb ihm die Empfindungen, die ich im Verhalten des Bretts suchte, und er machte sich mit ernster Miene sorgfältig Notizen. Die Sache war nicht gerade einfach: Michel Larronde kam vom Surfen, Sean vom Windsurfen, und ich steckte dazwischen. »Mann, das ist nicht das Gleiche, *I'm flying an aircraft and riding a surfboard*.« Dieser Spruch brachte ihn zum Lachen. »Einerseits steuerst du ein Luftfahrzeug, andererseits reitest du auf einem Surfbrett.« Daran sollte er sich erinnern. »*You fly and you surf*«, hatte er mir gesagt. Und als ich mein Brett abholte, war ich nicht sonderlich überrascht: Er hatte »Flysurfing« darauf geschrieben. Der Begriff hatte seine Bedeutung: Noch heute nennen viele Franzosen den Sport »flysurf«.

Und ein weiteres Mal sollte mir ein Board, dieses Mal das von Sean, die Möglichkeit bieten, mich in den Wellen auszudrücken wie nie zuvor. Jedenfalls unternahm ich damit schöne Ausfahrten auf das Meer, stellte umfangreiche Analysen an und zog konkrete Schlüsse. Ich hatte schon immer Raum-Zeit-Probleme gehabt, ich befand mich im gleichen Raum wie die anderen, aber manchmal hatte ich den Eindruck, nicht im gleichen Augenblick zu leben, entweder zu spät, zeitlich versetzt oder zu früh dran zu sein. Dieses Gefühl hatte ich schon gehabt, als ich an der Entwicklung des Windsurfens gearbeitet hatte, und dieser Eindruck war mir seitdem geblieben.

Allerdings galt es jetzt, der Welt das Ergebnis bekannt zu machen. Das mochte einfach erscheinen: Die besten Surffotografen stammten von hier, ein Dutzend Menschen mit Objektiven, die regelmäßig an den verschiedenen *spots* arbeiteten beziehungsweise nicht, denn in Wahrheit konzentrierten sie sich alle auf Hookipa, diesen letztlich angesichts der vielen Windsurfer, die sich dort tummelten, lächerlich kleinen Strand. Aber dort spielte sich alles ab, dort schossen sie ihre Fotos, dort drängten sie sich. Alle machten sich über meine Bemühungen und meine Versuche lustig, doch daran war ich inzwischen ja gewöhnt. Nicht einer von ihnen machte sich die Mühe, mir zu folgen, meine *runs* mit der Kamera unter Beschuss zu nehmen, sich für meine Fortschritte zu interessieren. Dass sich am Anfang meines Calder-Hochgefühls keiner für meinen Kite interessierte, verstand ich, aber hier, inmitten von Leuten, mit denen ich vor nicht allzu langer Zeit häufig zusammengearbeitet hatte? Musste ich mir eingestehen, dass ich wieder einmal ein wenig enttäuscht war? Allerdings war ich auch erstaunt, als mich Peter Sterling eines Tages am Strand ansprach, ein Außenseiter unter den Fotografen, ein bisschen *space case*, nicht ganz richtig im Kopf, der in einer wahren Elendsbehausung wohnte, schlechte Gerüche verströmte und ein wenig unberechenbar war. »Dein Ding interessiert mich, ich würde es gern fotografieren. Was meinst du dazu?« Natürlich nahm ich an, und in diesem Sommer sollte er mir, den Apparat umgehängt, nicht mehr von der Seite weichen. Bei jeder Begegnung erklärte ich ihm meinen Plan, dann postierte er sich hier oder da oder kreiste mehrere Tage in Folge mit dem Hubschrauber über mir. Bis er mich eines Tages anrief: »Ich habe die Fotos.« Ich begab mich in seine schäbige Unterkunft. Die Fotos waren schön, keine Frage. Ich bat ihn um Erlaubnis, Papierabzüge machen zu dürfen, ich war glücklich und hatte Lust, auf den Putz zu hauen. Es mochte wie eine Lappalie erscheinen, aber ich wusste, wie wertvoll ein gutes Foto in dieser Branche war.

Mit meinen neuen Abzügen ausgerüstet, bereitete ich mein Treffen mit Neil Pryde vor. Ich erstellte eine großformatige Präsentationsmappe, weil ich ihm alles erklären wollte, um ihn zu überzeugen, Geld in diese (R)evolution zu stecken, in das Windsurfen der Zukunft, mein Lieblingsthema. Mit dem Titel *Fly an aircraft, ride a surfboard.*

Ich traf mich mit ihm in einem Restaurant in der Stadt, und er sagte mir, dass er nur wenig Zeit habe. Aber er hörte mir zu, blätterte die Mappe durch, dann unterbrach er mich:

»Sag mal, du vergisst nicht gerade ein kleines Detail?«

»Wie bitte?«

»Dein Ding da, du kannst damit nicht am Wind fahren, oder?«

»Aber deshalb wende ich mich ja an Sie, das ist lediglich ein Problem der Entwicklung, das kommt sicher.«

»Ich bin nicht begeistert«, murmelte er. Ich überließ ihm die Mappe, ich hatte viele »aber« auf der Zunge, jedoch keine Zeit, ihn zu überzeugen. Nachdem das Gleitschirmfliegen Anfang der 1990er in Mode gekommen war, hatte Neil Pryde solche Geräte hergestellt, die Gewinne waren hinter den Erwartungen zurückgeblieben, deshalb die Vorsicht des Chefs. Das hatte er noch nicht verdaut und sagte es mir auch.

Ein Fax sollte meine Stimmung aufhellen, jenes von Roger Brand, der mir weiterhin eine große Stütze war und mir mitteilte, dass wir weiterarbeiten müssten, dass Neil ihm gesagt hatte, dass er sich mit seinem eigenen Budget einbringen könne, wenn es das Unternehmen nichts zusätzlich kosten würde, aber »machen Sie weiter, Roger, wir müssen es schaffen, wieder am Wind zu fahren. Dann ist es an Ihnen, mich zu überzeugen.« Ich stellte weitere Präsentationsmappen her, um Partner oder Sponsoren zu finden, beispielsweise Red Bull und Quiksilver, ich bekam von allen Absagen – es war schwer, Pionier zu sein.

Der Sommer ging zu Ende, ich fing an, effizienter zu surfen. Das Finale des Aloha Classic fand statt, des prestigeträchtigen Wettkampfs der Windsurfer am Ende der Saison. Berhard Biancotto, ein sehr bekannter französischer Fotograf, war da und machte Aufnahmen von den Surfwettkämpfen. Eines Tages, als Windstille herrschte und die Surfer nicht aufs Wasser konnten, brach ich mit meinem großen Kite von Hookipa auf und fuhr nach Westen, wo der Wind immer ein klein wenig stärker war und die Wellen höher. Bernard war da, und weil sonst keiner auf dem Wasser war, den er fotografieren konnte, folgte er mir im Hubschrauber und nahm mich mit der Kamera unter Beschuss. Dass ich diese Fotos eines Tages wiedersehen sollte, erfuhr ich übers Telefon, meinen bevorzugten Übermittler guter Nachrichten. Viel versprechendes Telefongeklingel, wie so häufig: Pierre Bigorne rief mich an, der Chefredakteur der Zeitschrift *Wind Magazine*, die damals in Frankreich die Bibel des Windsurfens war. Seit der Episode »Scheiß auf den dummen Spießer«, die ich noch nicht verdaut hatte, war ich zu deren Veröffentlichungen auf Distanz gegangen. Ich hatte es ihnen übel genommen, dass sie damals zu dem »immer mehr« an Technik zurückgekehrt waren, zur öffentlich geäußerten Verachtung der Sonntagssurfer, der Freizeit- und Urlaubssportler. Meiner Meinung nach war dies eine sehr kurzsichtige Einstellung, weil sie diejenigen waren, die unseren Sport am Leben erhielten und zur Entwicklung des Marktes beitrugen. Den Leuten von *Wind* hatte ich seitdem noch weit mehr vorzuwerfen, und ich mochte ihre Artikel nicht. Aber gut, ich zählte nicht zu ihren Lieblingen, noch gehörte ich zu jener Gruppe der Stiefellecker, die bereit waren, alles zu tun, um ihr Foto in der Zeitschrift zu haben: Man musste wissen, dass die Branche auch dank der Veröffentlichungen in der Presse lebte, einfach deshalb, weil ein Bild in den Fotoverträgen, die die Profiwindsurfer mit ihren Sponsoren abschlossen, eine nicht zu vernachlässigende Einnahmequelle darstellte. Sobald ein Abzug erschien, auf dem der Name des Sponsors gut lesbar war, dann war eine Prämie fällig.

Der Anruf überraschte mich jedenfalls sehr, und das umso mehr, als mir Pierre Bigorne sagte:

»Ich habe gerade die Fotos von Peter Sterling und Bernard Biancotto erhalten, es hat mich fast umgehauen, ich wusste ja gar nichts davon, das ist Klasse, ich verstehe nichts davon, aber es ist schön, und wir werden die Bilder veröffentlichen.«

»Wann, wann?«, fragte ich und schöpfte neue Hoffnung.

»Hör zu, wir wollen nichts überstürzen oder uns was vormachen, ich bringe sie in der nächsten Februarausgabe heraus, das ist der für uns ruhigste Monat, weil dein Ding da trotz allem ja kein Windsurfen ist. Und weil ich davon nichts verstehe, wäre es angeraten, dass du den Artikel selbst schreibst, es ist schließlich deine Mission. Wir werden dir den Platz einräumen, also los, ich verspreche dir, dass das gut wird.«

Ich machte mich mit meinen Blättern und Stiften wieder an die Arbeit, inzwischen war ich es ja gewöhnt. In meiner üblichen ehrlichen Art erklärte ich in meinem Text, dass ich, so erstaunlich diese neue Art des Gleitens auch war, bis jetzt noch Schwierigkeiten hatte, am Wind zu fahren, dass ich aber der festen Überzeugung sei, dass es dafür eine Lösung geben werde. Das übliche Problem, mir fehlte es an den nötigen finanziellen Mitteln, um die Technik weiterzuentwickeln, und so weiter und so fort. Ich präzisierte, dass das nicht das Allerwichtigste sei, sondern das Berauschende am Surfen, auf den Wellen zu reiten, wie sie eine nach der anderen kommen, den *spots* entfliehen zu können, an denen sich die Windsurfer drängten, und dass die Rückkehr zu Fuß ebenfalls einen wichtigen Teil dieses Nirwanas darstellte. Ich schickte den Text per Fax, die Redaktion von *Wind* schickte ihn mir zurück und erklärte mir, sie hätten ihn ein bisschen umgeschrieben, um ihn dem Stil der Zeitschrift anzupassen, ich erhielt die neue Version und stimmte zu. Unterdessen lief mein Visum ab, wieder einmal musste ich nach einer trotz allem fantastischen Saison nach Frankreich zurückkehren. Aber auch aus anderen Gründen, an die man nur glauben musste, selbst wenn das Ganze eine ewige Wiederholung war: Zu Hause würde ich die Entwicklung mit den Legaignoux vorantreiben können. Ich kehrte in die Bretagne zu meinen Freunden Paolo Rista und Dominique Le Bihan zurück. Es wurde Zeit, dass ich ins Flugzeug stieg.

6 Bretagne, 1996/97

All jenen, die den Winter in der Bretagne nicht kennen, kann ich versichern, dass er manchmal richtig streng ist. Vor allem in dem Jahr, das die seit einer Generation tiefsten Temperaturen bereithielt. Was machte ich da? Ich hielt mich bei meinem Freund Paolo, meinem Bruder, meiner Stütze, meinem Maler, auf. Er hatte sich in einer alten Mühle eingerichtet, die wohl seit der Elektrifizierung des Landes außer Betrieb war. Mit dicken Mauern aus Granit, die im Sommer die Hitze abhielten, aber im Winter nicht warm zu kriegen waren. Ein raues und gesundes Leben, wie ich es zu schätzen wusste. Hier hatte man wohl Getreide gemahlen. Getreide! Das war ein wenig das, was mir fehlte. Nicht das Mahlen, sondern das Getreide. Wie dem auch sei, die Kälte belebte mich, und die Freundschaft erfüllte mich mit Hoffnung. Die Zeit würde kommen ...

Mühlenwinter

Sobald ich den Fuß auf französischen Boden setzte, war ich zufrieden, auch wenn das Treffen mit Neil Pryde eher etwas von einer Abweisung hatte. Ich rief Paolo an. Er sagte mir: »Hör zu, Manu, ich habe in der Nähe von Landerneau eine Mühle an einem Bach gemietet, komm doch her.« Als Reaktion auf diese Welt hatte mein Paolo den in seinen Augen besten Platz gefunden, ein altes Bauwerk aus Quadersteinen und mit einem Kamin in dem riesigen Zimmer im Erdgeschoss. Dort hatte er sich mit seiner jungen Lebensgefährtin niedergelassen, die in Brest arbeitete, während sich der Künstler weiterhin seiner Malerei hingab. »Du bist natürlich herzlich willkommen, zieh hier ein, das wäre für mich außerdem eine Abwechslung.« Er war trotz allem ein bisschen einsam, mein Italiener, weil er bis jetzt weder Freunde noch einen Bekanntenkreis hatte. Ich erzählte ihm, dass er mir vielleicht darüber hinaus helfen könne, dass ich nicht aufgehört hätte, an meinem Projekt zu arbeiten, aber dass es mir noch immer nicht gelungen sei, am Wind zu fahren. Paolo vergaß bei unserem Telefongespräch nicht, ein wichtiges Detail zu erwähnen, nämlich dass seine riesige Bruchbude nicht beheizt war. Dezember, Januar, Februar, einer der kältesten Winter der letzten Jahrzehnte, mit Schnee, aber gut ... Legaignoux war in Quimper, der Importeur von Neil Pryde Europa hatte seinen Sitz in Brest. Wieder einmal war ich vor Ort, und da ich nicht vorhatte, die Sache aufzugeben, war das strategisch günstig.

Als ich mich erst einmal in der Kühlschrankmühle eingenistet hatte, zeigte ich Paolo, wie weit ich gekommen war. Und ich stellte fest, dass er ein bisschen war wie ich – ein Aussteiger. Sein Vater hatte nicht gerade vor Freude gejubelt, als Paolo seiner Familie in Vancouver erklärt hatte, dass es ihm bestimmt sei, von nun an als Maler in der Bretagne zu leben. Er war sich seiner Entscheidung nach wie vor sicher, aber er musste nichtsdestotrotz auf andere Gedanken kommen, deshalb interessierte er sich für mein Unterfangen – und vor allem begriff er die Problematik meines Vorhabens: »Man muss am Wind fahren können.«

Ich hatte Paolo von meinen letzten Ergebnissen erzählt, meinen Treffen, den Reaktionen von Neil Pryde und den anderen. Nach meinen euphorischen Phasen beim Surfen war es nun unabdingbar zu demonstrieren, dass man beim Kitesurfen in der Lage war, am Wind zu fahren. Wir legten drei Arbeitsschwerpunkte fest: das Profil, das bislang zu dick war; die Form, bisher nicht lang genug; und schließlich das Gurtzeug, um den Anstellwinkel des Schirms zum Wind der Geschwindigkeit entsprechend regulieren zu können. Aber wir konnten weder am Profil noch an der Länge etwas ändern, weil es darauf hinauslief, das Segel komplett neu zu entwerfen und neue Prototypen herzustellen. Das lag außerhalb unserer Möglichkeiten, deshalb konzentrierten wir uns auf den Anstellwinkel des Segels in der Luft mit Hilfe der Leinen. Bis jetzt hatten sämtliche Kites, die ich benutzt hatte, nur zwei Leinen gehabt. Zusammen mit den Brüdern Legaignoux hatten wir hart an dem gearbeitet, was sie als »internes Geschirr« bezeichneten, eine recht komplizierte Art von Verschnürung des Segels, die ihm zugleich beim linearen Flug eine große Stabilität verlieh, damit es gut und schnell reagierte, wenn man es eine Drehung machen ließ. Dieses interne Geschirr direkt unterhalb des Segels führte dann über zwei Leinen von 20 Meter Länge zu der einfachen, geraden Lenkstange. Das Ganze ermöglichte eine durchschnittliche Steuerung, auf die man beim Flug keinen Einfluss mehr hatte und die vor allem dann funktionierte, wenn der Wind den Kite »schob«, wenn man also Halbwind- bis Vorwindkurs fuhr. Um gut am Wind surfen zu können, musste ein Segel ein relativ feines Profil haben, damit es in den Luftstrom eindringen und in einem idealen Winkel zu diesem angestellt werden konnte. Stand das Segel zu waagrecht zum Wind, in der Surfersprache ausgedrückt, ließ man es zu »offen«, dann flatterte es, bot dem Wind keinen Widerstand und erzeugte keinen Vortrieb. Stand es zu senkrecht, hielt man es zu »dicht«, dann führte das zu brutalen Turbulenzen, und es funktionierte auch nicht. Man musste also den idealen Anstellwinkel finden, der wechselte, je nachdem, ob man am oder vor dem Wind fahren wollte. Mit unseren Erfahrungen als alte Windsurfregattafahrer, nach der gründlichen Lektüre des berühmten *Penguin Book of Kites*, den Beobachtungen auf dem Meer und den gemeinsamen Überlegungen in der großen, kalten Mühle kamen wir zu dem Schluss, dass ein Gurtzeug mit vier Leinen wahrscheinlich geeigneter sei, um besagten Anstellwinkel verändern – und damit also dicht halten beziehungsweise offen lassen – zu können. Ja klar, natürlich, die Lösung für den Kite bestand in vier Leinen. Selbstverständlich teilte ich das Bruno mit, der sich wie gewöhnlich nicht begeistert äußerte, was eigentlich ein gutes Zeichen war.

Er hatte mit seinem Bruder über dieses Problem bereits diskutiert und ein ziemlich komplexes System mit Seilrollen, Vorgelegen und sich kreuzenden Leinen entworfen, eine viel zu komplizierte Angelegenheit, die auch erklärt, warum das nicht wirklich funktionierte. Damals waren die beiden gerade dabei, eine Möglichkeit zu entwickeln, damit das Segel sich über eine Steuerung entsprechend der Windstärke automatisch einstellte. Sie verfolgten also nicht das gleiche Ziel wie wir. »Ich bin der Meinung, dass das nicht das Richtige ist, der Kitesurfer möchte keinen Autopiloten haben, er will selbst Herr über seine Entscheidungen sein, er möchte durch die Handhabung der Leinen den Anstellwinkel nach Wunsch regulieren. Dafür ist ein einfacheres und zugleich direkteres System nötig«, erklärte ich.

Legaignoux war äußerst skeptisch: »Wir müssen bei zwei Leinen bleiben, das ist besser. Für uns, für dich, für die Kunden. Wir drei haben jetzt mehr als ein Jahr an der Entwicklung des Gurtzeugs mit zwei Leinen gearbeitet, das inzwischen sehr gut funktioniert, und du möchtest das Ganze wieder in Frage stellen. Das ist lächerlich. Vier Leinen, das werden zwei Probleme mehr sein, die man in den Griff bekommen muss, zusätzliche Risiken, dass sie sich verheddern, es wird viel schwieriger sein, ihn wieder steigen zu lassen, das hat keinen Sinn. Um am Wind zu fahren, musst du an deinem Brett arbeiten.«

Mein rotes Segel war noch immer einsatzfähig, und ich hatte noch ein paar alte, gebrauchte Prototypen. Es mochte unverschämt erscheinen, aber ich hatte immer mehr das vage Gefühl, dass ich, wenn mir Legaignoux sagte, ich sei auf dem Holzweg, genau diesen weiterverfolgen musste. Deshalb brachen wir auf, um mitten im

Winter am Strand von Conquet unsere eigenen Experimente durchzuführen. Ich erinnere mich besonders an einen dieser Versuche, an
einem schönen Tag, in schöner Landschaft mit Blick auf Ouessant,
nachdem ich in der Nacht die vier Leinen an neuen Stellen an das
Segel genäht hatte. Wir waren nicht überrascht, als wir feststellten,
dass es mit vier Leinen anstatt von zweien nicht schlechter ging,
ganz im Gegenteil! Man konnte die Steuerung des Anstellwinkels
beeinflussen, um den Vortrieb zu kontrollieren, besser in den Wind
gelangen und so die Möglichkeit zu fliegen vergrößern. Wir kehr-
ten nach Hause zurück, in dem großen Wohnzimmer des Hauses
herrschte noch immer eisige Kälte, aber uns war ein wenig wärmer
ums Herz, nicht nur auf Grund der Handschuhe, der Stiefel, der
Mäntel und der Mützen. Bis spät in die Nacht redeten wir über unsere Experimente und die Zukunft und dachten an eine gebogene
Lenkstange, die es ermöglichen würde, die Veränderung der Lei-
nenspannung mit den Händen zu optimieren. Sofort bauten wir aus
alten Gabelbäumen ein paar Prototypen, wir befestigten unsere Leinen an den Deckenbalken, machten so unsere ersten Tests und waren von den Ergebnissen begeistert. In den folgenden Tagen führten
wir jede Menge Flugtests durch, wir arbeiteten an unserer gebogenen *bar*, und die Fortschritte waren verblüffend. In aller Unschuld
bestand ich Bruno Legaignoux gegenüber darauf, dass er kam und
sich eine Demonstration unseres Systems ansah, damit wir ihm unsere Segelhandhabung mit vier Leinen und unsere gute Stimmung
vorführen konnten. Eines Morgens kam er an, ich erkannte seinen
Peugeot 205 sofort. Paolo und ich waren ganz aufgeregt wegen unseres veränderten Segels, der gebogenen *bar* und der vier Leinen.
Zuerst ließen wir das Segel am nahen Strand fliegen. Und ich stellte
fest, dass sich mein lieber Legaignoux ein wenig abschätzig, ein
wenig distanziert und herablassend gab. Ich selbst wusste, dass ich
von nun an nur noch mit diesem System mit vier Leinen surfen

würde, das es mir definitiv erlaubte, mit dem Vortrieb des Segels zu spielen. Er dagegen war wie immer schlecht gelaunt, pessimistisch, dachte an seine Probleme mit Neil Pryde, an seine Computer- und Englischkurse, an den zweifellos schwierigen Schritt vom Handwerk in die Industrie. Er wollte alles, und zwar sofort. »Allerdings haben wir im Moment nichts.« »Aber das ist normal«, erwiderte ich ihm, »gut Ding will Weile haben.« Bruno war anderer Meinung. Schimpfend fuhr er wieder ab.

Pinocchio und die Presse sind auf unserer Seite

Wir beschlossen, ein neues Brett zu entwickeln, das besser geeignet war, am Wind zu fahren. Paolo war ein guter Bastler, und er konnte den Gedanken nicht ertragen, jemand anderen mit etwas zu beauftragen, von dem er meinte, es selbst besser machen zu können. Genau dies war es auch gewesen, was er am Windsurfen satt gehabt hatte. Er war ein wenig frustriert gewesen, dass er die Entwicklung unseres Sports nicht mehr in der Hand hatte.

»Wir werden das Brett selbst entwerfen und bauen, und zwar hier.« Ohne Heizung, für Paolo ein Klacks. Er war in seiner Jugend in Südafrika Landesmeister im Wasserskifahren gewesen, er kannte sich in Sachen Wasserwiderstand aus, und dennoch fabrizierte er mir ein Wahnsinnsding, entwarf ein Brett mit einer nach vorne auslaufenden Pinocchio-Nase. Warum? Ich weiß es nicht mehr. »Mach dir keine Sorgen, ich werde es dir so bauen, wie ich es für richtig halte.« Stundenlang skizzierte er Kurven, dann galt es, Kunstharz zu besorgen. Seine Lebensgefährtin Carole, die ein Arbeitszimmer auf der gleichen Etage hatte, geriet ein wenig in Panik. Paolo, der noch immer so chaotisch war, hatte mit seiner Malerei schon ein wüstes Durcheinander angerichtet. Jetzt Kunstharz, Schaumstoff, Schleifarbeiten. Und unterdessen erlebte ich mit einem Mal einen neuen Durchbruch in der jungen Existenz des Kitesurfens.

Bei einem Kiosk blieb ich vor der neuen Ausgabe des *Wind Magazine* stehen. Ich war verdutzt, ach, diese Heimlichtuer! Der Artikel befand sich wie angekündigt, wie versprochen, darin, aber ich war zudem auf dem Titelblatt abgebildet. Ich entdeckte ein riesiges Foto von mir, mit dem großen, gelben Segel vor einer Welle fahrend, mit dem Titel: »Kitesurfen: Wie funktioniert das?« Im Heft zwei Doppelseiten und Fotos: »Meine neue Art zu surfen«. Mein Text, Illustrationen, eine erste Veröffentlichung. Ein wichtiger Schritt. Sofort rief ich Legaignoux an. »Bruno, renn zu deinem Zeitschriftenladen, du wirst sehen, es ist fantastisch.« *Wind* war nach wie vor *die* Zeitschrift für die Profis, sie war schon zu jener Zeit maßgeblich, als das Windsurfen groß in Mode war, als Frankreich, was die Zahlen der Anhänger anbelangte, das führende Land, das Maß aller Dinge war. Selbst mitten im Februar, selbst bei der Ausgabe, die sich am schlechtesten verkaufte. Was die Hoffnungen vielleicht ein wenig dämpfte, aber es blieb das Titelblatt plus insgesamt fünf Seiten.

Bruno rief mich nicht zurück. Zwei Tage später meldete ich mich wieder. »Und, hast du es gesehen, ist das nicht Wahnsinn? Bist du dir im Klaren, was das bedeutet?« Ich hatte sie in meinem Text gewürdigt, ihn, seinen Bruder, ihre Ideen, die *Wipika*, die Bedeutung ihrer Arbeit. Ganz ahnungslos. Mensch, wo lag dein Problem, Bruno?

»Du schreibst in dem Artikel, dass du damit nicht am Wind fahren kannst, du weißt, dass das der Grund für die Probleme mit Neil Pryde ist …«

»Na, ganz im Gegenteil, lies ihn noch mal, die Tür ist offen, ich habe nur die Wahrheit gesagt, hätte ich die etwa nicht sagen sollen?«

»Doch, schon.«

Er nahm es offenbar sehr negativ auf, wie so oft war er unzufrieden.

Kurz nach Erscheinen des Artikels rief mich der Chefredakteur von *Wind* an, um mir mitzuteilen, dass sie unglaublich viel Post erhalten hatten, und er bat mich, ihm meine Adresse zu geben. Ich wohnte bei Paolo, ich antwortete, dass mir das peinlich sei, aber dass er mir die Leserbriefe zukommen und unter Umständen die Telefonnummer meines Freundes weitergeben könne, aber nur, wenn es sich um mögliche Sponsoren, Fabrikanten oder Leute aus der Branche handele. Daraufhin erhielt ich ein Paket mit etwa 50 recht erfreulichen Briefen: »Ihr Ding ist genial«, »Wo kann man sich das beschaffen?« Ich leitete das Ganze an Legaignoux weiter, der noch immer am Murren war. Er sollte aus China eine kleine Lieferung erhalten, weil nun wirklich mit der Produktion begonnen wurde, er wartete darauf und hoffte. Ich versuchte, seine Stimmung aufzuhellen: »Du wirst ein bisschen Geld verdienen.« Der Arme hat schließlich Frau und zwei Kinder, und ich, der Vagabund, hatte Mitgefühl angesichts seiner Schwierigkeiten.

Außerdem rief mich Raphaël Salles an, ein ehemals hervorragender Windsurfer, der aber recht klein war, so dass wir ihm den Spitznamen »Kobold« gegeben hatten. Er verstand es sehr gut, die Dinge auf den Punkt zu bringen, doch er machte gerade ein besonders schwieriges Karriereende durch, da inzwischen für das Wettkampfsurfen eine Mindestkörpergröße verlangt wurde. Er sagte mir, dass ihn meine Sache interessiere und er das Gleiche in Südfrankreich inzwischen ebenfalls ausprobiert habe. Er fuhr fort und erzählte mir Geschichten von Drachen, die Boote zögen, gab mir zu verstehen, dass er schon von den Legaignoux gehört habe, dass die Leute, mit denen er im Süden zusammenarbeite, versucht hätten, mit ihnen in Kontakt zu treten, dass sie aber durch das Verhalten meiner beiden Freunde ein wenig abgeschreckt und verwirrt seien. Er bat mich, ihm alles zu erzählen, was ich so machte. »Das ist wirklich interessant, ich glaube daran, bleiben wir in Kontakt.«

Legaignoux seinerseits beantwortete die Leserbriefe und verkaufte ein paar seiner neuen Segel.

Zusammen mit Paolo testete ich an einem bitterkalten Tag, an dem man eigentlich keinen Hund vor die Tür gejagt hätte, das Pinocchio-Brett. Paolo nahm mich bis ans Ende der Reede von Brest mit. Seit er hier lebte, interessierte er sich unglaublich für das maritime Erbe und klapperte auf der Suche nach alten Schiffswracks, nach Zeugen der Vergangenheit, unentwegt die zerklüftete Küste, Rias, Strände und Buchten ab. Er kannte die guten Plätze also inzwischen besser als ich. Westwind, eine geschützte Stelle, glattes Wasser, ein geeigneter Startpunkt. Und dort fuhr ich mit der langen Nase 70 bis 80° am Wind, nicht gerade gewaltig, wenn man bedachte, dass ein Brett 45° und ein Boot beim America's Cup 35° schafften, aber gut! Und da der Wind nachließ, musste ich zurechtkommen, so gut ich eben konnte. Doch als wir zurückfuhren, betrachteten wir die Ergebnisse als Fortschritt.

»Es ist besser als vorher«, sagte ich zu Paolo, »aber ich bin mir nicht sicher, ob die Sache mit der Nase viel dazu beigetragen hat.«

»Da stimme ich dir zu, denn als ich dich beobachtet habe, habe ich gemerkt, dass das nicht das Richtige ist, ich werde ihm also die Schnauze absägen.«

»Du machst wohl Witze, das ist dein Werk, ich will es behalten!«

Ich besitze es noch immer.

Wir brachten ein Weilchen damit zu, den Unterschied zwischen meinen alten Brettern und jenem von Paolo zu analysieren, das trotz seiner übertrieben langen Nase einen deutlich besseren Kurs am Wind ermöglicht hatte. Wieder ging es von vorne los, wir mussten trotz der neuen Befestigung des Segels und der Möglichkeit, seine Neigung zu regulieren, begreifen, was an diesem Tag so anders gewesen war. Denn obwohl die Verwirrung allem Anschein nach komplett war, wurden wir uns einiger Tatsachen bewusst.

So begriffen wir allmählich, dass die Nase vorne zusätzliches Gewicht bedeutete, und nach mehreren Ausfahrten und Versuchen stellten wir fest, dass das Entscheidende, um am Wind zu fahren, die eigentliche Fläche zur Minderung der Abdrift ist, jene, die einen waagrechten Widerstand zum Segelschub bietet, also der mittlere Teil des Bretts unter dem vorderen Fuß, nicht die Finne(n) am Ende. Wie beim *kiteboard numéro 1*, das ich mir in Nantes von Meunier hatte machen lassen. Dieses hatte zwei weit vorspringende Finnen, die der Minderung der Abdrift dienten, aber damals war ich mir nicht bewusst gewesen, dass dies das Verhalten des Ganzen beeinflusste. Das war zweifelsohne noch nicht die beste Version gewesen.

Neben den Fragen zum Material und den technischen Fortschritten begriffen wir auch, welche Kraft man mit den Füßen einsetzen muss, die Druckverteilung, denn im Gegensatz zum Windsurfen, wo man viel Druck mit dem hinteren Bein ausübt, war es hier der vordere Fuß, mit dem man das Verhalten des Bretts beeinflussen und damit spielen konnte. Andernfalls schnitt es nicht ins Wasser. Jetzt wussten wir um die Bedeutung des vorderen Teils. Das alles ging einen guten Weg, das nächste Brett würde das richtige sein, davon waren wir, angeregt durch diesen Test, überzeugt, auch wenn unsere Fortschritte bescheiden waren. Wir hatten vielleicht etwa 20° gewonnen, wir waren bei 90° gewesen, und jetzt waren wir bei 70° angelangt. Wir waren noch lange nicht am Ziel, aber immerhin auf dem richtigen Weg.

Ein weiteres bedeutendes Ereignis, das dazu beitrug, dass sich unsere Stimmung aufhellte: Die neuen Segel waren endlich eingetroffen, eine Serie von zehn Stück. Legaignoux überließ mir vier davon für meine Tests und meine Versuche und um schließlich eines oder zwei davon zu verkaufen, damit ich mein Bankkonto ein wenig auffüllen konnte. Aber ich zog es vor, sie zu behalten. Daneben hörte ich nicht auf, die Leute von Neil Pryde Europa anzuschreiben. Michel Quistinic, einer meiner früheren Mentoren im Club der Crocodiles de l'Elorn in Brest, war inzwischen zum Chef

aufgestiegen, und ich schrieb ihm wie auch meinem Freund Dominique Le Bihan, der seine Surfschule in Douarnenez inzwischen
verkauft hatte und bei dem Segelhersteller unter Vertrag stand, unentwegt. »Mein Sport ist Spitze, kommt her, damit ich ihn euch
vorführen kann.« Ich war dermaßen hartnäckig, dass Quistinic
schließlich einwilligte, mir zuzuschauen. »Ja«, antwortete er mir
eines Tages, »ich kenne Legaignoux, ich erinnere dich daran, dass
wir diejenigen waren, die ihm sein Ticket bezahlt haben, als er nach
Hongkong geflogen ist. Er beklagt sich ständig.« Doch der Artikel
in *Wind* hatte zugleich seine Wirkung nicht verfehlt. »Gib uns eine
Chance, Michel.« Wir trafen uns eines Vormittags im Norden des
Finistère bei den Dünen von Sainte-Marguerite. Die Sonne schien,
es ging ein starker Wind, das Meer war aufgewühlt, die Flut hoch.
Ich kannte die Stelle nicht gut, wir ließen uns Zeit mit den Vorbereitungen, und die Spannung war fast greifbar. Bruno Legaignoux
war nervös. Dominique, der ebenfalls da war, sagte kein Wort, die
Bedingungen waren schwierig, Windsurfer waren auf dem Wasser
und führten vor, wozu ihr Sport in der Lage war. Es war kalt, die
Strömung der Flut war stark, und ich surfte schlecht. Ich fuhr kaum
am Wind und schaffte es nicht, zu meinem Ausgangspunkt zurückzukehren. Als wir das Segel aufgeblasen hatten, war eine Kammer
geplatzt, die wir hatten austauschen müssen, und Legaignoux hatte
sich aufgeregt. Meine Vorführung war weit davon entfernt, glän-
zend zu sein, und ich wusste genau, was ich an der Stelle von Michel
Quistinic gedacht hätte. Sie fuhren wieder ab. Später sollte ich ein
mehr als zurückhaltendes Fax von Michel erhalten, in dem er mir
schrieb, dass er sich nicht für uns einsetzen werde. Ich bedauerte
das, aber was sollte ich machen?

Ich war noch immer auf der Suche nach einem Sponsor, doch
inzwischen verfügte ich über eine neue Waffe, nämlich über den besagten Artikel. Ich lag in Anbetracht der Tatsache, dass ich überall

nur Absagen erhalten hatte, auf der Lauer nach einem möglichen Sponsor, einem Partner, der bereit war, den Gleitsport zu unterstützen, den Extremsport, ja Randsportarten. Ich hatte es mir aus Kostengründen angewöhnt, in Zeitschriftenläden zu gehen und die Magazine durchzublättern, ohne sie zu kaufen. Vor allem in Bahnhöfen, weil man mich da nicht ansprach. Ich befand mich im Bahnhof von Brest, blätterte eine Zeitschrift durch und stieß auf einen Artikel über die Leistungen von Umberto Pelizzari, dem bekannten Apnoetaucher. Ich kannte ihn dem Namen nach: Wie jedermann hatte ich *Le Grand Bleu* gesehen, ich verfolgte die Leistungen dieser Menschenfische und hatte schließlich schon immer ein Unterwassergewehr, eine Maske und Schwimmflossen in der Tasche. Umberto hatte gerade einen seiner zahlreichen Rekorde aufgestellt, und in dem Artikel gab es einen Beitrag über die Firma Sector, eine junge italienische Uhrenmarke, die neben Umberto auch Gérard d'Aboville sponserte, der die Weltmeere mit dem Ruderboot überquert hatte, sowie Patrick de Gayardon, den Extremfallschirmspringer. Das fiel mir ins Auge, eine Offenbarung: das Team Sector, das war, als wäre es eigens für mich geschaffen worden. Die Strategie der Marke: Sportler einzusetzen, die dem großen Publikum unbekannt waren, die unbekannte Sportarten ausübten, und sie zu Stars ihrer Werbekampagnen zu machen. Ich lag mit der von diesem italienischen Uhrenhersteller vertretenen Philosophie »No limits« genau auf einer Wellenlänge. Und die in dem Magazin abgedruckte Definition traf auf mich zu: Pioniere, die Schwierigkeiten haben, ihre Aktivitäten weiterzuentwickeln, und Sportler, die Grenzen verschieben. Es folgte eine Liste dieser unglaublichen Typen, dieser Größen der Extremsportarten. Ich musste es versuchen, ich musste Kontakt zu Sector aufnehmen.

Im Frühjahr 1997 kehrte ich nach Paris zurück. Ich traf einen Kumpel, der noch immer versuchte, die Surfwettkämpfe zu organisieren, und er sagte mir, dass er mich mit jemandem in einer kleinen Vermittlungsagentur bekannt machen würde. Das war Emmanuel de Nanclas, der mich in seinem Büro im 16. Arrondissement freundlich empfing. Ich legte ihm meine Sachen vor, meine Mappe, meine Fotos. Gut präsentiert, nettes Gesicht, sagte er. Ich erwähnte die Firma Sector. »Ja, das wäre ein interessanter Ansprechpartner, wir werden die französische Niederlassung anrufen.« Auf der Stelle. Er griff zum Telefonhörer, das Büro gab uns den Namen der Agentur, die sich mit ihrer Öffentlichkeitsarbeit beschäftigte. Ein weiterer Anruf. Und ein Wink des Schicksals: Die junge Frau, die den Anruf entgegennahm, war eine ehemalige Schülerin von mir, ich hatte ihr in Douarnenez das Surfen beigebracht. Sie bestätigte mir, dass ihre Firma in Kontakt mit dem Sector-Stammhaus in Mailand stand, und sie verband mich mit einem gewissen Mick Regnier. Seine Arbeit, seine Mission: die Augen offen und Ausschau zu halten, zu beobachten, die Sportler zu empfangen, sich ihre Projekte schildern zu lassen, die Besten auszuwählen und dann Berichte nach Italien zu schicken.

»Manu Bertin? Ach ja, ich bin vage auf dem Laufenden, was du machst, komm doch vorbei.« Er war der Erste, der mich nicht abwies, er gab mir einen Termin, ich erschien recht selbstbewusst mit meiner schönen Mappe.

Er blätterte sie durch. »Das ist nicht schlecht, dein Gerät, wir rufen sofort Marco Francesconi an, den Marketingdirektor in Mailand, er ist für das Team verantwortlich.« Ein wahnsinnig beschäftigter Typ, den wir aber, kaum zu glauben, tatsächlich erreichten. Und ich hörte, wie Mick ihm sagte:

»Ich habe hier etwas Gutes, einen Franzosen, der mit einem Kite und einem Surfbrett auf dem Meer unterwegs ist ...«

»Wir haben allmählich schon genug Franzosen«, antwortete ihm der Italiener.

»Ja, aber er hat schöne Fotos, das ist etwas anderes, etwas Neues, ich glaube, das könnte dich interessieren.«

»Okay, schick das Dossier her.«

Ich ließ mein Paket also da, und es begann ein Prozess, der erst ein Jahr später abgeschlossen werden sollte.

Kurze Zeit später erhielt ich einen Anruf von Marco Francesconi: »Ich habe dein Dossier erhalten, das ist wirklich extrem, schön und interessant, ich bin ganz beeindruckt.« Ich kniff mich – da war ein Mann, der ein gewisses Interesse an meiner Sache hatte! »Aber«, fügte er hinzu, »was uns interessiert, das ist nicht, Athleten zu sponsern, sondern vielmehr, diesen Athleten zu helfen, ein Projekt, ein Event zu organisieren. Mach uns einen Vorschlag, dann können wir vielleicht zusammen einen Film drehen …«

Schon recht bald schlug ich ihm ein Projekt vor, eine erste Überquerung auf offenem Meer, zwischen Big Island, der größten Insel des hawaiischen Archipels, und Maui, und zwar an einer besonders windreichen und gefährlichen Stelle. Er antwortete mit Ja, allerdings … Die diesjährigen Budgets waren bereits ausgeschöpft, es gab kein Geld mehr, wenn man also zusammen etwas Interessantes unternehmen wollte, könnte man das erst in der kommenden Saison ins Auge fassen. »Ich nehme dich ins Team auf, aber erst im nächsten Jahr.« Das war noch lange hin. Bis dahin musste ich weitermachen und meine Aufgabe lösen.

Ich hatte das Gefühl, immer das Gleiche zu erleben, auch wenn diesmal ein Licht am Ende des Tunnels erschien. Ich tat also nichts anderes, als mich herumzustreiten und eine Auswahl unter den vielen Ratschlägen zu treffen, die mir erteilt wurden.

Ich schätze die Tipps von Jean-Pierre Martin, dem Chef von Quai 34 der Pariser Firma, für die ich gearbeitet hatte. Wir waren in Kontakt geblieben, und er empfing mich immer freudig, ja verfolgte meine diversen Aktivitäten sogar mit Interesse. Er hatte mich stets unterstützt und mir vertraut, was in dieser Branche ziemlich selten war, wie mir schien. Jedes Mal ermunterte er mich: »Du musst einen guten Grund haben, wenn du das tust«, und machte mir, dem mittellosen Vagabunden, wieder Mut. Wieder einmal rief ich ihn an. »Komm her, wir gehen zusammen zum Mittagessen.« Ich berichtete ihm von meinen Enttäuschungen, erzählte ihm meine Geschichte und erklärte ihm meine Beziehungen zu den Legaignoux. Er erwähnte die Möglichkeit einer Großbestellung für die etwa 30 Geschäfte, die Franchiseunternehmen von Quai 34 waren, dann fragte er, der versierte Geschäftsmann, der Mann, der sich auf diesem Gebiet auskannte, ob ich denn mit den Legaignoux eine Vereinbarung unterzeichnet hätte. Ich antwortete ihm, dass dies nicht der Fall sei, dass ich nichts in der Hand hätte, dass Bruno kein einfacher Mensch und es schwierig sei, mit ihm etwas auszuhandeln. Dies umso mehr, als er Neil Pryde immer kritischer gegenüberstand und es mir beinahe übel nahm, dass ich sie mit dieser Firma in Verbindung gebracht hatte. Er hielt mir vor, dass auch er Kontakte zur Drachenbranche gehabt habe und ich ihn dazu veranlasst hätte, diese aufzugeben, was er nicht hätte tun sollen, weil sie viel schneller gewesen wären als Pryde, und so weiter.

Das alles erklärte ich Jean-Pierre und fragte ihn, was er, der Kopf der führenden Geschäfte für Surfbedarf in Frankreich, davon halte. Ich wiederholte, dass ich trotz der offenkundigen Schwierigkeiten nicht beunruhigt sei, dass ich meinen Kompagnons vertraue. Wie es Joey Starr ausdrücken sollte: »Ich glaubte, die gemeinsame Schufterei würde aus uns Brüder machen.« Jean-Pierre warf mir einen seltsamen Blick zu, dann stellte er lakonisch fest: »Geld macht verrückt, daran musst du immer denken.«

»Die Engel haben Flügel, weil sie sich auf die leichte Schulter nehmen.« Gellu Naum (rumänischer Dichter).

Eine Durststrecke

Ein weiterer Anruf aus Italien: Marco Francesconi wollte, dass ich nach Mailand käme, er wollte ein Treffen mit den Leuten von Sector organisieren, damit wir erste Gespräche führen konnten. Ich teilte ihm meine Pläne mit, nämlich dass ich nach Hawaii zurückkehren müsse. »Du hast mir gesagt, dass dein Budget ausgeschöpft ist, dass ich mich ein Jahr gedulden muss, aber kannst du mir nicht helfen, nach Hawaii zu kommen?« Er dachte ein paar Augenblicke nach. »Okay, wir übernehmen dein Flugticket.« Wieder ein Zeichen, kein riesiges Geschenk, aber ein Zeichen, dass er mich wirklich haben wollte … Endlich einer.

Unterdessen hatte ich mit Roberto Ricci wieder Kontakt aufgenommen, der begeistert war, dass auf einem Foto in *Wind* das Logo seines jungen Unternehmens zu sehen war. Zum Dank für die gute Zusammenarbeit hatte ich es auf mein Segel drucken lassen.

»Hör zu, wir haben einige Fortschritte gemacht und verstehen jetzt einiges besser. Könntest du mir ein Brett bauen?«

Ich hörte ihn antworten: »Ich bin sehr beschäftigt, aber ich mache es.« Ich nannte ihm die Anforderungen, er war einverstanden.

»Im Frühjahr fliege ich nach Maui, dann bringe ich es dir mit.«

Ich kehrte vor ihm mit dem von Sector gesponserten Ticket dorthin zurück. Kurze Zeit später kreuzte Roberto wie versprochen mit einem interessanten Gerät auf, das meinen Erwartungen entsprach, allerdings nicht lange. Roberto schmunzelte über die Sache mit dem Kiteboard, seine Surfbretter liefen gut, er war sehr gefragt, mit Arbeit überlastet, aber er hatte sein Versprechen, mir zu helfen, gehalten … Doch leider war das Brett, das er mir brachte, nicht stabil genug und zerbrach schon bald in drei Teile. Aber ich hatte es ausprobiert und vor Hookipa einen Wellensprung gemacht … ich musste zurückschwimmen, brachte die Zuschauer zum Lachen und war ein bisschen enttäuscht.

Wie gewöhnlich hatte ich mit Manou meine Beschäftigung als menschlicher Traktor wieder aufgenommen, das Gleiche wie immer, die Plackerei für die Reichen, die im Paradies schöne Gärten haben wollten. Wieder wurde ich Holzfäller, Gärtner, Bauarbeiter, ich schuftete unermüdlich, um Leben, Essen und das bezahlen zu können, was ich eben bezahlen musste. Ich arbeitete gezwungenermaßen. Und meine Nächte verbrachte ich damit, den Legaignoux zu schreiben, wie immer per Fax. Wie im Jahr zuvor stellte ich mir, auch wenn die Segel inzwischen haltbarer waren, Fragen bezüglich ihrer Form, denn das ursprüngliche Design war nicht weiterentwickelt worden: Die *Wipika* hatten sich nicht verändert … Die ursprüngliche Größe, ein Dreisatz, und so waren auch zwei andere Modelle entworfen worden, ein etwas größeres, ein etwas kleineres. Ein legitimes Verfahren, aber zu einfach, so funktionierte das nicht, und wenn das Design ebenso einfach wäre, dann wüssten wir das. Denn das Verhalten hing nicht von der verwendeten Größe ab.

Daneben stellte ich fest, dass Laird wieder mit von der Partie war, ich erfuhr, dass er Kontakt zu Neil Pryde aufgenommen und sich nach den neuen Segeln erkundigt hatte, dass er die Antwort erhalten hatte, diese stünden noch nicht zur Verfügung und seien übrigens kaum besser als die bisherigen. Das erklärte zweifellos, warum ich ihn auf dem Wasser mit einem Kiteski-Segel sah, von der Art wie jene, die wir ganz am Anfang ausprobiert hatten, und das er sich aus moderneren Materialien hatte herstellen lassen. Auch er unternimmt *coast runs*, Fahrten mit seinem Segel an der Küste entlang.

Ich hatte weniger zu lachen, jedenfalls bei meinen seltenen Surfausflügen nach der Arbeit, wenn ich noch die Kraft dazu hatte … Wieder machte ich langsam, aber sicher Fortschritte, vor allem dank meiner Lenkstange mit vier Leinen. Ich surfte allerdings mit einem alten Brett und war frustriert, dass es nicht schneller fuhr, dass die neuen Segel so lange auf sich warten ließen, auch wenn sie nun verlässlich sein würden. Was die Bestellung eines neuen Bretts anbelangte, das kostete immerhin 500 Dollar, das hieß mehr oder weniger eine Woche Arbeit ... Mit diesen Gedanken war ich beschäftigt, als ich einen weiteren Anruf von Bruno erhielt, der allmählich durchdrehte. Ich, den das Schreiben anstrengte, der sich mit Anrufen ruinierte, wurde jetzt zusätzlich zum Entwickler und Tester auch noch zum Hilfspsychologen. Bruno sagte mir, dass zwölf Jahre im Drachengeschäft hart gewesen seien, dass er nicht mehr könne, dass er am Ende sei, und ich musste versuchen, ihn über eine Entfernung von 20 000 Kilometern aufzurichten. »Sei stark, halte durch!« Ich machte ihm Mut, aber er war pleite. »Wir müssen die jährlichen Patentgebühren bezahlen, jedes Jahr ist es das Gleiche, kein Geld, kein Geld.«

Aber zum ersten Mal äußerten sich einige Menschen, die in den Medien etwas zu sagen hatten, und auch in der kleinen Surfgemeinde sehr bekannte Wellenreiter und Windsurfer auf die eine oder andere Weise: »Dein Ding interessiert mich«, sollte die gebräuchlichste Feststellung sein. Sie beobachteten mich beim Surfen, sahen mich lange und seltsame Sprünge vollführen, denn ich vergrößerte mein Sprungrepertoire ständig. Ich wagte mich an abenteuerliche Startpunkte von felsigen Klippen. Und ich erlebte aufregende Momente, wenn ich in extrem komplizierten kleinen Buchten aufs Wasser ging, hinausruderte und dabei mein Segel an den Füßen hinter mir her zog, dann die Leinen zwischen den Zehen hindurchgleiten ließ, sobald ich die Strudel an der Steilküste hinter mich gebracht hatte. Das erlaubte mir, mich aufzuwärmen, bis ich vor Hookipa ankam, dort, wo es zugleich die besten Wellen der Insel gab und wo sich die besten Surfer tummelten. Und zwar die besten Surfer, die sich das Meer zu vorher festgelegten Zeiten teilten. Hier hatte sich die Situation noch weiter verschlimmert: weniger Wettkämpfe, weniger Geld, mehr Bitterkeit und trotz allem immer noch mehr Leute. An diesem *spot* herrschte das reinste Chaos. Acht bis zehn Typen pro Welle, während die Ethik eigentlich verlangte, dass man sie allein nahm. Es gab keine Priorität mehr, keinen Respekt, Konflikte auf dem Wasser und am Strand, gelegentlich kam es zu Handgreiflichkeiten, zu Kollisionen, zu Vorhaltungen, »du hast mir meine Welle gestohlen«, die Stimmung war nicht allzu gut. Sie sahen mich kommen, würden sie mich mit meinen 20 Meter langen Leinen surfen lassen?

Auch wenn ich die guten *sessions* vermasselte, weil meine Manöver harte Arbeit waren, so stellte ich doch fest, dass ich mich bei nicht gerade wenigen Leuten bemerkbar gemacht hatte.

Vor allem die Surfstars, diese Herren, sagten: »Das möchte ich auch ausprobieren.« »Sobald du Segel hast«, versprachen sie mir, »kaufen wir welche.« Laird, Dave Kalama, Mike Waltze, Rush Randle, Mark Angulo, Sierra Emory und sogar Brian Keaulana, die Surflegende an der Westküste von Oahu, der mich eigens angerufen hatte, um mir zu sagen, dass ihn das interessiere, dass er ein hawaiisches Kanu damit ausrüsten wolle. Aber auch Don Montague durfte nicht vergessen werden, der Segeldesigner von Robby Naish, sie alle nahmen Kontakt mit mir auf, um sich mit mir zu unterhalten und mir zu versichern: »Dein System, das interessiert uns.« Die Wichtigen und Großen unter den Surfern zeigten Interesse. Das war eine ausgezeichnete Nachricht, vorausgesetzt, der Sport schaffte es überhaupt, aus den Kinderschuhen herauszuwachsen. Wenn die Stars ihn wollten, wenn sie Lust hatten, ihn auszuprobieren, die Ausrüstung zu kaufen, dann konnte dies das Ende der Schufterei bedeuten. Natürlich übermittelte ich den Legaignoux und den Leuten von Neil Pryde all diese Informationen und machte ein bisschen Druck: »Ich habe Kunden, falls du mir Segel liefern kannst.« Eine kleine Marge für mich, und der Sport war eingeführt, das war die Situation, von der wir geträumt hatten.

Doch natürlich war es nicht so einfach. Ein neues Problem tat sich auf. Weil ich wie ein Sklave schuftete, Tonnen von Erde transportierte, Bäume schleppte und schwere Dinge trug, fuhr es mir auf einmal in den Rücken, als ich gerade mit der Spitzhacke dabei war, ein Loch zu graben. Plötzlich konnte ich mich nicht mehr rühren, ich schrie, als Manou versuchte, mich in seinen Truck zu bugsieren. Ein lähmender Schmerz, 15 Tage konnte ich mich nicht rühren, nicht einmal, um die allernatürlichsten Dinge zu tun. Ich war ans Bett gefesselt und dazu verdammt, zu leiden und mich nicht zu bewegen. Hier kostete die medizinische Behandlung ein Vermögen, und die Diagnose der Ärzte verbesserte die Sache auch nicht gerade: »Nachdem Sie in Ihrem Leben so viel Rugby gespielt, Windsurfen betrieben und Gartenarbeit gemacht haben, ist das, was Ihnen jetzt zustößt, nur normal, wundern Sie sich nicht, wir können nichts unternehmen, es sind die Bandscheiben. Lernen Sie, mit der Beeinträchtigung zu leben, und übrigens, das kostet 100 Dollar ...«

Ich machte eine schlimme Zeit durch, ich konnte mich nicht rühren, nicht einmal auf die Toilette gehen, deshalb griff ich nach jedem Strohhalm und suchte Chiropraktiker, Heiler und Scharlatane auf, von denen es hier so viele gab, aber nichts half mir, ich musste darauf hoffen, dass die Bandscheiben von alleine langsam wieder an die richtige Stelle rutschten.

Und dann, als es mir endlich wieder besser ging, war ich gehalten, vorsichtig zu sein. Trotzdem musste ich anfangen zu arbeiten, ich trug deshalb einen Gewichthebergürtel, gewöhnte mir eine strenge Routine bei jeder Bewegung an, ging in die Hocke, anstatt mich zu bücken, gab ständig Acht. Mir wurde bewusst, dass ich bei der Arbeit viel zu viel getan hatte, dass ich mich von einer Art innerem Drang hatte treiben lassen, mehr zu tun, als ich hätte tun müssen. Und es war auch nicht verwunderlich, dass es durch das Kitesurfing, einem anfangs ja wirklich wilden Sport, so weit gekommen war. Als ich wieder zu surfen begann, beschloss ich, das Springen sein zu lassen, zumal ich bereits zwei- oder dreimal Alarmsignale wahrgenommen hatte, vorübergehende, aber heftige Schmerzen wie Messerstiche im Kreuz. Ich hatte begriffen, dass das früher oder später übel ausgehen würde. Würde mir das auf dem Meer zustoßen und ich wäre wieder völlig gelähmt, dann wäre das mein Ende. Also Schluss mit den Sprüngen ...

Immer wieder wurde ich gefragt, wie weit ich mit der Fahrt am Wind war. Ich machte Fortschritte. An einem Wochenende, als der Wind nicht sonderlich stark war, ich aber motiviert war, trotzdem zu kiten, lieh ich mir das Longboard von Michel Larronde aus, das wohl acht bis neun Fuß maß, also etwa 2,60 Meter lang war. Der Start war schwieriger, weil das lange Brett auch schwerer und klobiger war. Ich mühte mich ab, ich wurde ein wenig abgetrieben, aber ich schaffte es, mich vom Ufer zu entfernen, ohne Fußschlaufen, und ich stellte nicht nur fest, dass das Board sehr gut lief, sondern darüber hinaus fuhr ich zu meinem großen Erstaunen recht problemlos am Wind. Da das Brett länger war als diejenigen, die ich bis dahin benutzt hatte, verlagerte ich mein Gewicht mal nach vorne, mal nach hinten und leistete dabei der Kraft des Windes Widerstand. Zweifelsohne mehr nach vorn als üblich, und ich fand, ohne mir dessen bewusst zu sein, die beste Position der Füße, den richtigen Druck und kam der Sache schon sehr nahe. So hatte ich mehr waagrechten Widerstand und fuhr am Wind. Zur großen Verblüffung einer Gruppe von Franzosen, die sich über mich lustig gemacht hatte, als sie mich beim Start beobachtete, und die mich jetzt nach einer Stunde wieder zu meinem Ausgangspunkt zurückkehren sah. Ich sagte nichts dazu, sondern dachte vielmehr darüber nach, wie dies nur möglich gewesen war.

Zu dieser Zeit fing die französische Marke Bic an, große Serien von gegossenen Surfbrettern herzustellen. Industrielles Produktionsverfahren, ein Schaumstoffkern, zwei durch Hitze geformte Plastikplatten, kaum gestiegener Selbstkostenpreis, Großproduktion. Die Leute von Bic waren mit einem Fotografen gekommen, um Bilder für ihren Katalog zu machen, und hatten, als sie wieder abflogen, Freunden von mir ein paar Bretter überlassen. Ich bat diese Freunde, ob ich eines der Longboards benutzen könne, und sie antworteten: »Nimm es nur.« Zuerst surfte ich ohne Fußschlaufen, um die richtige Position zu finden, bevor ich sie anbrachte. Das Bic-Board war langsam, nicht sehr effizient, in den Wellen schwierig zu beherrschen, aber gut, ich fuhr am Wind. Wieder ein Fortschritt. Im Juli kam ein Journalist von *Wind* vorbei, ich gab ihm eine Vorführung, bei der ich mit dem großen Bic problemlos am Wind surfte … Und da eine gute Nachricht nie alleine kommt, erhielt ich eine neue Segellieferung von Neil Pryde. Die ersten wirklich in Serie hergestellten Segel, die von allen für gut erklärt wurden und am ehesten dem zu entsprechen schienen, was ich mir schon so lange vorgestellt hatte. Ich nahm wieder Kontakt zu meinen potenziellen Kunden auf, sie schlugen sich darum, sie zu kaufen. Berühmte Kunden, die dafür bezahlten, dass sie das Segel benutzen durften, und enorme Werbung für die *Wipika* machen. Das Schlimmste lag hinter uns, wir hatten es geschafft! Ich sah die Surfstars, wie sie sich damit befassten, ich war hoffnungsfroh, mit vor Stolz geschwellter Brust, und ich hatte den düsteren Satz von Jean-Pierre Martin vergessen.

»Ich mache die Dinge mit Gefühl, Sentimentalität und Anspannung. Meine Arbeit ist die eines psychisch Gestörten: Ihre Originalität und das Fehlen jeglicher Vorläufer führen dazu, dass sie schwer zu beurteilen ist. Und es ist schwierig, an dem festzuhalten, was schwer zu beurteilen ist. Wahrscheinlich muss man selbst ein bisschen verrückt sein, um es schätzen zu können.«

Vincent van Gogh

Edle Ritter

Bei einem meiner Telefonate mit Quimper hörte ich mich eines Tages selbst sagen: »Bruno, wir arbeiten jetzt seit zweieinhalb Jahren zusammen, und es wäre gut, wenn wir uns über das zukünftige Vorgehen einigen könnten. Ich unternehme eine ganze Menge, das Geschäft scheint sich zu entwickeln, jetzt haben wir einen neuen Sport, sprich mit deinem Bruder, und mach mir einen Vorschlag.«

Keine Antwort, weder am Telefon noch in den Schreiben, die sie mir in Bezug auf technische Probleme per Fax zuschickten. Ich rief wieder an.

»Bruno, ich habe dir eine Frage gestellt.«

»Ich habe mit meinem Bruder darüber geredet, wir werden dir bald einen Vorschlag machen.«

Ich hatte ein ungutes Gefühl und rief zum dritten Mal an.

»Hör zu, wir haben viel investiert, viel ausgegeben, wir versuchen, deinen Beitrag zu bewerten, du musst dich gedulden.«

Der August brach an, ich erfuhr vom Tod von Prinzessin Diana, der mich tief erschütterte, denn ich mochte diese Frau und schätzte das, was sie gemacht hatte. Sie war ein ehrlicher Mensch gewesen und hatte trotz ihrer gewiss nicht einfachen persönlichen Probleme viel Gutes getan. Wie viele andere Leute hier verfolgte ich die Gedenkfeier am Fernseher, die ganze Welt trauerte.

Ich fühlte mich immer mehr meiner Illusionen beraubt und spürte, dass Ärger ins Haus stand. Im Laufe dieses Sommers hatte ich aufgehört, mit kleinen Brettern zu surfen, ich verwendete nur noch das Longboard, mit dem ich fantastische, intensive Erfahrungen machte. Als würden sich die Wellen selbst in Zeitlupe verlangsamen …

Von Bruno erhielt ich einen finanziell erbärmlichen Vorschlag.

»Du weißt, dass mein Bruder und ich zwölf Jahre daran gearbeitet haben, wir haben das Patent bezahlt, die jährlichen Gebühren, wir waren dem Erfolg so nahe, aber der Markt war noch nicht so weit ... Wärst nicht du es gewesen, dann hätte es ein anderer gemacht, du hast uns natürlich geholfen, aber das ist nicht mehr wert als das, was wir dir vorschlagen.«

Ich fiel aus allen Wolken, denn ich schätzte meinen Anteil auf ein Drittel ein. Bruno antwortete mir, dass ich wohl verrückt geworden sei.

Ich erhöhte den Druck auf Neil Pryde, erklärte ihnen, was ich erreicht hätte, dass ich mit einem Longboard gut am Wind führe, dass es noch einiges zu tun gebe, dass ich aber ein für alle Mal wissen wolle, was sie beabsichtigten.

Ein Antwortfax von der Direktion in Hongkong flatterte mir ins Haus, in dem mir mitgeteilt wurde, dass sie definitiv entschieden hatten, nicht weiterzumachen, sich nicht länger auf das Abenteuer einzulassen. Sie stellten die Subventionen der Fabrikation von Nullserien ein, aber sie präzisierten, dass wir, wenn wir Kites herstellen wollten, dies als Kunden der Fabrik tun könnten. Denn ich hatte, so hieß es in dem Schreiben, noch nicht den Beweis erbracht, dass das Gerät am Wind fahren konnte.

Große Enttäuschung, Niederlage. Ein handgeschriebener Brief von Roger Brand, in dem er sich entschuldigte, er glaubte noch immer daran und hatte alles in seiner Macht Stehende getan. Wäre er ein bisschen jünger gewesen, dann hätte er gekündigt, um eine eigene Firma zu gründen, aber mit Frau und Kind sei das eben nicht so einfach. Ein sehr rührender Brief, dennoch zog er sich zurück.

Bei Bruno stieß die Nachricht natürlich nicht gerade auf Begeisterung.

»Siehst du, seit einem Jahr sage ich dir, dass die verrückt sind.«

»Hör zu, Bruno, du musst auch bedenken, was aus euch geworden ist, du bist in eine ganz andere Welt vorgestoßen, du und dein Bruder, ihr seid in eurer Werkstatt kleine unbekannte Handwerker gewesen, und jetzt habt ihr das Rüstzeug für die industrielle Produktion. Die Presse schreibt von euch, die Surfer wollen euer Segel, jetzt seid ihr so gut wie am Ziel.«

Er stritt die Tatsachen ab, machte mir jede Menge Vorwürfe. Das ärgerte mich wirklich, ich drehte durch. Pryde, Legaignoux, meine Verlobte, die mir sagte, dass ich eine Niete sei: So viele Leute waren gegen mich. In einem schwachen Moment schichtete ich von all dem angewidert einen ordentlichen Scheiterhaufen im Garten auf, die Faxe, die Schreiben und die Souvenirs. Ich hatte meine Dokumente wieder zur Hand genommen, einige noch einmal durchgelesen und beschlossen, dass ich wieder einmal von vorn anfangen musste. Ein bisschen Benzin, ein Streichholz, ich legte ein paar Papiere zur Seite, den Rest verbrannte ich. Und zerstörte damit Unterlagen, die mir eines Tages fehlen sollten. Ich konnte eine bestimmte Menge an Enttäuschungen verkraften, aber jetzt packte ich die Koffer. Ich würde zum Sport auf Distanz gehen.

In Paris traf ich Jean-Pierre Martin wieder. »Du hattest Recht«, sagte ich zu ihm. Er machte mir Mut. Ich hatte noch ein paar Segel, die ich einlagerte, ich brauchte eine Pause, musste mich erholen und Abstand gewinnen. Deshalb kehrte ich in die Bretagne zurück.

Um den Künstler zu geben. Moralisch, körperlich und finanziell war ich am Ende. Und die Perspektiven waren alles andere als rosig.

7 Maui, 1998

Jedes Mal, wenn ich jetzt auf meine Insel, nach Maui, zurückkehre, schlage ich den Weg in die Berge ein und laufe zur Hütte von Manou. Aber die Hütte von Manou, das ist keine Hütte, das ist so viel mehr. Sein pharaonisches Bauwerk, sein hoher Pfahlbau mit Säulen aus riesigen Kiavé-Baumstämmen, der den drei Pferden als Unterstand dient. Manou hat das alles mit viel Geduld selbst gebaut. Das Haus ist wirklich schön, aber um leben zu können, wird Manou gezwungen sein, es zu vermieten. Er und ich, wir breiten uns dort aus ... Auf dem gleichen Terrain. Wie viele Quadratmeter? Zeit spielt keine Rolle, und ob man glücklich ist, hängt nicht von der Grundfläche ab. Ich glaube nicht, dass es auf Erden einen Ort gibt, an dem ich lieber leben würde. Ein paar Bretter, Tiere in unmittelbarer Nähe, eine Pritsche wie auf einem Schiff, ein Schuppen für mein Material. Hier bin ich von Liebe umgeben, ich weiß es, ich spüre es. An den Hängen des Haleakala, inmitten der Bäume. Was die Dusche unter freiem Himmel anbelangt, warum sollte man sich, wenn man sich waschen möchte, in einer Kabine einsperren? Und selbst wenn der Kona-Wind, dieser Passatwind aus dem Süden, auffrischt, dieser schlimme Wind, der die Bananenstauden zerzaust und die Menschen beunruhigt, die sie hin und her schwanken sehen, fühle ich mich gar nicht unwohl. Wie soll ich diese Heiterkeit erklären? Ich weiß es wirklich nicht.

Die Hütte von Manou, das ist ein Haus, das ich nicht mitgebaut habe, das ich aber liebe, und ich werde seinem Besitzer niemals genügend danken können, dass er mir gestattet, mich dort niederzulassen. Sowohl wenn er da ist, als auch wenn er verreist. Und mich dann allein an diesem friedlichen Ort zurücklässt – für die Eingeweihten ein Privileg. Endlich allein! Aber in Gesellschaft der Pferde, der Hunde und der Katzen, deren Liebe manchmal stärker ist als jene, die zwischen den Menschen, zwischen Männern und Frauen, schon nicht mehr existiert.

Ausflug in die Kunst

Wieder einmal zurück in Douarnenez. Ich musste an die Orte zurückkehren, die mir lieb waren, Haltepunkte, die mich mit dem Leben verbanden. Ich hatte eine kleine, billige Wohnung gefunden. Paolo war da, und wieder erzählte ich ihm meine Geschichte. Beinahe zufällig erfuhr ich, dass die Legaignoux im April 1997, nach dem Winter, den wir in der alten Mühle verbracht hatten, nach unseren Experimenten mit vier Leinen, ein zusätzliches Patent auf das von uns entwickelte System angemeldet hatten. Ich fiel aus allen Wolken, konnte es gar nicht fassen, erkundigte mich beim internationalen Patentamt und bat um Zusendung des Textes. Bruno sagte mir am Telefon, dass er und sein Bruder tatsächlich ein zweites Patent besäßen und dass auch dies ihnen Kosten verursache, jährliche Gebühren, die bezahlt werden müssten. Ein Patent über das System mit vier Leinen!

»Bruno, du hältst mich wohl zum Narren, das glaubst du doch selbst nicht!«

»Mein Bruder und ich, wir waren letztlich der Meinung, dass man das trotz allem schützen sollte.«

Ich erhielt den Text mit folgendem Wortlaut: »Bei der Handhabung ist deutlich geworden, dass es wünschenswert ist, dass der Pilot den durch das Segel entwickelten Vortrieb regulieren kann.« Natürlich. Mir gefiel vor allem das »bei der Handhabung« … Selbstverständlich waren nicht Paolo und ich diejenigen gewesen, die das

System mit vier Leinen erfunden hatten, aber wir hatten es wieder aufgegriffen, für die *Wipika* übernommen, verlässlicher gemacht und verbessert, und diese Patentanmeldung ist »hinter unserem Rücken« vorgenommen worden. Anständig, oder!

Ich pfiff drauf und machte mich daran, zusammen mit Paolo zu malen.

Er hatte von seinem Großvater Geld geerbt und ein altes Farmgebäude am Ende der Bucht von Douarnenez, in Sainte-Anne La Palud, gekauft, dort, wo in Kerfeuntec eine Stele für einen gewissen Ronan Le Braz, den Flugpionier, aufgestellt worden war. Welch rührender Zufall ... Das Malen befriedigte mich in dieser Zeit mehr als vieles andere und ließ mich die Daseinskämpfe vergessen. Das traf sich gut, da ich schon immer das Gefühl gehabt hatte, eine künstlerische Ader zu besitzen, und Paolo sollte sich als wahrer Katalysator erweisen. Als ich das erste Mal nach Maui gereist war, hatte ich bereits angefangen, ein wenig zu malen, und hatte mich bei einer alten Chinesin, die in Kahului einen kleinen Laden für Malerbedarf führte, mit Material eingedeckt. Ich kramte meine Staffelei wieder hervor, meine Palette, meine Farben, ich konnte mich austoben und versuchen, meine Gefühle auf der Leinwand auszudrücken. Dafür lehrte mich Paolo die Öltechnik, das Mischen der Farben, machte mich mit den Materialien, den Gerüchen, der Beschaffenheit der Leinwände und dem Leinöl vertraut. Und er lehrte mich, die Sinne zu schärfen. Ich entdeckte eine neue Berufung. Das Malen hatte etwas, was mir wirklich gefiel. Dennoch nur eine Pause, da ich wusste, dass ich meine Surfaktivitäten noch nicht ganz aufgegeben hatte. Dennoch erlebte ich zusammen mit einem Freund in einem Land, das ich liebte, eine fantastische Zeit. Ich wollte die Kite-Geschichte nicht vergessen, aber ich war mir bewusst, dass sie Konsequenzen haben konnte, die ich ablehnte. Ich wollte nicht verbittert oder deprimiert sein! Das Leben ist kurz, man muss es genießen.

Die Geschichte vom Pionier, der sich übers Ohr hauen lässt, ist ein Gemeinplatz. Ich musste Abstand gewinnen. Hin und wieder konnte ich nicht mehr an mich halten, ich wurde laut, ich schimpfte, und da ich groß und stark war, habe ich Carole, der Lebensgefährtin von Paolo, wohl ein bisschen Angst eingejagt. Auch wenn ihn die Sache mit dem Patent irritiert hatte, so war Paolo dennoch der Meinung, dass man weiterhin positiv denken müsse.

Wir beide unternahmen lange Ausflüge mit dem Fahrrad, beziehungsweise wir fuhren davon, um mitten in einem Unwetter, im Regen zu malen, das war romantisch und poetisch. Hin und wieder hatte ich den Eindruck, so glücklich zu sein wie noch selten in meinem Leben. Ich verbat mir jede negative Reaktion und kultivierte eine Leidenschaft für etwas anderes. Als ob das, nachdem ich es schon lange mit mir herumgetragen hatte, endlich die Zeit finden würde, zum Vorschein zu kommen. Das Thema Patent sollte immer wieder zur Sprache gebracht werden, das Rad drehte sich schließlich weiter, aber im Augenblick hatte ich mit all dem nichts zu tun, ich war gedanklich mit anderem beschäftigt. Liebend gern wollte ich Maler werden. Ich hatte mir selbst ein Geschenk gemacht: ein großes, opulentes englisches Buch mit den Briefen von Vincent van Gogh an seinen Bruder Theo. Van Gogh hatte in acht Jahren 780 Bilder gemalt und bis zu seinem Selbstmord nicht aufgehört, mit seinem Bruder zu korrespondieren. Diese Briefe waren äußerst erschütternd. Ich las sie langsam mit Hilfe eines Lexikons, sie fesselten mich. Und ich fand dort die Beschreibung von Gefühlen, die meinen sehr ähnlich waren.

Ich brach endgültig mit den Legaignoux. Noch immer hatte ich Brunos Vorhaltungen, seine Äußerungen im Ohr, sie gingen mir nicht aus dem Sinn. »Gib dich mit dem zufrieden, was wir dir vorschlagen.« Ganz ruhig hatte ich ihm geantwortet: »Gut, das ist das Ende unserer Zusammenarbeit.« Inzwischen war es Dezember geworden. Gleich im Anschluss an unsere Unterredung schrieb ich alles nieder, was ich für sie getan hatte, 32 Monate der Zusammenarbeit, von April 1995 bis November 1997, verdammt, das zählte doch etwas. Ich schickte Bruno eine Honorarrechnung, die natürlich bis heute nicht beglichen ist. Ich atmete durch, ich wollte ein neues Leben beginnen.

Am Ende nahm ich doch wieder Kontakt zu meinem Freund Marco auf, dem Italiener von Sector, der mir bestätigte, dass noch immer vorgesehen war, mich 1998 in das Team aufzunehmen, aber bis dahin war er beschäftigt. Er hatte Projekte mit Bergsteigern zu betreuen, musste Filme drehen, und er bat mich, Geduld zu haben. Er war ein Mann, der ständig mit Extremsportlern ganz neuer Randsportarten zu tun hatte, mit Sportlern, die stets in Geldnot waren. Er reagierte freundlich und verständnisvoll und war sich im Klaren, dass er mir helfen musste, aus diesem Tief herauszukommen, daher versicherte er mir, dass wir etwas zusammen machen würden, und fragte mich, wann die beste Zeitspanne für mich sei. Ich erzählte ihm von den Passatwinden auf Hawaii, den stabilen Winden im Frühjahr. »Das ist perfekt. Aber es ist unbedingt nötig, dass du dich fängst und wieder trainierst. Wir haben noch keinen Vertrag abgeschlossen, aber ich kann dir einen kleinen Betrag zukommen lassen, damit du fliegen kannst, wohin du willst.« Ein Geschenk des Himmels! Ich dachte an einen Ort, von dem man mir vorgeschwärmt hatte, ohne Zeitverschiebung, direkte Flugverbindungen, ein *spot*, an dem viel Wind herrschte. Das war das Kap in Südafrika, dort würde ich ausspannen. Das Kap war als Winterziel bei den europäischen Windsurfern groß in Mode. Auf dem gleichen Längengrad, Sommer auf der Südhalbkugel, herrliches Wetter. Paolo, der dort gelebt hatte, hatte mir immer davon vorgeschwärmt, auch wenn das Wasser eisig, im Durchschnitt 11 °C kalt, ist, jedenfalls war es eine sehr windreiche Region. Ich hatte wegen der Apartheid nie

Lust gehabt, dorthin zu reisen. Als ich Paolo gegenüber diese Möglichkeit in Erwägung zog, überzeugte er mich, dass mein Vorhaben absolut vernünftig sei. Also flog ich nach Kapstadt, um mich auf die kommende Saison bei Sector vorzubereiten.

Kraft tanken am Kap

Ich hatte einen Betrag erhalten, der ausreichen würde, die Reise zu bezahlen und einen Monat dort unten zu verbringen. Meine Pariser Bekannten erschraken über mein Aussehen, und eine Freundin ließ, bevor ich von der Hauptstadt aus abflog, eine Bemerkung über meine bleiche Gesichtsfarbe fallen. In Kapstadt konnte ich kein Auge zutun. Bei der Einreise wurde man von dem großen Ghetto, der gigantischen *township* zwischen Flughafen und Stadt, vor den Kopf gestoßen. Man hatte mir geraten, immer auf der Hut zu sein, und mir von verschiedenen niederträchtigen Übergriffen und Gewalttaten erzählt. Jedenfalls hatte ich mir angewöhnt, nicht wie ein Tourist zu wirken, ich bemühte mich, unauffällig, aber wachsam zu sein. Paolo hatte mich vor der Gefahr gewarnt, nachts bei roten Ampeln am Steuer des Autos angegriffen zu werden. Ich war stets bereit loszuspurten.

Ich entdeckte einen atemberaubenden Ort, das Kap der Guten Hoffnung, an dem die Seefahrer mit ihren Schiffen vorbeigekommen waren. Darüber hinaus machte ich dort unten die Bekanntschaft von anderen »Wellenkillern«. Neben ausgezeichneten Surfwettkämpfern und einigen früheren Freunden aus Südafrika traf ich eine kleine Gemeinde von Draufgängern, robusten Typen, die mit ihren von Drachen getriebenen Buggies am Strand entlangfuhren, deren Lieblingsbeschäftigung allerdings darin bestand, auf starken Wind zu warten, um sich nur mit einem Segel, sonst nichts, ins Wasser zu stürzen. Kerle von großer Statur, keine Seefahrer, mit einer Art Minifallschirm, den sie an zwei Griffen hielten. Wenn genügend Wind herrschte, ließen sie sich durchs Wasser ziehen, flogen davon, und sausten in Ufernähe dahin, dabei prallten sie immer wieder vom Wasser ab. Einer von ihnen holte sie dann mit dem Auto wieder ab, eine Bierkiste für die Rückfahrt auf der Rückbank, ordinäres Gelächter und große Gefahr für den Rücken. Ich hatte nicht wirklich Kontakt mit ihnen, aber ich fand ihre Art und Weise komisch, sich mit dem Wind und dem Meer zu amüsieren. Sie fuhren natürlich nicht am Wind, aber sie versuchten, so schnell wie möglich voranzukommen, als eine Art menschlicher Kieselstein, den man über das Wasser springen ließ. Sie schlugen mir vor, diesen seltsamen Zeitvertreib auszuprobieren, aber mit meinem angeschlagenen Rücken, nein danke, lieber nicht.

Ich hatte ein paar weiße Segel mit dem Aufdruck »Wipika by Neil Pryde« mitgebracht, die ich wie einen Schatz gehütet hatte. Meinem Gönner Marco hatte ich jedoch erklärt, dass ich mir unbedingt ein Brett machen lassen müsse, bei dem alles umgesetzt würde, was ich inzwischen dazugelernt hatte, um zugleich am Wind fahren und Wellen reiten zu können. Er war ständig mit solchen Bitten um Material konfrontiert. Fallschirme, Anzüge, Schwimmflossen ... er hatte die Kosten für meine Reise übernommen und legte noch ein paar Dollar drauf.

In Südafrika war der Wechselkurs sehr günstig. Der Rand machte mich beinahe zu einem reichen Mann, ich konnte mir ein Haus und ein Auto mieten. Ohne mir große Sorgen machen zu müssen, konnte ich meine Kite-Experimente durchführen. Als ich Justin Healy, einen hier ansässigen, ganz einfachen, sehr aufgeschlossenen *shaper*, traf, erklärte ich ihm, welche Art von Brett ich haben wollte. »Kein Problem, ich mache es dir, wie du es willst.« *Shaper* waren Leute, mit denen die Zusammenarbeit nicht immer auf Anhieb einfach war. Das waren Künstler, Experten, die es mit Kunden zu tun hatten, welche vorgaben, sich auszukennen, aber manchmal

Schwierigkeiten hatten zu erklären, was sie eigentlich wollten, und von der Kunst des *shape* nicht viel verstanden. Jedes Board war einzigartig, denn es war auf Bestellung nach Maßgabe des Kunden von Hand gefertigt worden. Und eine neue Idee ließ sich nicht unbedingt von einem Tag auf den anderen umsetzen. Justin interessierte sich für meinen Sport, er kam und folgte mir während meiner *rides* am Strand, es machte ihm großen Spaß, mir zuzuschauen ... Er blieb dran, und in diesem Augenblick war ich endlich ein für alle Mal überzeugt, begriffen zu haben, welche unterschiedlichen Elemente ein Kiteboard brauchte, damit es am Wind fährt. Die Form, der *rocker* – die Wölbung auf der Unterseite –, die Position der Füße. Das alles erklärte ich ihm, wir *shapten* es gemeinsam, und er baute mir »das« Board, das genau meinen Vorstellungen entsprach. Nach drei Jahren des Experimentierens. Ich sollte es bei schwierigen Bedingungen ausprobieren. Ein Wunder. Heureka! Ich hatte es geschafft, das Brett lief besser denn je, es war schnell und ritt sehr gut auf den Wellen.

So gut, dass ich feststellte, dass ich, was Größe und Volumen anbelangte, sogar zu vorsichtig gewesen war. Nach einigen Ausfahrten brachte ich es zu Justin zurück, damit er es vorn und hinten mit der Säge kürzte. Er versiegelte es mit ein bisschen Kunstharz, und ich zog frohgemut wieder ab.

Januar 1998, wieder ein Jahresanfang. Mit einem kleinen Brett, einem *Wipika*-Segel und einer Lenkstange mit vier Leinen surfte ich sehr gut am Wind. Ich hatte die Antwort auf alle meine Fragen, jetzt, vier Monate nachdem Neil Pryde sich aus dem Projekt zurückgezogen hatte, weil es mir nicht gelungen war, zu meinem Ausgangspunkt zurückzukehren.

Ich ließ die vielen Profiwindsurfer an meiner Freude teilhaben, die diesen *spot* nutzten, weil gerade Wettkampfpause beim Weltcup war und ich deshalb viele alte Kumpels wiedertraf, die mich am

Anfang in Maui hatten schuften sehen. Sie stellten mir viele Fragen, sie wollten wissen, wie ich mit den Legaignoux vorankam, und ich erzählte ihnen von den unangenehmen Querelen.

Als ich im Laufe des Winters nach Frankreich zurückkehrte, nahm Bruno Kontakt zu mir auf. Wie klein meine Welt doch war! »Ich habe gehört, was du herumerzählst, ich will nicht, dass so über mich geredet wird.« Und siehe da, er machte mir den Vorschlag, mir ein wenig Geld zu geben, um den einzigen Vertrag, den er je schriftlich mit mir geschlossen hatte, zu erfüllen.

Damals, als ich ihn um eine Einigung gebeten hatte, hatte er mir, um mich zu beruhigen, ein Papier vorgelegt, in dem mein Beitrag bei der Entwicklung seines Segels anerkannt wurde. Ebenfalls festgehalten war, dass sein eigentliches Ziel darin bestehe, die Herstellungslizenzen zu verkaufen, und dass infolgedessen jede Einigung mit einem Käufer mein Einverständnis voraussetze. Ein Papier, das dazu diente, mich ein wenig zu besänftigen.

Trotz der mageren Summe – im Gegenwert von jährlich zwei oder drei Segeln über drei Jahre – nahm ich den Vorschlag an, weil dies mich geistig zwang, ein neues Buch aufzuschlagen, das alte aber zugleich in Reichweite zu behalten. Selbstverständlich bekam ich zu hören, dass dieser Schritt ein Fehler gewesen sei, aber für mich war mein innerer Friede wieder einmal mehr wert als ein Kampf, das einzufordern, was mir zustand.

Drei Jahre, das war gut, bis dahin würde das neue Jahrtausend angebrochen sein, und bis dahin würde der Sport sein Gesicht verändert haben. Aus Südafrika zurückgekehrt, fuhr ich in die Bretagne zu Paolo, um ihm von meinen Experimenten zu berichten. Ich kam mit meinem neuen Brett an, mein Freund war auf den ersten Blick begeistert, fragte mich, wie weit ich mit all dem gekommen sei. Gemeinsam entwickelten wir eine neue *bar* in gebogener Form, ein bisschen wie die Lenkstange einer Harley, mit einer Art Sporn in der

Mitte, einem Lenkervorbau, der mit einer geringfügigen Handbewegung ein großes Feingefühl und eine sehr einfache Regulierung erlaubte. Das war eine weitere Erfindung von Paolo, die er selbst entwickelt und realisiert hatte. Zunächst erhitzten wir ein Alurohr, um es weich zu machen, dann füllten wir es mit Sand, um es über einer Matrize zu biegen, und das alles in dem im Umbau befindlichen Farmhaus neben dem Betonmischer und den Staffeleien. Dieses System ermöglichte das Dichthalten und Öffnen des Kite, ohne in ein Gurtzeug gespannt zu sein, was in den Wellen sehr effizient war. Eine geniale Idee.

»Mach schon, geh«, sagte mein Freund zu mir, »nimm es mit, und surfe damit auf Hawaii.«

Bis es so weit war, kehrte ich für eine Weile nach Paris zurück, ich kam wieder auf das Projekt Sector zu sprechen, und Marco bestätigte mir sein Interesse: »Wir finden das echt gut.« Über die charmante Frau meines jüngeren Bruders lernte ich zudem jemanden kennen, der ein wahrer Freund werden und sich in Zukunft auf grafischem Gebiet um alle meine Projekte kümmern sollte: Stéphane Jarreau, ein virtuoser Grafiker am Mac, Spezialist für Trickfilme und Videotechnik, aber auch Segler, Windsurfer und Lebemann, was keineswegs von Nachteil war. Er hatte eine große Wohnung in Paris, in der er sich selten aufhielt, weil er wie ein Arbeitstier schuftete. Er schlug mir vor, bei ihm zu wohnen, seine Gastfreundschaft rührte mich. Stéphane wusste, was Computer waren, seit er alt genug war, sie auseinander zu nehmen, und es gab keinen Macintosh, der sich seinen Schraubenziehern hätte widersetzen können. Mir, der ich keinen Schimmer in Sachen Computer hatte, wusch er ordentlich den Kopf: »Das reicht jetzt mit deinen Albernheiten, deinen halbgaren Überlegungen, dass man, sobald man einen Computer sieht, einen Bogen von drei Metern schlagen muss, für den Fall, er könnte beißen. Du lässt diesen Quatsch jetzt sein, und setzt dich daran, ich werde dir beibringen, wie es funktioniert.« Es mag wie eine Kleinigkeit erscheinen, aber das war ein neues Band, das ich versuchen würde, an meinen persönlichen Triumphbogen zu knüpfen.

Der erste Film

Mit Sector nahmen die Dinge allmählich Gestalt an. Die Vorgehensweise war inzwischen allgemein üblich; man nutzte die Leistung eines Athleten und drehte einen Werbespot von 30 Sekunden, einen Clip von 3 Minuten oder einen Dokumentarfilm von 26 Minuten. Nachdem die Leute von Sector mich gebeten hatten, ihnen meine Ideen vorzustellen, machte ich mich ans Schreiben. Stéphane und ich stellten ein sehr umfangreiches Dossier her, dessen Titel auch der des Films sein würde: *Flysurfing Hawaii*.

Stéphane wurde Mitglied meiner Mannschaft, Teil meines Lebens, er ist immer da, wenn ich ihn brauche, wenn ich etwas Grafisches zu präsentieren habe.

Mit diesem Projektentwurf in der Tasche reiste ich zum ersten Mal nach Mailand, um meine Sicht der Dinge darzustellen und meinen Vertrag zu unterschreiben. Ich startete im Morgengrauen in Roissy, zusammen mit Geschäftsleuten, die am gleichen Tag wieder zurückflogen. Ein Taxi, ein herrliches Gebäude unweit des Doms und der Scala, ich lernte Patrick de Gayardon kennen, Fallschirmspringer und Leiter des Teams, der ein enormes Charisma besaß und sehr freundlich war. Er arbeitete schon lange mit Sector zusammen, und nach den Geschäftsterminen verbrachten wir eine Weile miteinander, in der er mir erklärte, wie das Team »No limits«, dem ich jetzt angehörte, funktionierte. Ich wurde Mitglied eines angesehenen Teams, zählte zum Kreis angesehener Athleten.

Sector sollte ein Erfolg werden und in den Wirtschaftshochschulen und bei Marketingkursen bald als Vorbild dienen. Der Firmenpräsident war ein Unternehmer vom alten Schlag, um die sechzig, elegant, mit langen weißen Haaren, in seiner Herrlichkeit eine durch und durch italienische Persönlichkeit. Jedes Jahr würde er uns zur großen Uhrenmesse nach Basel kommen lassen. Und manchmal sollte er Großkunden einfach stehen lassen, um die Straße zu überqueren und uns zuzurufen: »Meine Familie, mein Team, meine Athleten!« Er war ein sehr warmherziger Mann. Nach all den Jahren der Schufterei hatte ich tatsächlich den Eindruck, eine neue Familie gefunden zu haben. Das war gut, auch wenn das nicht von Dauer sein sollte und sich die schönen Worte später durch die finanziellen Sorgen in Luft auflösen würden.

Im Augenblick fühlte ich mich auf einer Wellenlänge mit dem Marketingkonzept, das Sector für mehrere Jahre zum Führer auf dem italienischen Markt machen würde: Unbekannte Spezialisten in unbekannten, aber als extrem eingestuften Sportarten wurden zu Hauptdarstellern in den Filmen und der Werbung. Heutzutage ist natürlich alles extrem, selbst Eis am Stiel. Das Wort ist inzwischen abgedroschen. Aber damals waren die Leute von Sector die Ersten und Einzigen, die darauf setzten. Man gab dem Sportler nicht viel, man ließ ihn korrekte, aber bescheidene Verträge unterschreiben. Dann vermarktete man ihn, man erschuf eine Persönlichkeit, arbeitete an seinem Bekanntheitsgrad, nutzte ihn als Köder. Wie bei einem x-beliebigen Produkt war das positive Image das Entscheidende. Schließlich unterzeichnete ich trotz allem einen sehr rigorosen Vertrag: Bekanntheit war gut und schön, aber ich hatte nicht das Recht, sie an andere zu verkaufen. Das war nicht so wichtig, ich war zufrieden, sehr zufrieden sogar, denn ich würde mit einer Filmmannschaft, die nach Hawaii kommen sollte, einen Film über meine Geschichte drehen.

Ich kehrte also nach Maui zurück, um diesen Film vorzubereiten. Nach meiner Ankunft fuhr ich direkt nach Hookipa, um mit dem südafrikanischen Brett zu surfen. Zum ersten Mal fuhr ich hinaus, ich ritt, ich kehrte zurück. Die Einheimischen waren völlig verdutzt. Es war Anfang der Windsaison, überall herrschte großes Gedränge. Ich zog meine Show ab, die Zuschauer waren platt, ich fuhr am Wind, genauso gut wie die Windsurfer, weil mein Wind, immerhin 20 Meter höher, weniger launisch war als ihrer, weniger beeinträchtigt von der Steilküste und der Gischt beziehungsweise dem Luftstrom der Wellen, die sich am Ufer brachen ...

Seltsam! Die Leute wussten, dass ich enttäuscht abgereist war, dass ich alles verbrannt hatte, bevor ich mich in Sicherheit brachte, und jetzt kam ich ein paar Monate später damit zurück ...

In Hookipa, im Auge des Zyklons, gewöhnte man sich an meine Anwesenheit, ich war allein inmitten der Windsurfer. Jene, die das Surfen mit einem Kite anfangs reizvoll gefunden hatten, hatten es ein bisschen ausprobiert, häufig ihr erstes Segel kaputt gemacht, und da sie sportliche Alternativen hatten, verloren sie bald das Interesse. Auf dem Wasser hatte ich keinerlei Konkurrenz, man brachte mir allmählich Respekt entgegen, die Leute bemerkten meine Fortschritte, und außerdem muss man bedenken, dass das Windsurfen im Niedergang begriffen war.

Zu dieser Zeit fiel mir ein sehr großer Lastwagen auf, der mit seinen Zebrastreifen, die wie Camouflage aufgemalt waren, gut auszumachen war. Jedes Mal, wenn ich surfte, war er zunächst unten abgestellt, aber dann fuhr ihn sein Besitzer fort und parkte ihn ein bisschen weiter oben. Einmal, zweimal, dreimal, was machte er nur? Ich stellte fest, dass er mich beobachtete, und eines Tages kam er auf mich zu, wir redeten miteinander, wir waren zusammen bei Gaastra gewesen, aber es war zweifellos das erste Mal, dass er, Robby, meiner Art zu surfen Aufmerksamkeit schenkte. Robby Naish, denn um ihn handelte es sich, sollte der Erste sein, der von den Legaignoux die Lizenz erwarb und Segel produzierte.

Ich wusste, wie wichtig es war, hier zu sein, und ich bot den vielen Leute, die sich hier immer tummelten, ein Superspektakel. Wenn ich die Nase voll hatte, fuhr ich weiter hinunter, nach Lane, meinem Lieblingsspot, nachdem man mir verboten hatte, in der Zone vor Hookipa zu surfen. In der Regel kam ich mitten am Nachmittag an, zu einer Zeit, in der das Gedränge nachließ. Außerdem waren meine Nächte wieder recht kurz geworden, weil ich viel Zeit am Telefon mit meinen Italienern verbrachte, um an unserem Film zu feilen, und so ging ich aufs Wasser, wenn die anderen herauskamen. Der Filmdreh rückte näher, der Leiter, der Regisseur, der Kameramann und die beiden Fotografen würden pünktlich eintreffen, ich trainierte mit meinem Segel, das mit einem riesigen Sector-Logo verziert war. Nicht unbedingt besonders schön, aber effizient: Die Firma wollte das Logo überall sehen, eben Werbung nach altem Stil. Auf dem Brett, auf dem Segel, auf dem Gurtzeug, das machte auf gewisse Weise Eindruck. Was tat er nur? Was hatte er vor?

Der Lauf des Lebens

Ich spürte, dass viele Leute in der Szene zu leiden begannen, als meine Filmmannschaft Ende Mai ankam. Mit Freude begrüßte ich sie, und das umso mehr, als ich im Süden der Insel einen *spot* entdeckt hatte, eine Bucht, in der der französische Seefahrer, Weltumsegler und Geograf Jean-François de La Pérouse zwei Jahre nach der Entdeckung der Inseln durch James Cook vor Anker gegangen war. Der Südteil Mauis, wo noch hawaiische Kultur zu finden ist, wird von einer atemberaubenden vulkanischen Landschaft beherrscht, da dort ein Krater bei einer Eruption weggesprengt worden war und sich die Lava ins glasklare Meer ergossen hatte. Das ist ein äußerst beeindruckender Ort – das Meer, die ständig drohende Gefahr, die Lavaklippen, der Vulkan, ein besonders schwer zugänglicher Ort, den man nur erreicht, indem man über tiefschwarzes Lavagestein läuft. Und die Meerenge ist wild und düster. Vor uns lag Big Island, die große Insel, von der ich aufbrechen und nach Maui surfen würde. 45 Kilometer unerlaubten, radikalen Surfens. An diesem geheiligten Ort, einem der gefährlichsten der Welt. Zwei Vulkane, 3000 und 4100 Meter hoch, die sich gegenüberstehen; unter Wasser ein Seegraben von 7000 Meter Tiefe, der steil zu den beiden riesigen Kegeln ansteigt, Kilometer starker Strömungen, Wellen und Energie.

Als stünden mir die Götter zur Seite, sollte sich ein kleines Wunder ereignen: Im Sommer kamen die Wellen nicht aus dem Norden, sondern von Süden, und es gab nur wenige. Wir fingen Anfang Juni mit den Dreharbeiten an, als sich eine außergewöhnliche Lage abzeichnete: eine gewaltige Dünung von Süd. Die Ankerstelle von La Pérouse ist bei diesen Bedingungen einer der schönsten Orte der Welt. Es war das erste Mal, dass ich mit dem Kite auf Riesenwellen surfen würde, was für Sector ein Segen war. Dem bis dahin etwas herablassenden Produzenten rutschte die Feststellung heraus: »Ja, zugegeben, das ist extrem.« Jeder weitere Kommentar war überflüssig. Aber leider ist es geschriebenes Gesetz, dass Wunder niemals allein daherkommen.

Während unserer Vorbereitungen erreichte uns ein Anruf aus Italien: Patrick de Gayardon war auf unserer Nachbarinsel, auf Oahu, ums Leben gekommen. Ein Drama, große Trauer, dass eine solche Aura ausgelöscht worden war, ein Champion, ein bemerkenswerter Mann, der seine Rolle so gut, ja bestens beherrschte, ohne das Leben, das ihm jetzt genommen worden war, allzu ernst zu nehmen.

Patrick hatte ein Problem mit seiner Flugkombination. Offenbar hatte er am Rücken, auf seinem Fallschirmsack, einen Spoiler anbringen wollen, um noch besser zu fliegen, und hatte dabei eine der Fangleinen seines Fallschirms festgenäht. Er hatte immer seine Nähmaschine dabei, denn er hatte ständig versucht, die Aerodynamik zu verbessern, und hatte an seiner Kombination herumgebastelt wie wir an unseren Kites. Der zweite Fallschirm hatte sich im ersten verfangen. Die beiden Schirme hatten sich ineinander verwickelt, aber da Patrick sie so tief geöffnet hatte, hatte er wenigstens, so redete ich mir inständig ein, keine Zeit mehr gehabt, darüber nachzudenken.

Ich war Patrick mehrere Male begegnet und war von dem Charme und der Philosophie von »No limits« fasziniert, die er am besten verkörperte, da er immer jede Menge toller Projekte hatte, immer noch weiter gehen wollte. Mit seiner Flugkombination, von der er dachte, dass sie es ihm eines Tages ermöglichen würde, sich des Fallschirms zu entledigen. Ein wahrer fliegender Mensch, Autor von unglaublichen Filmen. Für mich ein Mentor, der mich gelehrt hatte, mich bei Sector zu integrieren, der mir Ratschläge erteilt hatte – ein einfacher Kerl, dem man so gerne ähnlich sein wollte.

Die Trauerfeier fand dort statt, wo er uns verlassen hatte, im Aero Club von Oahu, wo ich nur Leuten begegnete, die ich nicht kannte. Hier hatte er jede Menge Sprünge absolviert, hatte sich hier wohl gefühlt. Die Feier sollte ergreifend sein, betörend wie Patrick. Zuvor hatten seine Freunde einen Formationssprung absolviert und nach dem Sprung aus dem Flugzeug im freien Fall eine Figur gebildet, eine ephemere Krone am Himmel. Dann wurden auf dem Flugfeld, beim Landepunkt, bunte Vögel frei gelassen, und auch sie flogen einen Augenblick zusammen, bis sie sich am Himmel verstreuten. Als verschwände Patricks Geist bei einem herrlichen Sonnenuntergang in den Wolken. Der *spirit* à la Hawaii. Im Anschluss feierten die Anwesenden ein kleines Fest und dachten dabei an ihn. Das hätte er sich zumindest gewünscht.

Ich klebte einen Sticker, einen Königsadler, auf mein Brett, damit Patrick mich auf meiner Überquerung begleitete …

Zuerst musste ich jedoch auf der großen Insel, von der ich starten würde, die ideale Ausgangsstelle ausfindig machen. Ich wollte von einem Punkt nahe dem Ort starten, an dem König Kamehameha geboren wurde. In der hawaiischen Mythologie ist König Kamehameha I. derjenige, der die Inseln wiedervereint und vor der Ankunft der Weißen ein Königreich geschaffen hatte. Ich war noch nie zuvor an dieser Stelle gewesen und entdeckte an der Nordwestspitze der Insel einen wilden, außergewöhnlichen Ort voller *spirit*. Mit den Filmleuten waren wir auf Drehortsuche. Ich hatte gedacht, ich würde leicht einen Startpunkt finden, aber das war bei weitem nicht der Fall, es gab keinen Strand, nur Steilküste. Auf unserer Suche fuhren wir die Straße entlang. Ländliche Atmosphäre, wunderbar, typisch, sehr urtümlich, kleine Dörfer und Leute, die uns lächelnd grüßten. Und dann fanden wir endlich eine geeignete Stelle, von der ich würde starten können. Allerdings keinen Strand, nur eine Steilküste am Ende einer großen Wiese, darunter eine Felsplattform mit einem Riff. Wir würden eine Leiter kaufen und sie an die Felswand lehnen müssen, damit ich mit meinem fliegenden Segel hinabklettern konnte. Nur etwa zehn Meter, das versprach, reichlich wild zu werden, aber es sollte gut gehen.

Endlich kam der Tag des Starts, keine Wolke am Himmel, starker Seegang von Süd, Wind von 15 bis 18 Knoten. Maui lag direkt vor mir. Hinter mir fuhr ein Boot her, ein Hubschrauber folgte mir, deshalb hatte ich den Eindruck, an einer Hollywoodproduktion teilzunehmen. Alles war bestens organisiert, das war normal und notwendig, denn an einem Ort wie diesem würde keiner da sein, um dir zu helfen, wenn ein Problem auftauchen würde.

Ein Missgeschick hätte übrigens auch beinahe Laird Hamilton das Leben gekostet, wie er mir selbst erzählt hatte. Laird war 1994 mit dem Jetski von Maui gestartet, um bei Dreharbeiten für *Waterworld*, den Film von Kevin Costner, in dem er als Stuntman fungierte, zur Big Island zu fahren. Er hatte sich gesagt: »Das ist einfach, Mann, in zwei Stunden bin ich da.« Das Wetter war schön, er sah die Insel vor sich. Plötzlich heftige Böen und dichter Nebel, aber Laird fuhr weiter, ohne zu bemerken, dass er vom Kurs abkam. Er verfehlte die große Insel, ihm ging weit draußen auf dem Meer der Sprit aus, und er hatte kein Funkgerät dabei. Aber es ging um Laird, deshalb wurden schnell Suchmannschaften losgeschickt. Pélé wollte nicht, dass er an diesem Tag ums Leben kam, denn er hatte noch einen Auftrag zu erfüllen. Es ist also ein Ort, dem man Respekt zollen musste, den man nicht unterschätzen durfte, auch wenn er auf Hawaii lag, auch wenn wir in den Subtropen waren. Der Wind war unbarmherzig, die Wellen unberechenbar – es drohten also jede Menge Gefahren.

Für die Überquerung sollte ich bei durchschnittlich 17 Knoten 1 Stunde 45 Minuten brauchen. Ich surfte mit der Dünung, amüsierte mich prima, wählte meinen Ankunftspunkt, denn ich wollte mich dem festen Boden so weit wie möglich nähern, irgendwo zwischen den vulkanischen Steilwänden wollte ich anschlagen und wieder losfahren. Ich spürte die extreme körperliche Belastung, noch nie hatte ich so lange auf einem Brett gestanden. Heute denke ich oft daran zurück, während meiner Vorbereitungen für unser Projekt »Transkite«; an diese lange Fahrt, immer geradeaus, an diese heimtückische Müdigkeit, die sich meiner bemächtigen könnte. Doch es ging mir richtig gut, natürlich war es ermüdend, aber nicht wirklich erschöpfend.

Je mehr ich mich der Küste näherte, desto mehr hatte ich den Eindruck, dass sich der Vulkan wie eine von diesen Wahnsinnswellen erodierte Mauer vor mir auftürmte. Ich war der Erste, der mit dem Kite über diese Wellen ritt. Cook und La Pérouse waren hier vorbeigekommen, aber wir befanden uns am Ende des 20. Jahrhunderts, und ich stand auf einem Surfbrett. Ich musterte den Haleakala und dachte an die verschwundene hawaiische Zivilisation. »Das ist ein schöner Tag, wie es nicht viele gibt«, flüsterte mir der Wind zu.

Ich kam in La Pérouse an, dem südlichsten Punkt der Insel, das war von tiefer Symbolik, das war cool. Zu cool. In meiner Euphorie ließ ich mich von einer Welle treiben und kam dem Ufer, einem erodierten Kliff, zu nahe. Die Welle klatschte mir ins Gesicht, die Letzte einer ganzen Wellenserie, die mich gründlich durchnässte. Ich schnappte nach meinem Brett, so gut ich konnte, fing den Aufprall ab und fuhr wieder los. Dass ich mit den Füßen gegen das Riff geknallt, sozusagen wieder auf der Erde gelandet war, machte mich geradezu glücklich, weil ich nun behaupten konnte, dass die Überquerung vollbracht war.

Genau genommen war vorgesehen, dass mich das Boot aufnahm und mich dann in den Hafen brachte. Aber es kam für mich gar nicht in Frage, jetzt aufzuhören, ich wollte weitermachen, mir noch ein wenig Surfspaß genehmigen. Ich hatte dem Kapitän des Begleitbootes erklärt, wie er mich nach der Ankunft holen sollte. Es handelte sich um ein Fischerboot, das von einem angesehenen hawaiischen Fischer, die Seemannsmütze auf dem Kopf, gesteuert wurde. Ich vertraute ihm, er war ein gelassener Mensch, während der Produzent und der Regisseur unentwegt miteinander stritten – Laurel und Hardy bei Fellini …

Das Manöver, an Bord genommen zu werden, war nicht gerade einfach. Das Segel und die Leinen mussten eingeholt und der Surfer an Bord gehievt werden, und bis es so weit war, machte ich weiter, so lange es ging, genoss die Fahrt über die Wellen dieser gewaltigen Dünung. Ich wahrte einen Sicherheitsabstand zur Küste, der Hubschrauber mit den Kameraleuten musste zurückfliegen, weil der Sprit knapp wurde, aber das Boot folgte mir in einiger Distanz. Kein Lärm mehr, die reine Ekstase, wie wunderbar, ganz allein.

Der Kapitän holte mich wie abgesprochen an Bord, einer hielt die Leinen, alles tipptopp. Wir gaben uns ein hawaiisches *shakka*, »Fantastisch, Kumpel!«

Ich wollte das Wort »Heldentat« nicht hören, weil dieser Begriff mich zum Lachen brachte und verlegen machte. Für die Leute von Sector war es aber genau das, sie waren zufrieden, umso besser, weil die Stimmung am Vortag ein bisschen angespannt gewesen war.

Bei der Drehortsuche, als wir den Startpunkt auf Big Island fanden, war vorgesehen, im Abendlicht ein paar Aufnahmen zu machen, um eine neue Uhr zu fotografieren, die ich trug, ein Produkt, das beworben werden sollte. Mir lag das Posieren nicht gerade, außerdem hatte ich keine große Lust, einen Mannequinblick aufzusetzen. Dies umso weniger, als an diesem Tag zur gleichen Uhrzeit ein in meinen Augen sehr bedeutsames Ereignis stattfand. Um 17 Uhr begann das dritte Finalspiel der NBA, das Michael Jordan und seine Chicago Bulls austrugen, deshalb kam es für mich gar nicht in Frage, dass ich die Übertragung verpassen sollte. Michael Jordan war für mich damals, als es mir so schlecht ging, eine sehr wichtige Inspirationsquelle gewesen. Sein Talent, seine Willenskraft, sein phänomenaler Siegeswille, all das hatte mich angetrieben weiterzumachen. Er hatte schon zwei Titel, der dritte war in Reichweite und damit eine zweite Serie von drei Titeln in Folge. Und der *king* hatte angekündigt, dass dies sein letztes Match sein würde. Die anderen nervten mich. Ich versuchte, ihnen behutsam zu erklären: »Ihr macht euch nicht klar, dass ihr auch dank Michael Jordan hier seid.« Der Produzent war auf diesem Ohr jedoch taub. Ich fuhr fort: »1996, da habe ich Löcher in die Erde gegraben, um etwas zum Essen zu haben.« Und fügte die Worte des Basketballspielers hinzu, die mich motiviert hatten: »Um Erfolg zu haben, braucht man gute Grundlagen und ein großes Herz. Aber alles hängt vom Willen ab.« Ich wollte dieses Spiel unbedingt sehen. Deshalb musste ich los, ins Hotel zurückfahren. Und zwar schnell. Ich, der ich ansonsten nie fernsah.

Was ist dieser Manu blöd, sagten sich die Italiener, wir sponsern sein Projekt, wir schicken ein Filmteam nach Hawaii, und der will sich ein Basketballspiel anschauen! Der Produzent, der das nicht mit sich machen ließ, bekam beinahe einen Anfall. Schließlich stimmte ich zu, auf das erste Viertel des Spiels zu verzichten, aber die Filmaufnahmen zogen sich hin, es dauerte und dauerte. Als die Aufnahmen endlich fertig waren, packten wir zusammen, ich trieb alle zur Eile an, und wir fuhren mit dem Lastwagen zurück. Die Produktion hatte zwei Fahrzeuge gemietet, eines davon ein riesiger Pick-up für den Transport des Materials. Er war auf meinen Namen angemeldet, sodass ich der Einzige war, der ihn fahren oder vielmehr steuern durfte. Bis zum Hotel war es noch weit, und ausgerechnet auf dieser schmalen Straße galt eine Geschwindigkeitsbegrenzung von 20 Meilen pro Stunde. Natürlich konnte ich Radio hören, aber auf Hawaii hat man in der einen Kurve Empfang, in der nächsten hört man gar nichts mehr. Ich musste unbedingt rechtzeitig zur zweiten Halbzeit ankommen. Alle anderen Autofahrer fuhren langsam, nur ich nicht. Ich fuhr, so schnell es ging, große Strecken geradeaus, keine Polizisten in Sicht. »Mach langsamer, langsamer!«, schrien mir die Italiener zu. Du träumst wohl, Stefano. Die Reifen kreischten und quietschten in den Kurven – wir kamen alles andere als leise vor unserem Hotel an. Der Lastwagen war noch nicht richtig geparkt, da sprang ich schon heraus. Ich ließ meine Italiener verdutzt stehen und rannte in mein Zimmer: »Sehen wir uns später noch?«

8 Grönland, 1999

Stets fühle ich mich bei der schlichten Konfrontation mit der brutalen Energie wohl. Das liegt zweifellos daran, dass das Verhältnis, das ich zur Erde, zum Wasser und zum Himmel habe, von Respekt geprägt ist. Die Wüste hatte ich früher bereits durchfahren, doch Grönland, eine andere unendliche Landschaft, war ein Ziel, das sich nun abzeichnete. Die unermessliche Weite wie ein Kondensat des Lebens oder vielmehr wie ein Bild, das die Gesellschaft auf mich zurückwirft. Der Eindruck, dass sich vor dem Menschen eine Art Nichts auftut. Deshalb ist es hin und wieder der Mensch, der mir leer vorkommt. Anstatt Angst davor zu haben, bin ich der Meinung, dass diese Leere das Entscheidende ist. Nun, ich habe den Eindruck, hier ein wenig wie Jean-Claude Van Damme zu reden – ein unterschätzter wacher Geist –, aber nein, ich hatte wirklich aus diesem Gefühl heraus Lust, dorthin zu reisen. Mit meinem Kite. Ein Drang nach Poesie, die ich nicht in Worte fassen kann, die aber im Wasser, den Eisbergen, der Kälte und dem Wind einfach auftaucht. Eine Poesie der Größe, der Stille, des Blicks und dazwischen ein Mensch, ein winziges Rädchen, ein winziges Detail.

Ich hatte schon immer den Wunsch, der Natur nahe zu sein, mit ihr zu verschmelzen beziehungsweise mich darin zu verankern. Es ist unmöglich, kein Umweltschützer zu sein, sich nicht über die Umweltprobleme zu sorgen. Das fängt damit an, dass man nie ein Stück Papier auf den Boden wirft. Und sich darüber hinaus klar macht, dass wir die Erde nicht geerbt haben, sondern dass wir sie an unsere Kinder weitergeben. Es wird darum gehen, sie ihnen mit all ihren Bodenschätzen zu hinterlassen. Ich weiß, dass der Gedanke nahe liegend ist, aber ich bin besonders sensibel gegenüber der Entwicklung unseres Planeten, der Ausbeutung bestimmter Gegenden der Erde, die es natürlich am schlimmsten trifft, während die anderen sich bereichern, und zwar materiell, nicht etwa spirituell. Wie kann die Menschheit angesichts der Armen, die immer ärmer werden, nur mit ansehen, wie so viele Leute immer reicher werden? Ich habe darauf keine Antwort, aber die Frage treibt mich um ...

Rekord

Unterdessen wurde der Kite an den Stränden von Maui weiterentwickelt. Obwohl hier die Pluralform nicht wirklich nötig wäre. Nach und nach fingen die Kiter an, abseits von Hookipa in Richtung Flughafen den Luftraum in Beschlag zu nehmen. Da viele noch Anfänger waren, zogen sie es vor, fern der Blicke der anderen Surfer zu üben. Am Kite Beach. An einem Ort, den ich bei meinen Alleinfahrten aufgesucht hatte, einem Ort, der damals von den *beach-bums*, den Clochards der Strände, diesen mittellosen Hawaiianern, bevölkert war, die dort lebten, dort aßen und schliefen. Die ganz Armen, die Abgeschobenen der amerikanischen Invasion, diese zwar illegalen, aber tolerierten wilden Camper. Wenn ich über die Wellen ritt, aber auch wenn ich in der Nähe aus dem Wasser kam, hatte ich immer den Eindruck, diesen Leuten ein kleines Spektakel geboten zu haben. Natürlich nichts Großartiges, schließlich waren das meine ersten Experimente. Aber am Ende der Übungsstunde, als ich wieder an Land ging, kamen sie auf mich zu, und wir unterhielten uns. Das waren Momente des Teilens. Ich glaube, dass ich mit diesen Ausgestoßenen, den Poeten, Künstlern und Vagabunden, die keinen Platz zum Leben fanden oder denen niemand einen solchen geben wollte, immer unbefangen umgegangen war. Man musste ihnen die Hand entgegenstrecken, und jene Menschen am Strand von Kaa, das waren Hawaiianer, die vielleicht spirituell reicher waren als all jene, die sie später vertreiben und ihren Platz einnehmen sollten. »Wie heißt du?« »Manu.« Das gefiel ihnen, denn mein Vorname bedeutet in ihrer überlieferten Sprache »Vogel«. Und als sie das wussten und mich mit meinem Segel beobachteten, mussten sie häufig lachen. Vielleicht sahen sie darin ein Zeichen oder einen Hinweis. Aber wo sind sie heute? Denn der Strand war bald der einzige Ort geworden, an dem man das Kitesurfen ausüben konnte. Verjagt, vertrieben, verschwunden.

Nach der Saison auf Maui unternahm ich mit Manou eine Reise nach Kuba, für ihn die erste einer langen Reihe, und wir erlebten dort den Hurrikan George. Ich kehrte über Winter nach Frankreich zurück.

Eine sehr schlechte Nachricht, wieder eine, überschattete meine Rückkehr: Chantal Mauduit, die Bergsteigerin mit dem zauberhaften Lächeln, war bei einer Expedition im Himalaja ums Leben gekommen. Auch sie hatte dem Team »No limits« angehört. Erst Patrick ... Bei Sector war die Stimmung düster, die Mannschaft hatte ihren Führer verloren. Trotzdem galt es weiterzumachen, ich passte sehr gut ins Konzept der Italiener, aber »No limits« machte eine schwierige Zeit durch.

Unterdessen hatte ich noch immer die Geschwindigkeit im Körper, ich spürte es, ich wusste es. Anfang 1999 verbrachte ich ein paar Tage auf den Kapverdischen Inseln, auf die mich Fred Gravoille eingeladen hatte, ein Organisator von »ungewöhnlichen« Wettkämpfen. So hatte ich die Chance, mir mit Wind- und Kitesurfern vor Sal ein paar schöne Wellen zu teilen und die Überquerung von Sal nach Boa Vista in Angriff zu nehmen, 45 Kilometer in zwei Stunden, in denen ich mir jedoch Zeit ließ, mit der starken Dünung zu spielen. An diesem Jahresbeginn wurde allmählich klar, zu welchen Leistungen das System in der Lage war: Inzwischen fuhr das Gerät problemlos am Wind, der Surfer war mehr oder weniger autonom, er konnte große Wellen surfen, außergewöhnliche Sprünge vollführen und weit draußen auf dem Meer surfen – in dieser kurzen Zeit war viel erreicht worden …

Die einzige der Fragen, die man mir stellte, die unbeantwortet blieb, betraf die Geschwindigkeit. Selbstverständlich konnte ich einige Auskünfte geben: Der Hubschrauber hatte während der Dreharbeiten meine Geschwindigkeit mit 30 Knoten gemessen, ich hatte einmal mit Björn Dunkerbeck an einer sehr windigen Stelle vor Hookipa »ordentlich Gas gegeben«, und ich hatte bei starkem Seegang mehrfach eine große Beschleunigung erreicht. Aber das alles blieb mehr oder weniger eine spontane Geschwindigkeit, und für einen ehemaligen Wettkämpfer wie mich war das nicht viel wert.

Natürlich kam ich voran, aber ich wusste nicht genau, wie schnell. Ich musste mich stoppen lassen, und die beste Möglichkeit dazu war, an einem offiziellen Geschwindigkeitswettkampf über die 500-Meter-Distanz teilzunehmen.

Leider war der Geschwindigkeitssport nicht mehr das, was er einmal gewesen war, ja er war fast im Zerfall begriffen, es fehlte an Geld und an Wettkämpfen. Allerdings gab es seit zwei Jahren im April einen herrlichen Wettkampf in Leucate bei Perpignon, im Département Aude. Zwei Monate vor diesem Wettkampf schickte ich allen Mitgliedern des Komitees der Speedsurfer und an den Wettkampfleiter ein sehr umfangreiches Informationsdossier, um mich anzumelden und meine mögliche Eintragung zu rechtfertigen.

Denn das war für die Organisatoren nicht offenkundig, da es sich um eine Profi-Weltmeisterschaft handelte und ich genau genommen kein Windsurfer mehr war, und das aus gutem Grund. Aber nachdem ich mehr als zehn Jahre dem Kreis der Wettkämpfer angehört hatte, kannte ich die Regeln und die Abläufe, und die Organisatoren hatten dank ihrer großen Offenheit die Freundlichkeit, mir zu vertrauen. Der Deal war wenigstens klar: Wenn ich auch nur einen Konkurrenten behinderte oder wenn ich nicht klarkäme, würde ich auf die Teilnahme verzichten.

Bei diesem Test war für mich das Entscheidende, mit einer Ausrüstung an den Start zu gehen, die ich durch und durch kannte, um gegenüber den Konkurrenten ein möglichst geringes Risiko einzugehen. Ich kreuzte also mit dem gleichen Waveboard und dem *Wipika*-Segel auf, die ich bei den Aufnahmen auf den hohen Wellen vor La Pérouse auf Maui benutzt hatte. Und ich traf meine Kumpels wieder, die ich vier Jahre nicht gesehen hatte, aber es gab auch viele neue junge Teilnehmer. Alle lachten sich halb tot, als sie mich dort sahen. Es war kalt, der Wind blies unentwegt, aber die Stimmung war gut.

An einem Geschwindigkeitswettkampf mitzumachen, war weit weniger einfach, als es den Anschein hatte. Wir waren 55 Teilnehmer auf der Strecke, und es gab eine Unmenge von Wettkampfregeln, die genau eingehalten werden mussten, damit jeder die gleichen Chancen hatte.

Das fing 300 Meter vor dem *run* bei einer ersten Startboje an, nach welcher jegliche Überholmanöver verboten waren. Stellen Sie sich also das Rennen im Rennen all dieser Typen mit riesigen Segeln auf winzigen Brettern vor, wie sie, Messer zwischen den Zähnen, hart am Wind fahren und wie wahnsinnig Gas geben, um als Erster an der Boje zu sein, und die sich danach gegenseitig kontrollieren und dabei die herankommenden Windstöße beobachten. Und ich dazwischen mit meinen 25 Meter langen Leinen …

100 Meter vor der Startlinie war eine weitere Boje verankert, die die Startzone markierte, in der sich jeweils nur ein einziger Surfer befinden durfte. Das war der Moment, loszulegen und ordentlich zu beschleunigen, um die Startlinie mit vollem Tempo zu überqueren. Dort war ein Ordner postiert, um die Schummler zu bestrafen, aber beim Speed gab es angesichts der imposanten Staturen und der auf-

brausenden Temperamente, mit denen sie es zu tun bekommen hätten, nicht allzu viele Trickser ...

Dann folgte der eigentliche *run*, 500 Meter, auf welchen man auf einer Ideallinie ein möglichst hohes Tempo zu erreichen versuchte. Manchmal kam man in dem Bemühen, in möglichst flaches Wasser mit ablandigem Wind zu gelangen, dem Ufer zu nahe, und man krachte in den Sand. Manchmal fuhr man weiter draußen, und wenn sich auch nur eine kleine heimtückische Welle hob, hatte man große Chancen, dass sich das Segel löste und der Sturz richtig brutal wurde. Manchmal wiederum hatte man Leute vor sich, und deren Fahrwasser bremste einen, manchmal ließ auf der Hälfte der Strecke der Wind nach, und auch wenn man einen Raketenstart hingelegt hatte, wusste man gelegentlich nicht, warum man »am Wasser festklebte« ...

Man musste also, um eine gute Zeit zu erreichen, eine Reihe von *runs* machen und jedes Mal mit dem überpowerten Segel oder zu Fuß zum Startpunkt zurückkehren (Hilfe war untersagt), dann ging das Gerangel um die Positionen an den Bojen wieder von vorn los. Beim Überqueren der Ziellinie wurden die erreichte Geschwindigkeit und die Platzierung an einem Brett 100 Meter weiter entfernt angeschlagen (wenn das trotz der Windböen möglich war), dann musste man um all die Typen herumfahren, die gestürzt waren, nachdem ihre Konzentration nachgelassen und sie zur Tafel geschielt hatten, und schließlich galt es, noch eine Halse um die Schlussboje zu machen, bevor man den guten Kilometer Rückweg über das aufgewühlte Wasser antrat. So ging das zwei Stunden lang, die Dauer eines Laufs. Das machte Spaß ...

Selbstverständlich ließ ich in dieser Umgebung große Vorsicht walten.

Beim ersten Lauf schaffte ich mit einem Segel von sechs Quadratmetern und einer »steifen« Brise von 20 bis 30 Knoten 26,3 Knoten. Thierry Biélak, der letzte Geschwindigkeitsrekordhalter auf dem Surfbrett, überholte mich und erreichte 37 Knoten, die beste Zeit des Laufs. Beim zweiten Lauf frischte der Wind bis zu 55 Knoten auf. Ich ließ mich nach fünf Metern vom Sturm umwerfen und beendete den Lauf nicht. Das war bitter.

Der 17. April, drei Tage später, war der erste Jahrestag des Todes von Patrick de Gayardon. Der Nordwind wehte steif, aber ungleichmäßig mit 25 bis 40 Knoten. Wieder schaffte ich 26,3 Knoten, dieses Mal mit einem Segel von fünf Quadratmetern. José Baadour überholte mich auf der Strecke und machte 40 Knoten, die beste Laufzeit …

An einem anderen Tag war der Wind *on shore*, er wehte vom Meer in einem perfekten Winkel mit 20 bis 30 Knoten und brachte Wellen mit. Ich machte von Anfang bis Ende Ellenbogen an Ellenbogen einen Lauf mit Finian Mayniard, dem Sieger des Wettkampfs. Das war logisch – das Kitesurfen war in den Wellen effizient, das Speedsurfen dagegen nicht. Aber der Lauf sollte annulliert werden, weil die Bojen von den Wellen losgerissen wurden.

Beim Finale war ich mit meinen 26,3 Knoten (49 km/h) der Letzte im Gesamtklassement, aber ich war trotz einiger Spötteleien, die ich einzustecken hatte, rundum zufrieden. Denn in Wahrheit musste man die Dinge in ihrem Kontext sehen: 26 Knoten mit einem einzigartigen System, das es noch keine vier Jahre gab, und mit einem Waveboard, das war doch etwas, oder?

Hawaii forever

Die Zeit verrann so schnell. Wie Sand zwischen den Fingern, wie der Wind in meinen Träumen. Wieder stand ein Jahreswechsel bevor, der Enttäuschungen mit sich bringen würde. Denn mein Zweijahresvertrag mit Sector wurde nicht verlängert. »Hör zu, Manu, wir haben finanzielle Probleme, du musst uns verstehen …« Eine Scheidung auf Italienisch? Nicht ganz, die Vorgehensweise war schmerzlicher, ja fast hinterhältig. Zunächst erzählte man mir von Budgetkürzungen, mein geplantes Grönlandprojekt wurde mangels Geld aufgegeben. Alles zerfiel, zumal der Begriff des »Extremsports« allmählich ein wenig abgedroschen war, ja manche ihn sogar missbraucht hatten. Alle Welt befasste sich damit, das Konzept wurde geplündert, das Extreme war zu einem überstrapazierten Begriff geworden. Meine italienischen Partner bedienten sich dieser Erklärung, um mir begreiflich zu machen, dass die Firma mit Analysen beschäftigt sei und die Projekte ein wenig auf Stand-by-Position geparkt seien. Die Überlegungen hatten auch etwas mit den beiden Todesfällen zu tun, die das Team getroffen hatte, zuerst Patrick, dann Chantal, zwei Todesfälle, die der Firma sehr geschadet hatten, weil man ihr gelegentlich vorwarf, sie hätte ihre Athleten zu sehr angetrieben.

Marco Francesconi hatte diese beiden Todesfälle besonders schwer verkraftet, zumal er sich direkt damit befasst hatte, die Leichname in ihre Heimat zu überführen. Ich konnte mir seinen Schmerz und die Trauer vorstellen. Schließlich brach er, von Arbeit überlastet, zusammen und kündigte.

Trotz der Versprechungen wurde mein Vertrag also nicht verlängert, man bat mich lediglich, weiter unter dem Banner von »No limits« zu bleiben. Dieses war nur ein Konzept, keine Marke, kein Produkt. Die Vordenker von Sector hatten entschieden, die Kommunikation mit dem Team einzustellen, sie wollten einfach das Konzept nutzen, um eine neue Serie zu entwickeln. Kleider, Brillen, Gepäckstücke und Reisen. Aber intern gab es Probleme und Verrat, und nichts kam voran. Die Firma wurde verkauft. Ich war wieder frei. Inzwischen war es Herbst geworden, ich würde vorübergehend in ein anderes Lager wechseln und mich einer neuen, körperlich weniger anstrengenden Beschäftigung widmen, nämlich der Entwicklung von Internetseiten. Ich sollte ein paar Monate damit verbringen, meine eigene Website zu entwerfen. Über Stéphane Jarreau hatte ich einige junge, dynamische Leute kennen gelernt, die in dieser Branche arbeiteten. In meinem Zimmer in Paris hatte ich meine Dokumente und meine Fotos gelagert. Das Ganze weckte das Interesse meiner Freunde. »Mensch, sag mal, du hast da eine Geschichte, du hast einen Sport geschaffen, du hast wahnsinnige Bilder, dein Abenteuer ist interessant, auch wenn du nichts zu verkaufen hast, warum stellst du nicht deine eigene Website ins Netz?« Ich musste mit der Zeit gehen, sie machten mir klar, dass das Internet in gewisser Weise das Medium der Zukunft war. Meine Informatikgurus fuhren fort: »Deine Geschichte darf nicht verloren gehen.« Schließlich war ich nicht abgeneigt, schreckte aber vor der Aufgabe zurück, da ich noch immer unter einer leichten Computerphobie litt.

Muss ich wieder von diesen fast wundersamen Begegnungen erzählen, diesen Kontakten, diesen Beziehungen, die sich festigten? Stéphane war gut bekannt mit dem Direktor einer großen Firma, die Websites erstellte. Das war damals die Zeit des Internetbooms, als sich die ganze Menschheit nur für ein Ziel zu interessieren schien, nämlich im Netz präsent zu sein, sich im Internet zu zeigen. Die Leute der Firma arbeiteten wie die Wahnsinnigen, die ganze Welt wollte eine eigene Website haben, deshalb schufteten sie wie die Irren und machten mir einen Vorschlag. »Du hast etwas, was viele Leute nicht haben, nämlich einen Inhalt, wenn du willst, helfen wir dir, deine Seite zu machen, wir betreuen sie, und im Gegenzug dürfen wir sie als Werbung für unser Business nutzen.« Die Übereinkunft gefiel mir, das war ein guter Deal, eine sehr interessante Gelegenheit, die es mir ermöglichte, ein neues Medium kennen zu lernen. Ich entdeckte diese fleißigen Ameisenstöcke junger Informatiker mit blassem Teint, die 20 Stunden am Stück in dieser virtuellen Welt arbeiteten, die so grundverschieden von der meinen war. Ich stürzte mich in dieses Abenteuer, es war eine gewaltige Arbeit, und dabei hatte ich immer solche Angst vor dem Schreiben.

Aber ich zog es durch, ich ließ nicht locker, mit drei HTML-Programmierern, die sich mit nichts anderem beschäftigten. Das Ganze kam jedoch nur recht langsam voran, selbst als meine Neigung als Nachteule wieder die Oberhand gewann: Sobald ich zu arbeiten habe, erledige ich das lieber in der Nacht, wenn mich nichts stören kann. In den vier Monaten, die ich bei Stéphane in der Rue Didot im 14. Arrondissement verbrachte, verließ ich mich nur auf ein dumpfes Signal, das mir anzeigte, dass es an der Zeit sei, ins Bett zu gehen: die Vorbeifahrt des Müllautos gegen 6 Uhr morgens.

Ich machte eine neue, seltsame Phase durch, in der ich mit Leuten verkehrte, die den Unterschied zwischen Tag und Nacht nicht kannten. Ich war ihnen, als die Website im Netz stand, für ihre Hilfe verbunden, denn sie ist eine Möglichkeit, die Leute zu informieren, Zeitverschiebungen und Entfernungen zu überwinden. Alle waren zufrieden. Ich dankte ihnen, dass sie mich dazu gezwungen und mir diese wichtige Technologie nahe gebracht hatten.

Und dann reiste ich wieder einmal nach Hawaii ab. Ich flog zu Manou. Uns verband inzwischen eine sehr starke Freundschaft. Die gemeinsame Schufterei hatte uns zu Brüdern gemacht. Wir hatten eine kleine, ziemlich theatralische Zeremonie organisiert, die uns für den Rest unseres Lebens miteinander verbinden sollte. Die gegenseitige Hilfe, die wir uns seit geraumer Zeit leisteten, sollte so bald kein Ende haben. Ich hatte ihm geholfen, er hatte mir geholfen, so einfach könnte ich das zusammenfassen. Bei meiner Ankunft stellte ich fest, dass er neben seinem noch immer im Bau befindlichen Haus eine kleine Hütte errichtet hatte, in der eine Pritsche stand. Der Arbeiter, der ihm geholfen hatte, war verschwunden. »Du bist zu Hause«, sagte Manou zu mir. Zu Hause in dieser Arche Noah, in diesem wunderlichen Haus, dem Paradies für Katzen, Hunde und Pferde. Die Pferde, für die Manou eine grenzenlose Liebe empfand. Es waren drei: Diamond Head – der wir den Spitznamen »die Nutte« gegeben haben –, ein reinrassiges Reitpferd, eine bösartige Stute, sehr wild und unmöglich zu reiten; dann Le Pinto, der Hengst, das Pferd von Manou; und Celeste, die Schlemmerin, die nur ans Fressen denkt. Alle drei führten ein richtiges Faulenzerdasein, weil sie tagaus, tagein nicht viel tun hatten. Es handelte sich lediglich um eine Geschichte der Leidenschaft zwischen ihnen und Manou, der kaum Zeit fand, sie zu reiten. Zu viel Arbeit. Deshalb pflegte er sie, sprach mit ihnen und ließ sie stehen: Das Haus, das Manou baute, wurde über ihrem Stall errichtet.

Neben den Pferden gab es auch die Hunde: Nonoé, die Großmutter, Kiko, den buckligen Rüden, der unter Wundstarrkrampf litt, die Krankheit aber überlebt hatte, und Mouniéka, die Schwester von Kiko, drei deutsche Schäferhunde, an deren Nationalität wir uns immer dann erinnerten, wenn sie ein bisschen zu laut wurden. Kiko war der liebevollste, der sich mit mir unterhielt und mit dem ich redete. Und schließlich die noch zahlreicheren Katzen: Cochise, der Hausherr, der große schwarz-weiße Kater, der die Aristocats, je nach Saison an die zehn Stück, kommandierte. In ihren Augen bot das Hotel interessante Unterkünfte, freie Kost und Logis, deshalb blieben sie hier. Mitsou, Misounette, Gnougnignette, Pipo, Nifon, Nifette … Ganz Weiße, ganz Schwarze, die herumstreiften, verschwanden, nicht wieder auftauchten, weil in der Nachbarschaft nicht jeder Katzen mochte. Tiere, die mit gebrochenem Schwanz daherkamen, so wie wir mit einem blauen Auge, aber Tiere, die uns liebten … uns, mit unseren ebenso ramponierten Herzen.

Die Hütte war mein Zuhause geworden, ich half Manou beim Bau seines großen Hauses, das er später vermieten sollte, um seine Kredite zurückzahlen zu können, und ich griff ihm finanziell unter die Arme, wann immer ich konnte. Manou hatte sich auf seinen Reisen in Kuba und die Menschen, die dort lebten, verliebt. Für ihn war ich, wenn er auf die große Karibikinsel fuhr, eine Vertrauensperson, die hier nach dem Rechten sah. Unsere Lebensrhythmen waren sehr unterschiedlich, Manou legte sich früh schlafen und stand früh auf, ich war eine Nachteule und ging spät zum Surfen. Nach meiner Rückkehr nahm ich meine Surfaktivitäten wieder auf, ich ließ den Kite in den Wellen steigen, ich surfte nonstop nach Hookipa, wo man mich tolerierte. Während meines Aufenthalts in Frankreich hatte sich jedoch einiges ereignet …

Bruno Legaignoux hatte seine Firma Wipika gegründet, ließ seine Segel von Neil Pryde herstellen, die hier von Keith Baxter vertrieben wurden und reißenden Absatz fanden. Da Hookipa, der kleine gefährliche und überbevölkerte Strand, nicht geeignet war, wurde Spreckelsville der bevorzugte Strand, »Euro Beach«, wie die Einheimischen ihn nannten, ein geradezu märchenhafter Ort mit Bäumen, Schatten, ein typisch hawaiischer Strand, weit entfernt von der Qualität, die Hookipa bietet, aber gut, obwohl sich Sand und Wellen unmittelbar vor der Landepiste des Flughafens erstrecken. Das war jedenfalls der *spot*, der in Mode war, der »Kitestrand«, an dem sich immer mehr Kitesurfer tummelten, bis sich ein von seinem Besitzer losgelassener Schirm in den Zäunen des Flughafens verhedderte. Vor der Kontrollrunde. Bis dahin hatte keiner etwas gesagt. Jetzt auf einmal fing die FAA, die Federal Aviation Agency, an, sich Sorgen zu machen. Kites nur ein paar hundert Meter von der Flugschneise des internationalen Flughafens entfernt? Bis dahin hatten sie nichts unternommen. Nun war das pingelige Amerika erwacht, und die Autoritäten verabschiedeten ein Gesetz, das den Einsatz von Drachen von mehr als fünf Pfund Gewicht in der Fünfmeilenzone rund um den Flughafen untersagte. Man musste sich daran halten, und der Kite wurde für mehrere Wochen verboten, von der Nordküste von Maui verbannt. Hookipa lag direkt außerhalb der Fünfmeilenzone, aber der *spot* war schwierig, und die Windsurfer wollten ihn für sich haben. Eine Entscheidung, die die Kiter zutiefst traf: Ihnen wurde der Strand untersagt, es flogen keine Drachen mehr, Polizisten patrouillierten. Die Kiter fielen aus allen Wolken, wenn ich so sagen darf.

Als sie von dem Verbot hörten, flippten sie richtig aus. Es bestand natürlich die Möglichkeit, an der Südküste zu surfen, in der Nähe von Kihé, aber der Ort besaß nicht den gleichen Reiz, und außerdem musste man eine Stunde Fahrt mit dem Auto in Kauf nehmen, um dorthin zu gelangen ... Die Kiter schlossen sich zusammen, Treffen zwischen Beamten und Vertretern der Kiter fanden statt. »Sie müssen uns verstehen, es geht um ein aufstrebendes Business, Geschäfte und Kitesurfing-Schulen werden eröffnet ... Sie müssen etwas unternehmen.« Martin Kirk, der Präsident der hawaiischen Kiteboarding Association, leistete gute Arbeit. Die Frage wurde zwischen wohlmeinenden Leuten erörtert, die Association überzeugte die Behörden, dass die Bedingungen hier ganz außerordentlich seien, dass nichts mit dem Nordostpassat vergleichbar sei, dass man viel Platz brauche, weil der Kite eine mögliche Gefahrenquelle darstelle, wenn man mit anderen Wassersportlern wie den Wellen- und den Windsurfern zusammentreffe, dass eine gemeinsame Nutzung des Wassers also unmöglich sei. »Überlassen Sie es uns«, sagten die Kiter, »wir werden der Anarchie ein Ende bereiten, indem wir uns selbst kontrollieren.« Was bedeutete, einen Ort zu finden, wo die Kitesurfer unter sich waren ... Kite Beach sollte von nun an seine Bedeutung gewinnen, ganz am Ende, im Windschatten der anderen.

»Geben Sie uns die Erlaubnis, im Windschatten der Windsurfer, im Windschatten des Flughafens zu surfen, um den Rest kümmern wir uns selbst«, versprachen die Repräsentanten der Kiter. Man einigte sich, der Prozess würde zwar langwierig sein, weil man eine Sonderregelung brauchte, aber es wurde ein Protokoll unterschrieben, und die Kiter verpflichteten sich, ihren Bereich zu begrenzen. Okay, die FAA gab nach, stimmte zu, »aber schauen Sie zu, dass es keine Probleme gibt«.

Nachdem ich das Ganze, das zwei- oder dreiwöchige Surfverbot, aus der Ferne verfolgt, mich aber nicht betroffen gefühlt hatte, tauchte ich in Hookipa an meinem Lieblingsstrand auf, der außerhalb der Fünfmeilenzone lag, und da ich nicht mehr von großen Wellen träumte, weil mich die Riesenwellen in meiner Erinnerung verfolgten, hatte ich keine Lust, am Kite Beach zu surfen, jenem Strand nahe der Stadt mit den Abwässern und der Wiederaufbereitungsfabrik.

Ich ging also wieder bei Hookipa surfen, war aber von einigen Typen konfrontiert, die mir ständig mit ihrem Gerede in den Ohren lagen. Natürlich wieder die Gruppe um Laird, Lickle, Waltze und so weiter, die mir sagten, dass ich, wenn ich hier weiter surfen würde, riskierte, dass der Kite an diesem Inselabschnitt verboten würde. In Wahrheit wurde das Zusammenleben von Windsurfern und Kitern immer schwieriger, es war offensichtlich, dass die beiden Aktivitäten nicht am gleichen *spot* ausgeübt werden können, höchstens von Experten. Es war bereits zu mehreren Unfällen gekommen, und einige Windsurfer hatten sich über das kürzlich ausgesprochene, vorübergehende Verbot sehr gefreut. Man versuchte also, mich daran zu hindern, vor Hookipa zu surfen.

»Lasst es gut sein, Jungs, ich lebe jetzt schon zwölf Jahre hier, ich kite seit vier Jahren, jeder kennt mich, ich halte die für alle gültigen Regeln gewissenhaft ein, das wissen die Leute, und vergesst nicht, was ich für die Entwicklung des Sports getan habe.«

»Ja«, erwiderten sie, »aber wenn du nach Hookipa kommst, dann werden es dir die anderen nachmachen wollen.«

Ich antwortete ihnen natürlich, dass es hier nicht so einfach sei, mit den Felsen, den Wellen und der Fahrrinne, dass das ein schwieriger *spot* sei, bei dem großes Können gefragt sei. Es war vergebliche Mühe, ich wurde beinahe bezichtigt, ich, der Pionier, wolle den Tod des Sports.

Das nahm ich zur Kenntnis, aber ich gab ihnen nicht das Versprechen, nicht mehr nach Hookipa zu kommen. Denn mich interessierte nichts anderes, als hohe, vom Wind gepeitschte Wellen zu reiten, und auf Maui gibt es nur Hookipa, wo diese Kategorie zu finden ist, es sei denn, die Dünung ist sehr stark, was selten der Fall ist. Ich setzte mich über ihre Einwände hinweg, denn der wahre Grund dieser Geschichte war vor allem der Neid, die schwere Krankheit, unter der diese Leute litten. Jedenfalls wusste ich sehr wohl, dass es sich nicht lohnte, nach Hookipa zu gehen, wenn dort auf dem Wasser großes Getümmel herrschte, weil es zu gefährlich war. Die ungeschriebenen Gesetze der Gemeinde besagten, dass der *spot* vor 11 Uhr für Windsurfer untersagt und den Surfern vorbehalten war. Natürlich achtete ich sehr darauf, diese ungeschriebenen Regeln einzuhalten, entweder indem ich vor dieser Uhrzeit surfte, bevor hier Großbetrieb herrschte, oder indem ich am späten Nachmittag kam, wenn die Windsurfer allmählich aus dem Wasser gingen. Ich war immer vorsichtig und respektvoll, weil ich diese Windsurfer gut kannte, zumindest die allermeisten. Viele waren Kumpels, wir waren schließlich alle Surfer. Bis zum heutigen Tag habe ich in Hookipa noch nie Probleme mit einem Windsurfer gehabt. Sie wissen das, sie vertrauen mir, aber sie erwarten auch nichts anderes von mir.

Ich machte also weiter und nahm meine Wellen. Und wenn zu viel Betrieb herrschte, wenn der Strand überfüllt war, konnte ich auch bei Lane, direkt neben Hookipa, surfen. Ich kannte Lane gut, ich kam schon lange hierher, die Wellen sind schwierig zu erreichen, man muss zuerst eine Korallenplatte passieren, an der sich große Wellen brechen, etwa zwölf Meter, die man zu Fuß mit dem Material zu überwinden hat. Hier muss man für den geringsten Fehler teuer bezahlen, man verletzt sich und zieht sich Schnitt- und Schürfwunden zu. Und der Wind kann sehr turbulent sein: Auf Grund der Anhöhe von Hookipa, die direkt dahinter liegt, kann der Kite zusammenfallen und dann wieder Wind zu bekommen, das bedarf einer guten Technik. Um in Lane losfahren zu können, ist das Wichtigste das Gespür für das Meer und die Fähigkeit, es einzuschätzen. Gelegentlich muss man auch verzichten können. Das ist ein gefährlicher Ort, den ich fürchte. Zumal die Wellen dort nicht sonderlich gut sind, zu häufig sind sie »geschlossen«, was bedeutet, dass sie sich mit einem Schlag auf ihrer ganzen Länge brechen und man die Flucht nach vorn ergreifen muss. Da ist kein wirkliches Vorankommen möglich, und das kann sehr frustrierend sein.

Hitzschlag im Packeis

Auf meiner Internetseite hatte ich angefangen, eine Reise nach Grönland in Betracht zu ziehen; ich hatte sie als mein nächstes großes Projekt dargestellt, in Eis und Schnee, im Nichts und der unendlichen Weite zu surfen, das genaue Gegenteil dessen, was ich bis dahin getan hatte. Bei großer Kälte inmitten von Eisbergen, diesen erstarrten Riesenwellen.

Eines schönen Tages erhielt ich einen Anruf aus Paris: Es war Emmanuel de Nanclas, mein Agentenkumpel, der gerade bei einer großen Eventagentur eingestellt worden war, wo er sich um Sponsoring und Zusammenarbeit kümmerte.

»Wir haben einen Kunden, der sich für dein Grönland-Projekt interessieren könnte. Es handelt sich um das Eau de Toilette für Männer, Davidoff Cool Water, eine neue Serie des weltweit führenden Kosmetikherstellers für junge Männer. Wir haben dem Kunden deine Website gezeigt, er ist interessiert, vielleicht könnten wir die Expedition dorthin organisieren, du und dein Kite inmitten von Eisbergen, und einen Werbefilm drehen, der die Einführung der neuen Produkte begleitet?« Emmanuel bat mich am Telefon um genauere Angaben, und ich machte mich an die Recherchen. Ich kaufte mir einen Stapel Bücher über den hohen Norden, über Grönland, ich las sie und holte per Telefon bei einigen Abenteurern, die ich in der Zeit bei Sector kennen gelernt hatte, Erkundigungen ein. So gelang es mir, eine Stelle an der Westküste Grönlands ausfindig zu machen, den Disko-Gletscher. Das ist der größte Eisbergerzeuger der Nordhalbkugel, eine gigantische Eiswürfelmaschine. Nicht weit entfernt liegt ein kleines Dorf, Illulisat, mit einem kleinen Flugplatz, einem kleinen Hotel und einem kleinen Hafen, in dem offenbar ein paar wenige Touristen ankamen und abfuhren. Ich nahm mit einem Reisebüro in Paris Kontakt auf, das auf Reisen in den hohen Norden spezialisiert war, und mir wurde bestätigt, dass dies ein guter *spot* sei. Das Wetter war ein großer Risikofaktor, denn wir mussten mit unserer Unternehmung warten, bis das Packeis getaut war. Wir hatten jetzt Februar, und die Einführung der Produkte war schon für Juni vorgesehen. Uns blieb also nur ein sehr enges Zeitfenster, um die Expedition zu organisieren, den Film zu drehen und zu verschicken.

All diese Informationen gab ich an die Agentur weiter, die sie ihrerseits dem Kunden mitteilte, der sich davon aber nicht abschrecken ließ und mich nach Paris bat. Ich wurde mit allen bekannt gemacht, das Treffen verlief sehr gut, denn inzwischen hatte ich ein bisschen Erfahrung, ich erklärte, wie ich die Dinge sah, welche Erkundigungen wir noch einholen mussten, und sie erzählten mir, dass sie einen Werbefilm für die Einzelhändler und die Fachgeschäfte sowie einen zusätzlichen Clip für die Presse drehen wollten.

Wir einigten uns, und ich betonte, dass wir uns beeilen müssten.

Ende des Treffens, das hieß beinahe. »Wir haben einen letzten Punkt vergessen, es muss für die offizielle Einführung dieser neuen Produktserie eine zweitägige Pressereise mit 150 Journalisten unternommen werden. Falls du eine Idee hast …«

Sie erzählten mir von einem Eishotel im Norden Schwedens, von Aktivitäten, Ausflügen, einem Ton- und Lichtspektakel auf einem gefrorenen See, um am Ende die ästhetisch-stilvollen – in Eis eingefassten – Parfums zu präsentieren.

»Außerdem würden wir gern die Gelegenheit nutzen, um dort über dein neues Projekt zu sprechen.«

»Auf einem gefrorenen See ist das ganz einfach, wieso machen wir nicht eine Kite-Vorführung mit einem Snowboard?«

Sie waren von diesem Vorschlag begeistert.

»Genial, du wirst aus Hawaii kommen, um eine Kite-Vorführung auf Schnee zu geben, und wir werden eine Pressekonferenz organisieren, um das Grönland-Projekt vorzustellen.«

Gesagt, getan. Ich kehrte nach Maui zurück, trainierte und bereitete mich vor. Der Zeitrahmen war eng, wir beschlossen, im Mai nach Grönland zu fliegen, was bezüglich der Eisschmelze dort recht früh war. Jacques Barthélémy, ein Experte für Extremexpeditionen, der als Leiter für unser Vorhaben eingestellt wurde, hatte uns gewarnt: Wir würden auf unser Glück setzen müssen. In manchen Jahren fängt das Packeis im Mai gerade erst an zu schmelzen. Wir gingen das Risiko ein.

Unterdessen fand einen Monat später, im März, das Event in Schweden statt. Die Reise verlief glatt, die Leute waren nett, die Umgebung war mir unbekannt, und ich freute mich sehr, inmitten der Tundra zu sein. Hier, so sagte man mir, herrschte entweder Windstille, oder es stürmte. Doch als der Augenblick meiner Demonstration kam, ging ein leichter Wind, der ausreichte, um über den gefrorenen, schneebedeckten See zu kiten. Die Atmosphäre war äußerst romantisch, der Himmel von einem traumhaften Blau, rund herum die Hütten der Samen ...

Ein Vorgeschmack auf Grönland. Und schon bald war es so weit. Eine ganze Armada setzte sich dieses Mal in Bewegung. Wir alle trafen uns in Paris, insgesamt elf Personen plus der Kunde. Der Produzent, der leitende Produzent, der Aufnahmeleiter, der Chefkameramann und sein Assistent, der Regisseur, aus versicherungstechnischen Gründen ein Arzt, ein Fotograf, ein Reporter und sein Kameramann und ein Mann, Stève Ravussin, der für meine Sicherheit verantwortlich war. Ich hatte zunächst an meinen Freund Michel Larronde gedacht, der beim Sector-Film als mein Schutzengel fungiert hatte, aber er konnte Hawaii nicht verlassen, da er gerade im Begriff war, sein Haus zu verkaufen. Deshalb rief ich Dominique Perret an, den Schweizer Extremskifahrer, der dem italienischen Team ebenfalls angehört hatte und mit dem ich seither befreundet war. Ein Sportler, der seit zehn Jahren Filme drehte und für mich – obwohl ich der Ältere bin – fast wie ein großer Bruder ist. Ich zählte auf seine Beziehungen, um jemanden zu finden. Häufig hatte er mir gesagt, dass seine Kumpels die besten seien, und er wusste genau, dass bei unseren so außergewöhnlichen Aktivitäten schon ein einziger Fehler tödlich sein konnte und wie wichtig es daher war, von guten Leuten umgeben zu sein. Er geht weniger intuitiv vor als ich, analysiert mehr.

»Wir werden jemanden für dich finden, mach dir keine Sorgen, ich melde mich wieder bei dir.«

Und das tat er schon nach wenigen Tagen. »Hör zu, ruf Stève Ravussin an, er kommt ebenfalls aus der Schweiz, er ist Segler und Bergsteiger. Ich habe ihm von deinem Projekt erzählt, es interessiert ihn. Du kannst diesem Kerl vertrauen«, versicherte er mir, »er ist ein Freund von Mike Horn.« Mike Horn, ein in der Schweiz lebender

Südafrikaner, ist ein unglaublicher Abenteurer, der zu jeder Tollkühnheit fähig ist – beispielsweise die Welt im Segelboot, mit dem Fahrrad oder zu Fuß zu umrunden, ohne jegliche fremde Hilfe. Er war früher Mitglied einer Sondereinheit und galt als Maßstab für das wahre Extremabenteuer ... Und außerdem war er ebenfalls ein Teamkamerad bei Sector gewesen.

Also rief ich Stève an, der mir sagte, dass er gerade sehr beschäftigt sei, dass es aber okay sei, dass er einen Überlebensanzug besitze. Ich erläuterte ihm die Lage ein wenig und sagte ihm, dass das Ganze zwei Wochen dauern werde. Wir schickten uns zwei oder drei sehr kurze E-Mails, und ich vermutete bereits, ohne ihn gesehen zu haben, dass es sich um einen jungen Mann handelte, der nicht viel redete, aber die richtigen Fragen stellte.

Ich hatte nur teilweise Recht. Stève entpuppte sich als Stimmungskanone erster Güte, war immer gut gelaunt, ein Typ mit viel Humor. Ich erfuhr, dass er die letzte Route du Rhum, die Transatlantikregatta von Saint-Malo in der Bretagne nach Point-à-Pite auf Guadeloupe, in der Kategorie 50 Fuß gewonnen hatte. Unser Treffen verlief gut, er wirkte zugleich ernst und lustig. Ein prima Typ.

Wir brachen alle zu der sehr langen Reise auf, zunächst nach Kopenhagen, dann ein zweites, ein drittes, ein viertes Mal umsteigen, jeweils in immer kleinere Flugzeuge! Auf dem letzten Flughafen kam es sogar zu einer interessanten Begegnung mit einem Freund von Stève, einem Schweizer Alpinisten, der uns erklärte, dass er gerade auf dem Heimweg sei, nachdem er eine Überquerung Grönlands per Ski, gezogen von einem Drachen, versucht hatte. Entweder hatte Windstille geherrscht, oder es hatten gewaltige Stürme getobt. Mir wurde allmählich bewusst, worauf ich mich da eingelassen hatte.

Bei der Ankunft stellten wir sogleich fest, dass das Meer, obwohl von Eisbergen übersät, vom Packeis befreit war, sodass es möglich sein würde, sich einen Weg zwischen den Eisschollen zu bahnen.

In dem Dorf, in dem wir unsere Quartiere, zwei kleine Wohnungen, bezogen, war alles gut organisiert. Es handelte sich um Fischerkaten, die von ihren Bewohnern vermietet wurden, um etwas Geld zu verdienen, die Saison dauerte bei den Inuit schließlich nur ein paar Monate. Alles war gemütlich, sehr gut geheizt und richtig »bewohnt«, denn an den Wänden hingen noch die Hochzeitsfotos der Besitzer.

Schon sehr bald brach ich mit Jacques, dem Regisseur, im Auto auf, um einen guten Drehort ausfindig zu machen. Diese eindrucksvolle Umgebung wirkte auf mich wie ein Schock. Vor allem der Gletscher, der den Eindruck erweckte, voller Leben zu sein, wie eine gigantische Kathedrale. Bei einem Wind von 50 Knoten und einer Eiseskälte – die vorhergesagten minus 20°C waren in jedem Fall erreicht – nahm ich unheimliche Geräusche wahr, das Eis knackte überall, ganze Stücke des Gletschers verschwanden plötzlich im Meer und wirbelten riesige Gischtfontänen auf. Das würde heiß werden, wenn ich das so sagen darf …

Überall lösten sich diese Riesenbrocken und stießen mit einem fast gedämpften Getöse aneinander. Dagegen kamen mir die Stücke, die in der Ferne herabbrachen, wie eine stille Armee vor, die im Begriff war, sich, ohne zu schreien, ins Wasser zu stürzen.

Dennoch würde ich darin surfen müssen, und es gab etwas, was mir einen Schauer über den Rücken laufen ließ – die Sorge um meinen Anzug. Um mich bestmöglich vor der Kälte zu schützen, hatte ich mich an einen alten aus England stammenden Schulkameraden gewandt, der in Frankreich Neopren-Überlebensanzüge der englischen Marke Sola vertrieb. Er überzeugte mich von der Qualität seiner Produkte, indem er mir von Freunden erzählte, die darin hoch oben im Norden Schottlands auch im Winter ohne Probleme surften. Ich erhielt ein großes Paket mit zwei kompletten Ausrüstungen, damit ich immer eine trockene in Reserve hatte. Diese

Anzüge schienen mir in der Tat sehr gut konzipiert zu sein, und ich setzte mich, um einen davon zu testen, mitten im Monat Februar in Paris für ein kleines Abendessen auf den Balkon der Wohnung meines Freundes Stéphane. Das Ergebnis? In Wahrheit war ich durchgefroren, aber ich sagte mir, dass das normal sei, weil das Neopren, um seine Vorzüge unter Beweis zu stellen, feucht sein müsse, da es die Feuchtigkeit erwärmt, die es speichert ... Ich konnte keine weiteren Tests durchführen, weil ich für mein Training sofort nach Maui fliegen musste. Am Telefon sprach ich mit meinem Lieferanten darüber. »No worries«, sagte er mir, »das ist super, dieses Material!« Cool, diese Engländer. Ich vertraute ihm, aber noch befand ich mich in keiner kritischen Situation. Wir waren insgesamt elf Personen, die Sache kostete eine Menge Geld, es war unmöglich, mit der Feststellung, dass mir kalt sei, alle zu enttäuschen. Zumal jeder von der Schönheit der Umgebung in Bann geschlagen und superenthusiastisch war. »Nun, wir sind vor allem froh, dass du derjenige bist, der da hineingeht.« Na ja, mal sehen ...

Sehr schnell hatte ich eine geeignete Stelle gefunden, an der ich den Kite öffnen und ins Wasser gehen konnte, eine Art Strand aus Eis, der sanft ins Meer abfiel. Jedes Mal war Stève, der mir bei meinen Vorbereitungen half, an meiner Seite. Dieser Junge war von einer unglaublichen Effizienz. Ich habe ihn geradezu vor Augen, wie er in seinem Schutzanzug dastand, mit nackten Händen, die so geschickt und so hilfsbereit waren, wenn es darum ging, die Leinen vorzubereiten.

Dann kam der Tag, an dem ich mich meinen Träumen gegenübersah, den gefrorenen Wellen, den Eiskathedralen, an diesem verblüffenden Ort, an dem die Eisberge entstehen. Wir fuhren mit dem Boot zum *spot*, begleitet vom dänischen Besitzer des von uns gemieteten Schiffes, und dem Kapitän, einem Inuk. Wir versuchten, uns mit ihm zu unterhalten, aber das war nicht so einfach. Ich meinte nur zu begreifen, dass sie hier eine panische Angst vor Eisbergen haben, dass der Feind des Seemanns das Eis zu sein schien.

Und obwohl alles angesichts der Art der Herausforderung sehr professionell vorbereitet wurde, glaube ich, dass der Kapitän uns für verrückt hielt, während er mir vom Eis zerdrückte Boote zeigte, die trotz der enormen Stahlplatten, die sie eigentlich schützen sollten, zerstört wurden. Hier Boote, die wie Konservendosen aufgerissen wurden, dort mit Blumen geschmückte Grabkreuze. Der Ort war wirklich unheimlich. An Bord verfügte ich über eine beheizte Kabine, in der ich mich umziehen konnte, während Stève am Ruder eines anderen schnellen Bootes mit verstärktem Rumpf war, um mir, im Fall, dass es ein Problem gäbe, zu Hilfe zu eilen.

Es war Zeit, ins Wasser zu gehen, für mich ein großer Moment, der Anzug erwies sich als perfekt, mir war am Körper nicht kalt, dafür stellte ich rasch fest, dass es die Füße und die Hände waren, die zu leiden hatten. Wegen der Fußschlaufen war es unmöglich, die Moonboots anzuziehen, und in dicke Handschuhe brauchte ich gar nicht erst zu schlüpfen, weil ich damit nicht genügend Gefühl für die Lenkstange gehabt hätte. Und der Kopf! Ich hätte mir natürlich eine Neoprenkapuze überziehen können, aber wir waren schließlich im Auftrag eines Herstellers von Männerkosmetik hier. »Vergiss deine Kapuze, zu hässlich, puh!« Die Vorschrift war einfach, ich durfte nicht stürzen, aber das würde schwer, sehr schwer werden.

Wir fingen an, mit einem großen Segel, einem großen Brett, der Wind blies, allerdings nicht stark. Langsam akklimatisierte ich mich. Als Stève mich herausfischte, sollte sich das mehrere Male wiederholen, ich heulte, so weh taten mir meine Finger. Die Dreharbeiten waren heikel: Das Eis, die Kälte, alle hatten die gleichen Schwierigkeiten. Sowohl derjenige, der surfte, als auch derjenige, der die Kamera hielt ...

Als mich der Kapitän nach den Aufnahmen an Bord begrüßte, fiel er mir um den Hals. Eine einfache Geste der Erleichterung, denn für die Inuit repräsentierte das Eis solche Alpträume, dass sie es offensichtlich nicht fassen konnten, dass ich das hier zum Spaß machte.

Die erste Rückkehr in den Hafen ist kaum zu beschreiben: Scharen von Kindern, die kreischten, weil sie so etwas noch nie zuvor gesehen hatten, so abgeschottet waren sie hier von den Auswüchsen der Zivilisation. Sie sollten mich die ganze Zeit begleiten und vor dem Haus oder am Hafen auf mich warten ...

Manchmal war die Wettervorhersage günstig, der Wind beherrschbar, das Meer nicht allzu feindselig. Aber der Kapitän warnte mich vor dem *black ice*, dem schwarzen Eis, jenem Zeitpunkt der Schmelze, an dem die kleinen blauen und weißen Stücke, die von den Eisbergen abbrechen, durchsichtig werden und scharf wie Rasierklingen sind. Man kann sie nicht sehen, aber wenn ich stürzen und mit dem Kopf aufschlagen würde, konnte das ein ganz böser Unfall sein. Ständige Vorsicht war geboten. Und manchmal war das Wetter schlecht, und es war unmöglich hinauszufahren. Bei einem Teil der Mannschaft machte sich Nervosität breit, weil einige Schwierigkeiten hatten, die Wetterkapriolen hinzunehmen. Ich teilte ihre Unruhe nicht, es musste gute Stimmung herrschen, und an den Tagen, an denen wir nicht hinauskonnten, hielt ich es für besser, mich auszuruhen als herumzujammern. Bei dieser Art der Herausforderung war die Geduld eines Indianers gefragt ...

Und dann hatten wir das Glück, einen herrlichen Tag zu erwischen. Ein fantastisch blauer Himmel, unwirkliches Licht, Wind, der wie der starke Passat auf Hawaii blies. Da die Sonne nicht unterging, war die Schönheit überwältigend, am Himmel leuchteten die Sterne, die sich im Eis widerspiegelten, und ich hätte Stunden damit verbringen können, diesen Anblick zu genießen.

Aber es war nicht der richtige Zeitpunkt zum Meditieren, denn jetzt ging es endlich richtig los. Alle waren sehr aufgeregt, wir bestellten den Hubschrauber für die Luftaufnahmen; doch als wir am Hafen ankamen, erklärte der Kapitän, dass er nicht auslaufen wolle beziehungsweise dass er gerne aus dem Hafen fahren würde, aber nicht bis zum Gletscher ... Während wir mit ihm herumdiskutierten, stellte ich fest, dass ich nichts kapiert hatte: Nicht das Eis war der Feind der Inuit, sie lebten mit dem Eis, sie wohnten darin ... Nein, wovor sie panische Angst haben, das ist der starke Wind, denn bei Wind ziehen die Eisberge sehr schnell vorbei, die Eisschollen kippen um, und das Meer wird zu einer horizontalen Lawine. Und es erschreckte unsere Freunde, jemanden mit einem so bösen, so tückischen Wind spielen zu sehen.

Wir schafften es dann aber doch, den Kapitän zu überreden, mein Wunsch war stärker als seine Furcht, Stève war da und kümmerte sich um meine Sicherheit, die Mannschaft war hoch motiviert. Das Boot brachte uns bis zu einer kleinen Insel vor dem Hafen, von der ich würde starten können. Eine sagenhafte *session*, Wind, Seegang, Eis, noch nie in meinem Leben war ich so konzentriert, weil ich mich nicht gehen lassen, nicht vergessen durfte, wo ich mich befand, ich durfte mich nicht den Verlockungen der Schönheit und der Freude, hier zu sein, hingeben. Die Situation war extrem, minus 20 °C, ringsum Eis, Eisberge, die umkippten, und mir wurde klar, welche Verantwortung ich trug. Ich hörte, wie das Board auf Eisstücke traf, peng, ich bremste abrupt, peng, peng, und nach der Fahrt sah ich es mir an ... Es war völlig kaputt.

Meine ganze Erfahrung mit dem Kite und all meine Kenntnisse über das Meer waren hier gefragt. Der Hubschrauber näherte sich, meine Hände waren schon kalt, meine Füße völlig taub. Ich musste die *bar* halten, das Board spüren – Präzision und Geschick beim Steuern waren absolut unerlässlich, um gute Aufnahmen zu ermöglichen ... Ich fuhr auf den Gletscher zu und sah Stève an Bord seines kleinen Bootes, der versuchte, für den Fall der Fälle nicht weit von mir entfernt zu sein. Trotz der Vorgaben der Kameramänner, die ihn nicht im Bild haben wollten. Stève tat, was er konnte, denn er wusste, dass er, wenn er sich ein bisschen zu weit entfernte und mir etwas zustieß, keine Zeit zum Eingreifen haben würde, deshalb hielt er sich mehr schlecht als recht versteckt. Alles ging gut, schließlich fischte er mich heraus. Ich übertreibe nicht, aber ich glaubte in jenem Moment, dass ich Eisтränen vergoss, die den Geschmack des Absoluten besaßen. Wir holten alles ins Boot, ich konnte mich nicht mehr rühren, Stève machte sich an die Rückfahrt, gegen den Wind, die Wellen und das Eis. Wir waren allein. Ich dachte an meine Finger, die ich nicht mehr spürte. Und meine Zehen? »Ach nein, das Gefühl kommt schon zurück«, erklärte mir Stève zunächst, bevor er mich ein paar Minuten später aufzog und sich gespielt beunruhigt gab: »Ich weiß nicht, ob wir noch rechtzeitig ankommen, um deine Extremitäten zu retten.«

Infolge der intensiven Konzentration hatte ich den Eindruck, mental leer zu sein und dringend schlafen zu müssen. Zwölf Stunden am Stück, und ich brauchte noch länger, bis ich mich wieder erholt hatte. Jedenfalls war mir bewusst, dass die Arbeit erledigt war und dass wir herrliche Bilder nach Hause mitnehmen würden. Leider gelang der Kosmetikserie später nicht der erhoffte Durchbruch am Markt, aber die Verbreitung dieser Unternehmung in den Medien sollte sehr wichtig werden. Für mich war das ein Erfolg, denn das eigentliche Ziel bestand darin, dieses Abenteuer zu Poesie zu machen und die Leute damit zum Träumen anzuregen. Es funktionierte, ich war begeistert.

Zumal mir inzwischen ein neues Projekt keine Ruhe mehr ließ. In Grönland hatte ich mich mit zwei anderen Mitgliedern der Mannschaft angefreundet. Wir waren ständig zusammen, wie Pech und

Schwefel, und ich gehöre zu jenen Menschen, die dieses Gefühl der Solidarität in einer feindlichen Umgebung schätzen. Ich hatte eine Ausgabe des *National Geographic Magazine* nach Grönland mitgenommen, auf dessen Titelblatt ein eindrucksvolles Foto einer Riesenwelle prangte, auf der Laird ritt. Ganz bewusst hatte ich die Zeitschrift auf dem Tisch in dem kleinen Wohnzimmer liegen lassen, denn ich war bereit für das Projekt »Riesenwellen«. Das sollte mein nächstes Unternehmen werden, ich vernahm seinen Ruf und hatte Lust, ihm Folge zu leisten: Noch nie war jemand mit dem Kite auf *jaws* geritten. Nun, ich höre mich noch immer meine zwei Kumpels fragen, ob sie dies reizen würde. Und ich habe noch vor Augen, wie sie beide den Daumen hochstreckten: Christophe Graillot, der Chefkameramann, und Vincent Françoise, Experte für Bordkameras.

Dreharbeiten

Gelegentlich muss man es verstehen, Ratschläge nicht zu befolgen, vor allem die guten. Wie viele Leute hatten mir wiederholt gesagt: »Das Filmemachen ist ein Beruf, du wirst das nie schaffen.« Doch ich musste diesen Film jetzt drehen, ohne abzuwarten, einfach um es zu beweisen. Als die Aufnahmen in Grönland beendet waren, versicherten mir Christophe und Vincent: »Das interessiert uns.« Ich hatte sie natürlich darauf hingewiesen, dass sie in diesem Fall im Dezember nach Hawaii kommen müssten. Um auf *jaws* zu treffen.

Die Idee nahm in meinem Kopf ziemlich klare Konturen an: Ich wollte einen Dokumentarfilm drehen, der zugleich darüber berichtete, was ich seit meinen ersten Recherchen auf Hawaii gemacht hatte, und der von der Eroberung des Everest unserer Wasserwelt erzählt, von diesem Wunsch, der mich verfolgte, mit dem Kite eine Riesenwelle zu reiten. »Die« Riesenwelle, immer die gleiche, jene, die die Surfer und Windsurfer durch ihre Leistungen weder beruhigt noch verkleinert hatten. Diese *mâchoires*, die noch kein Mensch mit einem Kite gefahren war. Unmöglich? Nichts war unmöglich, und ich glaubte, es schaffen zu können, das also sollte meine nächste Herausforderung sein.

Sehr schnell wurde ich mir meiner Tollkühnheit bewusst. Würde es wohl so einfach werden, einen Film an einem Ort zu drehen, an den ich seit 1987 immer wiederkam, an dem ich meinen Sport entwickelt und den hawaiischen *spirit* gelebt hatte wie ein primitiver Krieger, der die Mächte und die geheiligten Energien respektierte? Ich wollte unbedingt, dass dieser aus dem Feuer, dem Meer und dem Wind entstandene Flecken Erde Held meines Projektes würde, der lebendige Hauptdarsteller. Ich wusste, dass solche Gefühle nicht leicht zu erzählen sein würden und dass ich, wenn ich Hawaii wie einen Darsteller filmen wollte, ein Alphabet würde erfinden müssen, das mir die filmische Umsetzung ermöglichte – genau wie die ersten Siedler, als sie die Sprache der Einheimischen übersetzen wollten, feststellen mussten, dass diese nur ein paar Konsonanten und fünf Vokale verwendeten, um alles auszudrücken.

Denn ich wollte vielmehr mit Bildern als mit meinen Worten erklären, was eine Welle war, und mit ebendiesen Bildern die ganzen Energien zum Ausdruck bringen, indem ich mich bewusst zurückzog und nur meine Kumpels Manou und Michel sprechen ließ, die, weil sie die treuesten Freunde sind, am besten geeignet waren, von meinen Erfahrungen zu berichten.

Auf seine Weise ein impressionistisches Vorhaben, das ich hier angehen wollte. Kleine Striche, die nach und nach das Puzzle zusammenfügten, an dem ich seit so langer Zeit malte. Ich wusste, dass es mir gelingen könnte, wenn ich im Dezember eine Filmcrew nach Maui kommen lassen würde, die meine Gefühle teilte. Jedenfalls würde sich einiges ereignen, das spürte ich. Und es war unabdingbar, dass ich diesen Film selbst machte, nicht auf Bestellung eines Kunden, der damit – unter der Kontrolle der Marketingleute –

die Aufwertung seines Images, die Einführung eines neuen Produktes oder die Weiterentwicklung seines Bekanntheitsgrades befördern wollte.

Diesen Film trug ich in mir, ich hatte ihn vor Augen, ich wollte nicht, dass man mir sagte, wie ich ihn zu machen hatte. Ich wollte ihn realisieren, indem ich die Lektionen integrierte, die mir das Leben erteilt hatte. Mit Leuten, die in der Lage waren, sich mit dem Projekt zu identifizieren, die alle ihre Kompetenz und Kreativität einbrachten. In Grönland hatte ich angefangen, mich kundig zu machen, wie man es anstellte, sich Material auszuleihen beziehungsweise, wie viel man brauchte. Wir befassten uns eingehender mit der Sache, und ich kam sehr rasch zu dem Entschluss, das Geld vom Land der Eisberge in die Filmproduktion auf den Inseln des Feuers zu reinvestieren. Eine zweifellos kategorische Feststellung, aber jetzt stürzte ich mich richtig in die Sache. Was zählte, war die Kreativität. Vincent und Christophe stimmten zu, wir kamen überein, dass wir gutes Material brauchten. Das Budget war hoch, das wir – ohne Kompromisse bei der Materialqualität – errechneten. Ein teures Projekt, mit den Gebühren, den Flugtickets, dem Aufenthalt, dem Auto und dem Boot. Alles hatte seinen Preis und summierte sich. »Mach dir keine Sorgen, wir sind bereit, es umsonst zu machen, unentgeltlich, wir schließen uns mit dir zusammen«, erklärten mir meine beiden Freunde. Darüber war ich glücklich, aber das reichte nicht.

Und dann kam es wieder einmal zu einer Begegnung ... Ein weiterer Komplize schloss sich der Sache an, nämlich Jean-François, der Werbefilme und Videoclips drehte und ein Freund von Christophe war. Der hatte ihm vorgeschlagen, einen Entwurf für einen Clip zu schreiben und dann zu versuchen, eine große Plattenfirma für dessen Produktion zu gewinnen. Jean-François verfasste ein Storyboard, in dem die Hauptperson ein Surfboard war, und zwar von seiner Herstellung bis zum *ride* auf den Wellen. Und es gelang ihm, dass Sony Music das Konzept für einen englischen Künstler, der elektronische Musik machte, kaufte. Die Plattenfirma übernahm die Bezahlung von Jean-François, der mit einer Minikamera nach Maui kommen sollte. Er würde den Filmdreh nutzen, und wir würden seine Bilder später übernehmen können.

Und schließlich war es wie immer, »stets mit alten Freunden« ... Jean-Pierre Martin, meine Dauerstütze von Quai 34, hatte eine große Internetseite, die dem Surfsport gewidmet war, ins Netz gestellt: ridingzone.com. Ich stellte ihm das Projekt vor und unterbreitete ihm den Vorschlag, während des ganzen Dezembers ein Tagebuch auf seine Website zu stellen. Jeden Tag ein Foto und einen Text. Im Gegenzug bezahlte er die Gebühren von Stéphane, Monsieur Mac, der sich um die Realisierung des Tagebuchs kümmern, mich unterstützen und sich den Dreharbeiten anschließen sollte, indem er ebenfalls mit einer kleinen Digitalkamera Aufnahmen machen und Leben in den Film bringen würde. Auch das wurde akzeptiert. Nach und nach gesellten sich Helfer zu den Helfern, und die Crew stellte sich auf.

Wir fingen an, bereiteten alles vor, ohne auf die schlechten Weissagungen falscher Freunde zu hören, denn viele lagen uns in den Ohren, dass wir mit unserem Vorhaben direkt gegen die Wand fahren würden, dass ich kein Regisseur sei. Wieder einmal teilte man unsere Begeisterung nicht, aber daran war ich ja gewöhnt, dagegen war ich gewappnet. »Und was macht ihr damit, wie wollt ihr euren Film verkaufen und die Bearbeitung vornehmen?« Über all diese Fragen machten wir uns nicht etwa lustig, sondern wir legten einfach los. Die Archers entstehen, ein Zusammenschluss von Profis im audiovisuellen Bereich, deren Devise lautete: »Kreativität, Engagement, Professionalität«. Dann reiste ich nach Hawaii ab, einen Monat früher als die anderen, um das Terrain zu bereiten.

Ich verbrachte einen außergewöhnlichen November, ich surfte ausgiebig vor Lane und vor Hookipa. In der kleinen Welt der Windsurfer drehten alle durch, es kam täglich zu Spannungen und Streitigkeiten. Die Anhänger des Kitesurfens drängten sich am Kite Beach, das Geschäft brummte, Legaignoux machte mit seinen Lizenzen eine Menge Geld. Ich ritt allein auf den Wellen und bereitete mich bestmöglich vor.

Ende November brachen die Archers auf, denn sie mussten vor Weihnachten wieder zurück sein. Wir fünf würden einen Monat zusammen verbringen, ich in der Hütte, die anderen in einem kleinen Haus. Manou war mit seinem Bau inzwischen fast fertig. Ich hatte ihn gefragt, ob er einverstanden sei, in unserem Film mitzuspielen, und da er so zurückhaltend war, wusste ich nicht, wie seine Antwort wohl ausfallen würde. »Kein Problem«, erwiderte er, »wenn das deine Freunde sind.« Während ihres Aufenthalts sollten die Archers häufig in die Hütte kommen, in der Manou denkwürdige Abendessen organisierte. Es war eine Entdeckung, Manou als Schauspieler zu sehen, so zufrieden, Zuschauer zu haben, so freundlich, so lustig, ja sogar ergreifend. Der Kontakt war hergestellt, und im Gegenzug für das Essen würden die Archers, wenn wir nicht drehten, Manou bei der Fertigstellung seines Hauses zur Hand gehen – unter Gelächter und bei guter Stimmung Gipser- und Malerarbeiten erledigen.

Der Dreh war jeden Tag wieder außergewöhnlich, als ob sich Glück und Chance miteinander verbündet hätten, als ob sie beschlossen hätten, uns bei unserem audiovisuellen Abenteuer zu begleiten. Dank eines unglaublichen Dezembers brachte uns jeder Tag eine Menge interessanter Bilder. Wenig Regen, dafür Wind und Wellen. Außergewöhnliche Tage wie jener 20. Dezember, zwei Tage vor der Abreise der kleinen Mannschaft. Der seit langem größte *swell* näherte sich, zudem mit Wind. Die Dünung? Bei der Boje

17 Fuß, knapp sechs Meter, in 17 Sekunden. Die Boje? Nummer 51001, ein poetischer Name für eine Plattform, die 200 Seemeilen nordwestlich der Inseln liegt. Sie war die Erste, die die Wellen registrierte und sie uns im Voraus über das Internet ankündigte. Diese Informationen lieferten uns die entscheidenden Daten, die Amplitude der Dünung, die Zeitspanne und Größe der Welle. Die Größe in Fuß, die Zeit in Sekunden gemessen. »20 Fuß, 20 Sekunden?« Da wusste man, dass die Wellen gigantisch sein würden. Hier war es kaum weniger. 17 Fuß, 17 Sekunden.

XL-Wellen erwarteten uns, extragroße, die für ein erstes Experiment mit dem Kite perfekt sein sollten. Alles war bereit, das Boot reserviert, die Kameras installiert, eine an Bord des Bootes, Christophe auf der Steilküste. Vincent und Michel Larronde starteten von Maliko Gulch mit dem Jetski – eine Frage der Sicherheit, aber auch, um näher am Geschehen dran zu sein.

Da war ich, der Augenblick kam mir außergewöhnlich vor, ich befand mich allein auf dem Wasser, nur gefolgt vom Eigentümer des Bootes, einem ehemaligen Windsurfer, der auf der Wellenschulter fuhr. Eine technisch sehr schwierige Fahrt, gewaltige Wassermassen in Bewegung, Abgründe, die sich auftaten, Wasserberge, zwischen denen es schwierig war, sich zu orientieren, damit man sich auch wirklich an der richtigen Stelle befand. Vor allem musste der *bowl* im Auge behalten werden, diese Stelle, an der sich die Welle überschlägt und dem, der sich hier aufhält, kaum eine Chance lässt. Auf diesen *bowl*, der hier berüchtigt ist, wenn die Dünung mehr aus West kommt, muss man genauestens achten, denn sonst ... Denn sonst kann man darin gefangen werden und Gefahr laufen zu leiden. Und das ist nicht nur so dahingesagt.

Ich wurde selbstsicherer und wagte mich ein bisschen zu nahe in den Wind an den *peak*, den höchsten Punkt der Welle, an dem sie umschlägt, als ich in einer ziemlich großen Welle die Augen aufsperrte und am Ende den tiefen *bowl* entdeckte. Es genügte nicht, die Situation schnell zu erfassen, ich hatte keine Möglichkeit zu entfliehen, ich beschleunigte ordentlich, um die Flucht nach vorn zu suchen. Vergeblich: Ich erwischte den ungünstigsten Aufprallpunkt am Rand. Der Sturz an der schlimmsten Stelle – ein Alptraum. Ich hatte mein Segel in den Händen und blieb damit verbunden, während die große Welle über mich hinwegrollte. Drei Umdrehungen an der Lippe, ein *lip ten eighty*, wie die Spezialisten sagen würden. Ich löste den Kite, um nicht darin eingewickelt zu werden, das Segel würde sich langsam im *channel* ausbreiten, bis es dann sanft zum Boot getrieben würde. Das Segel war gerettet, ich aber wurde in die Tiefe gerissen. Trotz der Wucht des Aufpralls stieg ich dank meiner Rettungsweste recht schnell wieder auf. Ich war besonders froh, als ich das bemerkte. Aber dann! Ich kam gerade wieder hoch, da sah ich eine zweite, noch größere Welle heranrollen. Ich entdeckte Michel, der mit seinem Jetski da war, um mich herauszufischen, aber ihm blieb nicht die Zeit dazu. Im Weißwasser, wie man es nennt, kann es vorkommen, dass die Turbinen der Maschine nicht richtig funktionieren, weil sie manchmal mehr Luft als Wasser ansaugen und ausstoßen, was den Motor zum Stottern bringt und dem Fahrer des Jetskis den Eindruck vermittelt, als »radle« er durch die Gischt. Ich hob gerade den Daumen, um ihm zu zeigen, dass es mir gut ging, da stürzte die zweite Welle über mich herein. Sie traf mich noch härter, allerdings hatte ich Zeit, Luft zu holen. Langsam tauchte ich wieder auf, Michel zog mich heraus, und ich hatte soeben eine neue und verblüffende Erfahrung gemacht, sowohl was die Wucht der Welle als auch ihre fließende Sanftheit anbelangte. Ich brauchte eine kleine Pause, um wieder zu mir zu kommen. Aber in diesen Fällen darf man nicht anfangen nachzudenken, ganz im Gegenteil, man muss recht schnell wieder weitermachen. Was ich auch tat. Die nächste Fahrt verlief gut.

Am Ende der *session* blickte ich zum Vulkangipfel hinauf und dankte Pélé, der hawaiischen Göttin, dass sie mir diese Premiere mit den *jaws* gestattet hatte. Mit meinem Kite, eigentlich wie beim *tow-in*, aber umweltfreundlicher, weil man nicht von einem lauten, die Umwelt verschmutzenden Jetski gezogen wurde, sondern allein von einem Segel. Es verstand sich von selbst, dass ich reine Glücksmomente erlebt hatte. Dann, an Bord des Bootes, das mich zum Festland zurückbrachte, schwirrten mir die Bilder durch den Kopf, während der Adrenalinspiegel langsam wieder sank ...

9 Rückkehr in die Bretagne, 2000

Zu Beginn dieses Berichts habe ich von Brest erzählt, der Stadt des Aufbruchs, und dorthin möchte ich gerne zurückkehren. Vielleicht bald. Brest, die Stadt der Wiederkehr an den Ausgangspunkt. Genau genommen habe ich ein anderes Projekt, ein anderes Ziel. Ich möchte einen Ozean überqueren, den Nordatlantik, zwischen New York und der Bretagne. Ein Plan, der nicht von einem Tag auf den anderen reift, mein Geist und mein Körper müssen ihn langsam formen. Ein Projekt, an dem mehrere Leute beteiligt sein werden, begleitet von einem Motorboot, das in der Lage sein muss, unserem Rhythmus zu folgen – den ich für verrückt halte –, dann natürlich Geld und schließlich Amerika als Startpunkt. »Transkite« – das ist der Name, den die Archers dem Projekt gegeben haben. Kann es uns gelingen, etwa 15 Tage nach dem Start in New York in den Hafen von Brest einzulaufen? Wie eine echte Rückkehr, wie ein richtiges Geschenk an das Leben und an das, was es mir gegeben hat …

Das Leben muss unterdessen weitergehen

Ende 2000 hielt ich mich auf Einladung von Club Med in Barcelona auf, um den Start von The Race zu verfolgen, der von Bruno Peyron organisierten Weltumsegelung. Ich war gerade aus Hawaii angekommen und wusste nicht, ob der Begriff »unter dem Jetlag leiden« ausreicht, um das, was ich empfand, und die Müdigkeit zu beschreiben, die mich mit ihren weichen Armen umfing. Aber gut, es war ziemlich aufregend, zumal vorgesehen war, dass ich am 31. Dezember, dem Tag des Starts, bei Nordwind und Eiseskälte neben der riesigen *Club Med* surfen sollte, dem 36 Meter langen

Katamaran, der an dieser Wettfahrt teilnahm. Mit meinem Kite und zusammen mit Robert Tériitehau, dem Windsurfstar, damit ein Foto von uns gemacht werden konnte. Doch wir wurden im Außenhafen zwei Stunden aufgehalten, bis sich die Tore endlich öffneten. Als wir schließlich aufs Wasser kamen, war es zu spät, aber ich drehte trotzdem mit aller gebotenen Vorsicht ein paar Runden. Und dann sah ich mit großer Ergriffenheit, einer Ergriffenheit, wie ich sie noch nie empfunden hatte, zu, wie die riesigen Windjammern ausliefen. Die abfuhren, um mit solchen Fahrzeugen den Planeten zu umrunden, nur mit dem Wind als Antrieb ...

Bevor ich mich an die Bearbeitung meines Filmes machte, brach ich für einen Job an die Küste Taiwans auf, einer Insel, auf der die mystische Dimension der Drachen kein leeres Wort ist. In einer düsteren und industriellen Umgebung, in einem Land, das gegenüber der Volksrepublik China in der Defensive war, wusste ich nicht, wie ich mich verhalten sollte. Meist war ich allein unterwegs, und als ich einmal in einem seltsamen Nebel recht weit die Küste entlangspazierte, sah ich aus dem watteartigen Nichts eine der berühmten Fregatten auftauchen, die Frankreich an die taiwanesische Regierung verkauft hatte. Auch das ein ergreifender Anblick, der viel über die Welt und ihre Probleme aussagt. Ich denke an Arnaud de Rosnay, der in dieser Meerenge vor bald 20 Jahren verschollen war, als er versuchte, sie mit dem Surfbrett zu überqueren. Arnaud war zweifellos der erste Surfer, der einen Zugdrachen benutzte, aber damals in horizontaler Position. Er bediente sich des Drachens, um bei seiner Pazifiküberquerung in der Nacht voranzukommen, während er auf seinem Brett schlief, das mit seiner quer liegenden Matte und zwei kleinen aufblasbaren Schwimmern zu einem kleinen Trimaran umfunktioniert wurde. Ein sehr erfinderisches System ...

Als ich nach Frankreich zurückkehrte, erwartete mich viel Arbeit. Würde ich mich in dem neuen Beruf, in dem ich mich versuchte, würde ich mich als Regisseur bewähren? Wir sollten sechs Monate brauchen, um *Vague influence*, meinen Film, den Film der Archers, fertig zu stellen. Eine umso lehrreichere Erfahrung, als ich herausfand, dass der Übergang vom Stadium des Bildersammelns zu dem der Filmfertigstellung einem keinen Augenblick der Erholung ließ. 60 Stunden Rohmaterial, auf nummerierten Bändern, die von den fünf Kameras aufgenommen worden waren, musste gesichtet werden. Ich würde schwere Augenblicke durchmachen, die natürlich intensiv, aber hart waren: dieser Dokumentarfilm von 26 Minuten Länge, den ich trotz der Hilfe aller allein verantwortete, den ich in mir hatte und herausholen wollte. Zumal ich vorhatte, dem Werk diesen impressionistischen Effekt zu geben, der mein ganzes Leben bestimmte und mich auf meinem Weg begleitet hatte. Ich musste mir alles ansehen, alles notieren, darüber diskutieren und auswählen, häufig nach langem Zögern. Die Sache hatte, so erschien es mir, einen intellektuellen Aspekt, die langen Diskussionen, bei denen man sich die richtigen Fragen stellen musste. Ich wusste, dass ich bei der Auswahl der Bilder das Emotionale beiseite schieben musste und nur das behalten durfte, was zur Geschichte beitrug. Zugleich wollte ich gern, dass das Endprodukt mit seiner traumhaften, mysteriösen und spirituellen Seite nicht konventionell, nicht gradlinig wurde...

Wir nisteten uns mit Christophe, dem Chefkameramann, den ganzen Monat August bei Duran, einer Filmbearbeitungsfirma, in Lavallois ein, die uns zu einem Spottpreis einen Schnittraum vermietete. Der Chef war leidenschaftlicher Segler und bereit, mir zu helfen. Wir arbeiteten ohne Unterbrechung 16 Stunden pro Tag, während der Rest des Landes im Urlaub war. Ich war es gewohnt, meinen Tag zu beenden, wenn die Müllautos in der Früh zu hören waren, ich passte mich wieder einmal an und kehrte häufig im Morgengrauen zu Fuß zurück, lief durch Paris, um Luft zu schnappen und meine nervöse Anspannung abzubauen. Zum ersten Mal in meinem Leben brummte mir vor lauter Nachdenken der Schädel. Als wäre mein Gehirn ein Muskel, als wären die Schmerzen, die er mir bereitete, die gleichen wie jene eines Sportlers, nachdem er sich angestrengt hatte. Man muss eine Sache wirklich zum Äußersten treiben, um durch intensives Denken das Gefühl zu entwickeln, eine ausgepresste Zitrone zu sein. Sobald ich in mein Obdachlosenbett am Boulevard Raspail fiel, war ich völlig am Ende, meine Gedanken kreisten unentwegt, als würden sich meine *session* in den Riesenwellen und meine Arbeit in Paris zu einem einzigen Gefühl vermischen. Und ich versuchte, Luft zu schnappen, um nicht zu ertrinken, kam jedoch nicht zu Atem. Trotzdem war ich jeden Tag wieder entschlossen, an den Schneidetisch zurückzukehren.

Zugleich wurde mir sehr schnell bewusst, welch großes Glück ich hatte, mit Hilfe meiner Freunde ein Produkt schaffen zu können, das, wenn es funktionierte, auch meine Liebe zu den Wellen, zu Hawaii, den *jaws* und dem Leben vermittelte. In einer musikalischen Umgebung, die ich mit großer Freude entdeckte: Christophe, der nicht von gestern ist, kam jeden Tag mit Rap- und Hip-Hop-CDs ins Studio. Er, der aus eher bescheidenen Vorstadtverhältnissen stammt, kennt die Bewegung von Kindesbeinen an, und er besaß meiner Rechnung nach an die 200 Hip-Hop-Scheiben. Inzwischen brauchte ich Musik für mein inneres Gleichgewicht. Indem ich die Rap-Künstler entdeckte, indem ich die Entwicklung des Phänomens begriff, auch wenn ich davon nicht wirklich etwas verstand und zuvor keinen Schimmer davon gehabt hatte, worum es in ihrem Kampf ging, bei IAM, bei NTM, bei Doktor Dre und den anderen. Und obwohl ich keine Ahnung hatte von der Art und Weise, wie sie ihre Gefühle, ihren Lebensüberdruss und die Geschichte der Vorstädte zum Ausdruck brachten, von ihren Phrasen und ihren bis dahin selten gehörten Wörtern, fühlte ich mich auf einer Wellenlänge mit ihnen, irgendwie in der gleichen Geschichte. Was seltsam war. Ich hätte Chil, einem der Leader von IAM, gern meine Geschichte erzählt, damit er daraus mit seinen Worten und in seinem Stil einen Song machte. Die Querelen mit den Legaignoux, die hätten ihm gewiss gefallen. Aber man kann nicht alles machen ... Dagegen sollte ein anderer Kumpel bei der Filmmusik den Ton angeben. Jérôme, der in der Schweiz lebte, war ein langjähriger Freund von Christophe und sollte unser Ennio Morricone sein. Er leistete eine bemerkenswerte Arbeit und brachte große Sensibilität und Kreativität ein.

Denn unser Film war keine Abfolge von Actionbildern mit Begleitmusik. Das war eine echte Dokumentation über meine Vision des Kitens auf Hawaii und über die Herausforderung der Riesenwellen. Viele Leute boten mir ihre Hilfe an; ich experimentierte auf allen Etappen der Filmproduktion und versuchte mich in allen beteiligten Berufen. Nach fast einem Jahr Arbeit, wenn man alle Etappen mitrechnete, erlebte ich endlich das Lampenfieber einer Premiere. Und am Ende der Vorführung den begeisterten Applaus. »Das ist ein bewegender Film, wie es nicht viele gibt«, sagte mir jemand. Ich hatte Tränen in den Augen ...

In den folgenden zwei Jahren sollte *Vague influence* bei fünf Teilnahmen an verschiedenen internationalen Festivals fünf Preise gewinnen. In Val-d'Isère für die beste Realisation, auf Hawaii als bester ausländischer Film, in Moskau für die beste Kameraführung ...

Ich denke an die immer zahlreicheren Unfälle zurück, über die ich regelmäßig informiert werde.

Der Kite ist Kandidat für den Titel »Sport des neuen Jahrtausends«, seine schnelle Entwicklung stimmt nachdenklich. Ich höre von Superlativen, während alle Welt zu vergessen scheint, dass nicht jeder x-Beliebige für die Handhabung dieser Geräte geeignet ist, dass dieser Sport Gefahren birgt, dass es schon zu schweren

Unfällen mit Querschnittslähmungen und sogar zu Todesfällen gekommen ist. Diese schrecklichen Zwischenfälle werden heruntergespielt, verschwiegen und unter den Teppich gekehrt. Vielleicht weil man einen Sport, der zum Träumen anregt, nicht befleckt, dessen Himmelsdimension glauben macht, dass in der Welt des Surfens alles bestens sei. Aber vor allem, weil die Verantwortlichen ihrer Verantwortung nicht nachkommen. Es gibt einige Leute in der Surfindustrie, die dank des Kite ihre wirtschaftlich schwierige Lage überwunden haben. Manch einer der früheren Stars hat damit eine Gelegenheit gefunden, wieder ins Geschäft zu kommen. Es gibt viele, die ihren Horizont erweitert und in den Verbänden, den Verlagshäusern und Läden bedeutende Posten übernommen haben. Die ganze kleine Welt verdient daran und weigert sich, das Offensichtliche zu verkünden: Dieser Sport ist gefährlich, seine Anhänger müssen ausgebildet werden, sie müssen Sicherheitsverhalten lernen, Gespür für das Meer entwickeln und es einschätzen können. Außerdem ist es erforderlich, dass es geschulte Ausbilder gibt und Verantwortungsbewusstsein auf allen Ebenen besteht. Doch man musste bis Dezember 2002 warten, bis in der Tageszeitung *Libération* in einem Artikel Schwarz auf Weiß und in großen Lettern geschrieben stand, dass der Kitesport zwar verlockend, aber gefährlich sei. Selbstverständlich fühlten sich bestimmte Hersteller betroffen und verstärkten sowohl ihre Warnhinweise als auch die Ausbildung und die Forschung an den Sicherheitssystemen. Natürlich gibt es viele, die sich des Risikos bewusst sind und sich darum bemühen, es zu minimieren. Aber das ist nicht die Mehrheit. Und verzeihen Sie mir meine Ausdrucksweise, das kotzt mich an. Und wie! Weil ich mir als Pionier des Sports sage, dass, wenn ich anstelle des Kitesurfens eine neue Möglichkeit zur Reinigung von Aquarien entwickelt hätte, all diese Todesfälle wahrscheinlich hätten verhindert werden können …

Kehre mit deinem Schild nach Hause zurück

Ich musste wieder nach Hawaii reisen, um mich zu erholen. Als ich den Fuß auf die Insel setzte, hatte ich einen ganz blassen Körper und einen leeren Kopf, außerdem war ich abgemagert. Aber ich war im siebten Himmel, ich war glücklich und bereit, einen *ride* nach dem anderen zu machen, mich wieder dem Extremsport hinzugeben.

Der 11. September und die Ereignisse in New York dämpften meinen Enthusiasmus ein wenig. Es war etwa ein Jahr her, dass der Club Med, der in einigen seiner Feriendörfer das Kitesurfen anbieten wollte, Kontakt zu mir aufgenommen hatte. Ich war nach Mexiko gereist, an den Rand der Sonora-Wüste, in ein ausgewähltes Dorf, einen herrlichen Ort, um den Sport vorzustellen. Ich musste das Material besorgen, die Ausbilder in meiner Methode unterrichten und über meine Sorge um die Sicherheit informieren, weil das Kitesurfen ein gefährlicher Sport ist und immer sein wird. Wir hatten harte Arbeit für die Bereitstellung und die Ausbildung geleistet, aber leider sollte der Club Med zu meiner großen Enttäuschung nach dem 11. September die Anlage schließen, weil die Gäste ausblieben.

Jetzt war ich also wieder allein in meiner äußerst luxuriösen Hütte, in meinem Palast aus Kiavé, diesem so harten Holz – Romantik in einer ärmlichen Üppigkeit. Manou hatte mich erwartet, und nachdem das Wiedersehen gebührend gefeiert war, hatte er mir gesagt: »Tschüss, ich reise nach Kuba!«

Deshalb war ich also allein mit den Haustieren. Ich nahm mein Training wieder auf, ich aß viel und erholte mich. Mein Ziel für den Winter lautete *jaws*, 2. Akt.

Man wollte mich davon abbringen. An einem wunderschönen Wintertag vor Hookipa, nur mit Sean Ordonez auf dem Wasser, meinte ich von Weitem eine kräftige, leicht zu erkennende blonde Gestalt auf meinen am Straßenrand abgestellten Pick-up zugehen zu sehen. Doch ich achtete kaum darauf. Als ich schließlich zu meinem Auto zurückkehrte, stellte ich fest, dass einer der Reifen platt war. Irgendjemand hatte die Luft herausgelassen. In der einfachen Symbolik der Surfer bedeutete das, dass ich an diesem *spot* nicht willkommen war, dass ich mich hier nicht wieder blicken lassen sollte. Die Botschaft war klar – albern, aber noch nicht bösartig. Das wäre bei mehreren platten Reifen der Fall gewesen. Es handelte sich um den »Krieg der Knöpfe«. Ich lachte lieber, als mir ein Augenzeuge bestätigte, dass es Laird gewesen sei, der sich an meinem Auto zu schaffen gemacht hatte, und ich rief ihn umgehend an, um mich zu vergewissern. Niemand nahm ab, ich hinterließ eine Nachricht. Auch am nächsten Tag keine Reaktion, deshalb fuhr ich bei ihm vorbei. Er war nicht da, ich hinterlegte ein Geschenk und einen Brief: »Ich kann nicht glauben, dass du das warst, ruf mich an.« He, Mister, warum diese Animosität? Ich habe ihn seitdem nicht wiedergesehen ...

Das Atlantikprojekt

Das war eine Episode, die nicht gerade meine Lust weckte, wieder inmitten des Getümmels zu surfen. In diesem Winter ließen die Riesenwellen auf sich warten, ich beschäftigte mich gedanklich mit der Suche nach einem anderen Betätigungsfeld. Bald würde ich 40, ich glaubte, all die großen »Premieren« des Sports realisiert zu haben, es blieb nur noch eine, und ich hatte Lust, sie mir selbst zum Geburtstag zu schenken: die Überquerung eines Ozeans, des Atlantiks.

Den Atlantik überqueren, aber wie? Aus welchen Gründen, das begriff ich allmählich, aber wie sollte ich es anstellen? Als Solofahrt? Das war nicht mein Ding, denn ich müsste mit dem Proviant für einen Monat auf einer Art Lastkahn starten, der zu schwer, zu langsam wäre, und es würde zu lange dauern. Darin sah ich keinen Sinn. Ich liebte es, schnell zu fahren, und war gern mit anderen zusammen. Und so überlegte ich, ich drehte und wendete das Problem hin und her, ich dachte an diejenigen, die es mit dem Ruder- beziehungsweise Segelboot vollbracht hatten. Und auf welchem Kurs? Der Atlantik war so riesengroß. Ich wollte kein Korken sein, den man bei den Kanaren ins Wasser warf und der dann irgendwann – getrieben vom Wind und den Strömungen – auf der anderen Seite ankam. Ich wollte kein Nachahmer sein, meine Unternehmung sollte etwas Denkwürdiges haben. Der Nordatlantik, vom Leuchtturm Ambrose am Cap Lizard vor New York über England nach Brest. Wie bei Charly Barr, Éric Tabarly, Serge Madec, Steve Fossett und all den anderen. Kein Rekordversuch, das würde keinen Zweck haben, nur ein legendärer Kurs von 3000 Seemeilen, der Einzige, der mir sinnvoll erscheint.

Die Summe meiner Überlegungen führte mich zu einer weiteren, wichtigen Entscheidung, nämlich dass diese Überquerung abwechselnd durchgeführt werden muss, weil man auf diesem schwierigen Kurs schnell sein muss. Aber wer von Ablösung spricht, spricht zugleich von einem Begleitschiff. Wir bräuchten eines, das schnell fährt, sehr schnell ... Während der Route du Rhum 1998, der Transatlantikregatta von der Bretagne nach Guadeloupe, hörte man viel von einem Schiff, das eigens entwickelt worden war, um die großen Mehrrumpfboote von 60 Fuß Länge zu eskortieren, zu verfolgen und zu filmen. Es handelt sich um einen riesigen motorgetriebenen Trimaran, der von Olivier de Kersauson und seiner Mannschaft eigens so entwickelt wurde, dass er ebenso schnell beziehungsweise schneller fahren konnte als die am Rennen teilnehmenden Mehrrumpfboote. Damals hatte er dazu gedient, die Verfolgung des Kurses inmitten der Flotte sicherzustellen. Sein Name: *Ocean Alchimist* ...

Die Bedeutung des Begleitboots ist nicht etwa eine fixe Idee des Künstlers, im Gegenteil. Von dem Augenblick an, ab dem es darum geht, so schnell wie möglich zu fahren, und zwar in nicht unbedingt sanften und freundlichen Gewässern, wird die Wahl des Begleit-boots zur entscheidenden Frage: Das Boot musste genauso schnell fahren können wie wir. Bevor wir irgendwelche anderen Erwägungen anstellten, brauchten wir ein Boot, das es uns ermöglichte, diese Überquerung wie gewünscht zu realisieren. Es gab nur eines, und das brauchte ich. Denn das Wissen, dass dieses Boot existiert, dass es Erbe der französischen Seefahrertradition ist, dass die eingesetzte Technologie auf all das zurückgeht, was seit Jahrzehnten in Bezug auf die Mehrrumpfboote gedacht und umgesetzt wurde, erleichterte mir die Wahl. Es kam nichts anderes in Betracht.

Ich musste also unbedingt nach Brest reisen, wo ich Olivier de Kersauson von meinem Projekt berichten und ihn um seinen *Ocean Alchimist* bitten wollte.

Bis zu dieser Begegnung wurden die Arbeit und die Überlegungen fortgesetzt. Wir müssten uns also abwechseln, wir würden nachts nicht surfen können, wir müssten uns der körperlichen Herausforderung bewusst sein, der Tatsache, zu dritt jeweils fünf oder sechs Stunden pro Tag zu surfen, und zwar mit wahnwitziger Geschwindigkeit und in feindseligen Gewässern. Es ging darum, authentisch zu sein, nicht aber tollkühn. Die Tatsache beispielsweise, in der Nacht zu pausieren, in dem Moment eine GPS-Messung vorzunehmen, in dem der letzte Surfer an Bord kommen würde, um am nächsten Morgen genau am gleichen Punkt wieder zu starten. Und dann musste ich schließlich noch meine Mitstreiter finden.

Der Erste sollte Christophe Tasti sein, ein Typ, den ich schon lange kannte, ohne ihm sonderlich nahe zu stehen. Als ich ihm von Maui aus am Telefon das Projekt erläuterte, war er für meine Argumente durchaus empfänglich. Auch er kam vom Windsurfen, war auf den Kite umgestiegen und im Jahr 2000 sogar Weltmeister geworden. Er besitzt ein ausgezeichnetes technisches Niveau, welches auf guten Grundlagen basiert.

Als ich ihn anrief, dachte er zunächst, er träume. »Ich muss mit dir reden«, sagte ich ihm, aber er antwortete nicht gleich, sondern nahm sich Zeit zum Überlegen. Ich schlug ihm ein noch in Planung befindliches Abenteuer vor, und er rief mich eine Woche später zurück. »Ja, das interessiert mich, ich fühle mich sehr geehrt und bin voll und ganz deiner Meinung.« Ich fand das cool …

»Ich würde es gerne mit dir zusammen machen, aber ich weiß noch nicht, wer der dritte Mann sein wird, ich muss denjenigen, der uns begleitet, erst noch finden.« Das sollte Sébastien Cattelan sein, ein weiterer junger und wagemutiger Champion.

Ich machte mich also daran, mein Projekt niederzuschreiben, mit meinen Freunden, den Archers, darüber zu reden, um die Überlegungen voranzutreiben. Abgesehen von der körperlichen und sportlichen Herausforderung musste schon jetzt an den Film gedacht werden, den wir von dieser Überquerung drehen würden … Und schließlich kehrte ich im Frühjahr 2002 nach Frankreich zurück. Ich hoffte, mich baldmöglichst mit Olivier de Kersauson treffen zu können.

Über meinen alten Freund Paolo, der inzwischen Schiffskonstrukteur geworden war, gelang es mir, den Kontakt mit Louis-Noël Viviés, einem Freund und Ausrüster von Olivier, herzustellen. Ich rief ihn an, erreichte jedoch nur den Anrufbeantworter und hinterließ eine Nachricht: »Manu Bertin … es geht um eine verrückte Sache …, das Mieten des Motortrimarans.« Zwei Tage später klingelte mein Handy. Es war Louis-Noël, er war sehr nett. Ich erzählte ihm kurz meine Geschichte, und er bat mich, bei ihm vorbeizukommen: »Damit wir uns darüber unterhalten können. Olivier wird nicht da sein, aber komm ins Büro neben dem Moulin blanc.« Direkt gegenüber dem Trockendock der Crocodiles de l'Elorn, dem Segelclub meiner Kindheit. Eine echte Heimkehr.

Ich erschien also zum vereinbarten Termin, und zu meiner Überraschung war Kersauson doch anwesend und hörte gespannt zu. »Ich mag keine Kerle, die größer sind als ich, also setz dich«, sagte er, warf mir einen Blick zu, und seine Augen, so blau wie das Bild von Yves Klein, funkelten schelmisch.

Dann fuhr er fort: »Du warst vor ein paar Jahren schon mal bei mir, vielleicht vor sechs oder sieben Jahren, um mit mir über dein Ding mit dem Drachen zu reden. Wenn ich aus dem Fenster schaue, sehe ich, was daraus geworden ist. Du bist kein Hochstapler. Erzähl mir von deinem Projekt.«

Upps ... Er erinnerte sich also, dass ich eines Tages in jenem Winter, den ich in Paolos Mühle verbracht hatte, zu ihm gekommen war, um ihn um seine Meinung zu bitten. Wir hatten uns kurz unterhalten, das hatte er also nicht vergessen.

Und als ich ihm nun gegenübersaß, brach das Eis, der Kontakt vertiefte sich, und wir sollten eine ziemlich lange Unterredung führen, eine Diskussion unter Seglern ... Ich erklärte ihm meinen Plan, ich sagte ihm, wie viel Vertrauen ich in sein Boot setzte, das uns begleiten könnte, und ich fragte ihn, ob wir es uns für unsere »Transkite« ausleihen könnten. Er hörte mir aufmerksam zu, stellte mir ein paar organisatorische Fragen und sagte schließlich: »Hör zu, das alles hat Hand und Fuß, und ja, mein Motorboot kann die Rolle übernehmen, es steht euch zur Verfügung, aber nicht kostenlos, bei Weitem nicht.« Und so freundeten wir uns allmählich an, tauschten ein paar Scherze aus und redeten sogar davon, mit Drachen Segelboote anzutreiben ... Ich konnte die respektvolle Atmosphäre, mit der ich nicht gerechnet hatte, gar nicht fassen und wagte sogar, ihn aufzuziehen: »Dein Ding da, deine Segel nach alter Art, sind die nicht ein wenig überholt? Müsstest du nicht den Mast abmontieren und daran denken, eine Reihe von Drachen an deinem riesigen Trimaran anzubringen?«

»Na, lass es gut sein, mein Junge, wir haben anderes zu tun, nämlich die nächste Jules-Verne-Trophy vorzubereiten.«

Wir verabschiedeten uns, und ich war nach diesem außergewöhnlichen Wiedersehen überglücklich, weil mein Projekt in den Augen eines Wassersportlers seines Formats Anerkennung fand. Ich war also auf dem richtigen Weg, und es tat gut, das von einem solchen Mann gesagt zu bekommen. Aber das Schwierigste hatte ich noch vor mir, ich stand vor einer Riesenaufgabe. Bisher ging es um den Plan, jetzt um die Realisierung.

Das Projekt wurde gestartet, wir mussten Geld auftreiben, dem Konzept sein kommerzielles Kostüm überziehen und potenzielle Partner werben. Und das sollte ich in den folgenden Monaten mit gemischten Resultaten tun. Ein großes französisches Unternehmen war bereit, einen beachtlichen Teil des Budgets zu übernehmen, aber der Chef wurde von seinen Aktionären abgesetzt und mein Projekt von der neuen Führungsmannschaft abgelehnt. Eine andere Firma erklärte sich bereit einzuspringen, aber sie gehörte zu einer Unternehmensgruppe, die von ihr verlangte, dass sie ihr Geld für eine Firmenübernahme zusammenhielt, und meine Hoffnungen wurden durch einen Anruf leider zunichte gemacht. Häufig war es so, man musste kämpfen wie bei all den schönen Geschichten. Das machte mir keine Angst, überall bekam ich zu hören, dass mein Projekt gut sei, und ich redete mir ein, dass ich am Ende nur Erfolg haben konnte. Der Prospekt, den ich mit den Archers entworfen hatte und den Stéphane im Laufe des Sommers hervorragend hergestellt hatte, wurde weiter an die Entscheidungsträger verschickt, an diejenigen, von denen ich hoffte, dass sie sich von dem Projekt verführen lassen würden. Doch zugleich verschlechterte sich die internationale Lage, die Spannungen mit dem Irak nahmen zu, die Wirtschaftsentwicklung stagnierte, die Börse reagierte nervös ... Allmählich kannte ich mich mit Wirtschaftsdaten aus.

Doch was die Mannschaft anbelangte, ging alles gut voran. Obwohl wir uns nicht häufig sahen, bereiteten Christo, Seb Catman und ich uns ernsthaft vor, und E-Mails erwiesen sich als unerlässliches Hilfsmittel, um in Kontakt zu bleiben. Nach und nach wurde uns bewusst, dass wir, wenn wir wirklich so schnell surfen wollten, wie wir beabsichtigten, bei den enormen Herausforderungen einen vierten Mann brauchen würden. Wir mussten nicht lange nach ihm suchen: Er hieß Edgar Grospiron; bei den Olympischen Spielen in Albertville hatte er sich den Titel im Buckelpistenskifahren geholt und er war zweifacher Weltmeister. Inzwischen war er ein fanatischer Anhänger des Kitesurfens gworden, und er war häufiger auf dem Wasser unterwegs, als dass er Ski fuhr, weil er dabei, wie er sagt, »mehr empfindet als in einer Buckelwand«.

Edgar schrieb uns begeisterte E-Mails:

»Zunächst einmal, ich bin ein *kite addict* geworden. Ich liebe diesen Sport sehr. Wäre ich 20, dann hätte ich schon alles hingeschmissen, um nur noch mit dem Kite zu surfen! Für einen Kerl aus den Bergen ist mein Niveau gut. Aber ich gebe erst gar nicht vor, euch das Wasser reichen zu können, deshalb habe ich von jetzt bis zum Start von ›Transkite‹ vor, wie ein Wahnsinniger zu trainieren. Ich möchte kein Bremsklotz für euch sein. Zum Glück habe ich einige Trümpfe, die für mich sprechen: eine gute körperliche Verfassung, Schenkel (wohl wahr, dreimal so dick wie meine!), ein ›Gleitgefühl‹ – beim Skifahren nennt man das Sinn für den Schnee –, eine gute Selbsteinschätzung und große mentale Stärke.«

Willkommen an Bord, Edgar, und lass uns weiterarbeiten. Weil die Buckelpiste in unserem Fall in Bewegung ist. Und die Wasserberge, die sie tragen, sich auch bewegen, weiß Gott. Das alles bedeutet jede Menge unkalkulierbarer Bewegungen, und darin schnell zu surfen, ist nicht selbstverständlich …

Dann kam von Christo eine lange Nachricht, die uns alle etwas in Unruhe versetzte:

»Ich habe kürzlich den fabelhaften Film gesehen, den Laurent Bourgnon und sein Mannschaftskamerad bei ihrer ersten Atlantiküberquerung gemacht haben, gedreht auf einem Hobie Cat! Abgesehen von dem außergewöhnlichen menschlichen Abenteuer, das die Bilder zeigen, sieht man auch Passagen, in denen ihnen einen kurzen Augenblick lang Haifische folgen – nur wenige Meter hinter dem Boot!!! Man erkennt sie ganz deutlich ... Ich habe auch andere Bilder derselben Art mit Ruderbooten gesehen , die auf den Ozeanen unterwegs sind ... es gibt immer Passagen mit Haifischen, die um das Boot kreisen und es sogar angreifen, allerdings selten ... Und wir wissen, dass wir trotz allem häufig ins Wasser eintauchen, um unsere Manöver durchzuführen ... na gut ... Vielleicht mache ich mir ja unnütz Sorgen, ich habe keine besondere ›Haiphobie‹, aber ich wollte dennoch mit dir darüber sprechen, weil wir über alles reden müssen.«

Haie, auch das noch! Erst kürzlich hatten Segler erlebt, wie sich ein Riesentintenfisch an den Schwimmkörpern ihres Trimarans festsog, und wir fingen an, uns Sorgen über mögliche Begegnungen mit Haien zu machen, die uns vielleicht auf die Pelle rücken wollten.

Unser Austausch war recht rege, dieses Mal war es Stéphane, der uns eine aufmunternde Botschaft zukommen ließ:

»Ich habe im Web nachgesehen, um ein paar Infos über diese charmanten Tierchen zu finden. Die, die uns betreffen, die Haie in der Pelagialzone des Nordatlantiks, sind ziemlich cool. Mit Ausnahme einer Art, nämlich des Blauhais, der sich sehr aggressiv verhalten kann, sind die anderen harmlos, und nur ganz wenige leben weit draußen auf dem offenen Meer. Über ihre Wanderungen ist nur sehr wenig bekannt. Sicher ist lediglich, dass nur der große weiße Hai in der Lage ist, länger als eine Stunde mit mehr als 20 Knoten zu schwimmen, es genügt also, schneller zu sein ... und sicher ist außerdem, dass es dort, wo wir fahren werden, keine weißen Haie gibt. (Mit Ausnahme eines Idioten, der sich dorthin verirrt hat, aber wenn man damit anfängt, muss man ja mit allem rechnen.)«

Und auch Edgar beschäftigte sich mit dem Thema:

»Ich habe an Haie gedacht, aber ich habe mir gesagt, dass sie uns bei unserer Geschwindigkeit gar nicht kommen sehen, und wenn sie sich auf unsere Verfolgung machen sollten, würde diese nicht lange dauern ... Auch vor Walen habe ich Angst ... und da kriege ich Schiss, auch wenn diese Säugetiere als friedlich gelten ... Ich erinnere mich nämlich an eine Geschichte. Ich war jung, ich befand mich auf dem Surfbrett, das wir während der Überfahrt von Frankreich nach Korsika hinten am Boot befestigt hatten. Es gab Delfine, die hier und da neben dem Boot und dem Brett aus dem Wasser gesprungen sind ... ich hatte eine Heidenangst!!! Aber gut, ich werde versuchen, mehr Mut an den Tag zu legen ... Ich bete darum, dass wir so starken Wind haben werden, dass wir sämtliche Fische, Säugetiere, Wasserschildkröten, Quallen und so weiter während der Überfahrt abhängen können ... Alles klar?«

Wir würden uns von den Zähnen des Meeres nicht aufhalten lassen. Ich meinerseits trainierte wieder auf Maui. Der Oktober war außergewöhnlich, jeden Tag herrschte Wind, und es gab zwei riesige *swells*. Nachdem ich mich von einer schlimmen Grippe erholt und mir wieder eine gesunde Lebensweise angewöhnt hatte, surfte ich täglich etwa drei Stunden, jeden Tag, ich wechselte zwischen verschiedenen Surfarten und intensivierte meine Materialtests. Ich beobachtete die Auswirkungen dieser Surfarten auf die Beanspruchung (körperliche Müdigkeit, Stress, in bestimmten Fällen Angst –

ganz allein draußen in Riesenwellen –, Sonne, Wunden, Schmerzen meiner alten Knochen ...), den Erholungsbedarf und die Möglichkeiten, diese Erholung zu beschleunigen, das Schlafbedürfnis, die Qualität der Ernährung und der Flüssigkeitszufuhr, die Notwendigkeit, Dehn- und Streckübungen zu machen, zu schwimmen, Yoga zu machen ... Ich beobachtete meine innere Uhr, um sie zu verstehen, ich beschäftigte mich mit der Beeinflussung der Parameter, die die Verfassung, den Schlaf, das Aufwachen, die Ernährung und das Dehnen bestimmen, und mit dem absolut Zwingenden: Gedanken rund ums Material, die Kommunikation und die Organisation des Lebens an Bord. Ich versuchte, es mir bildlich vorzustellen, das hieß, ich versetzte mich geistig in die Situation, die uns erwartete, und bemühte mich, alle Eventualitäten zu bedenken und mir die beste Vorgehensweise zu überlegen, um den Erfolg unseres Unternehmens zu sichern.

In meiner 2,50 Meter mal 2,50 Meter großen Hütte, die in etwa der Größe des Bootes von Olivier entsprach, schlief ich auf einer Art Schiffspritsche. Das alles bereitete mich auf die Überfahrt vor. Ich surfte, egal, welche Bedingungen herrschten und wie das Material war, das ich verwendete, um mich einer langen Fahrt im Wind auszusetzen, zum Beispiel von Lane nach Maliko Gulch, gefolgt von vier oder sechs Runden im höllischen Raumwind. Ich kämpfte darum, dem Schmerz standzuhalten, den Stürzen ins Wasser, und ich dachte an diese Furcht einflößende Geschwindigkeit von 14 Knoten über 14 Tage hinweg, die wir erreichen wollten.

Und ich erklärte meinen Kameraden: »Nun, meine Herren. Ich bitte euch nicht, es mir gleichzutun – das ist meine ganz persönliche Art der Vorbereitung –, aber ich möchte euch fragen, welches die beste Art ist, vorbereitet zu sein, und daraus die Konsequenzen ziehen, denn meiner Meinung nach ist angesichts dieser Herausforderung eines klar: Wir müssen trainieren wie die Besessenen ...«

In der Nacht vom 19. auf den 20. März 2003 ereigneten sich drei für mich wichtige Dinge: Präsident Bush erklärte dem Irak den Krieg und schickte die ersten amerikanischen Bomben; Olivier de Kersauson und seine Mannschaft passierten bei ihrem Versuch, die Jules-Verne-Trophy zu gewinnen, mit Verspätung die Ziellinie; ich wurde 40 Jahre alt und feierte meinen Geburtstag, indem ich mit der Frau schlief, die ich liebe. Keine schlechte Zusammenfassung unserer modernen Welt: das Vergnügen, der Wettkampf, das Vorgehen einer Weltmacht. Unsere Atlantiküberquerung war noch nicht geschafft, aber das wird sich zeigen ...

Am 26. November letzten Jahres tauchte vor Maui eine enorme Dünung auf, perfekte Riesenwellen rollten den ganzen Tag als *jaws* gegen das Riff. Sämtliche *big wave riders* waren zur Stelle, und die Surfwelt sollte diesen Tag als den radikalsten ihrer Geschichte in Erinnerung behalten, Laird Hamilton an der Spitze. Seine Bretter für das *Tow-in*-Surfen wurden – inspiriert von den Kiteboards – immer kleiner. Das war eine Rückführung der Dinge, die mich sehr freut.

Die sogenannten Extremsportarten – mit dem Supercross-Motorrad, dem BMX-Rad, der Freestyle beim Skifahren, das Snowboarden, das Wakeboarden, das Apnoetauchen, das Skateboarden, der freie Fall ... – zeigen ein verblüffendes Niveau an Energie, an Engagement und Leistung. Daneben sucht der Kite noch ein wenig seinen Platz, denn der Wettkampf privilegiert eine Art von Luft-Hokuspokus auf dem Brett, der nicht immer sehr ästhetisch und zu Recht umstritten ist.

Aber immer mehr junge Rider surfen in den Wellen und versuchen, die immensen Möglichkeiten des Kite zu nutzen. Und sie entwickeln ein Repertoire an Figuren und Sprungabfolgen, die nur unser Sport ermöglicht, dabei lassen sie sich von unseren beiden Eltern, dem Wellen- und dem Windsurfen, inspirieren und »durchschneiden« die Wellen wie nie zuvor.

Die Brüder Legaignoux haben sich in der Dominikanischen Republik niedergelassen und verkaufen jede Menge Segel, sie sind also glücklich. Umso besser.

Die Zukunft ist völlig ungewiss und der Sport bereit, neu erfunden zu werden. Was wir bis jetzt erlebt haben, war eine Phase, die notwendig war, um das Kitesurfen auf den Weg zu bringen, aber zahlreiche Innovationen – beziehungsweise alte Ideen, die ihrer Zeit voraus waren, deren Stunde jetzt aber gekommen ist – werden in Erscheinung treten. Ganz andere Segel, kleiner, schneller, mit kurzen Leinen, verrückte Sachen ... Das Fest fängt gerade erst an, und ich freue mich zu sehr über meinen kleinen Platz am Ende der Tafel, als dass ich ihn mit anderen teilen möchte.

ALOHA

REISEN · MENSCHEN · ABENTEUER

NATURGEWALTEN

Umberto Pelizzari
Schwerelos in blauer Tiefe
Der Mensch und das Meer
ISBN 3-89405-247-3

Sie leben in einer eigenen Welt, scheinen zeitweise den Fischen und Delfinen näher zu sein als den Menschen: die Apnoetaucher, die sich mit einem einzigen Atemzug und ohne künstlichen Sauerstoff in die Meerestiefen wagen. Pelizzari ist der Beste von ihnen und hat als Erster eine Tiefe von 150 Metern erreicht.

Hauke Trinks
Leben im Eis
Tagebuch einer Forschungsreise in die Polarnacht
ISBN 3-89405-232-5

Könnte es sein, dass das Leben auf der Erde im Eis entstanden ist? Dieser Frage ist der Physiker Hauke Trinks mit seiner Expedition in den Norden Spitzbergens nachgegangen. Ein einjähriges Abenteuer in der Polarnacht, nur in der Gesellschaft zweier Hunde – und zahlreicher Eisbären.

Carla Perrotti
Die Wüstenfrau
An den Grenzen des Lebens
ISBN 3-89405-197-3

Warum riskiert eine Frau ihr Leben in der Wüste? Carla Perrotti durchwandert allein die Kalahari und die größte Salzwüste der Erde in Bolivien, als erste Frau begleitet sie eine Tuaregkarawane durch die Ténéré. Unter den überwältigenden Eindrücken der Natur findet sie zu sich selbst.

So spannend wie die Welt.

NATIONAL GEOGRAPHIC
FREDERKING & THALER
www.frederking-thaler.de

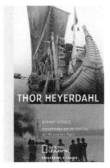